A PROPOS DE L'AUTEUR

Michelle Willingham, l'une des auteurs phares de la collection « Les Historiques », a réussi le pari de réunir ses deux passions d'enfance, l'Histoire et l'écriture, et ce pour notre plus grand plaisir ! *L'amant des mers du nord* nous plonge dans sa période de prédilection, l'Irlande du Moyen Age.

L'amant des mers du nord

MICHELLE WILLINGHAM

L'amant des mers du nord

Les Historiques

HARLEQUIN

Collection : LES HISTORIQUES

Titre original : TO TEMPT A VIKING

Traduction française de LOUIS DE PIERREFEU

HARLEQUIN
83-85, boulevard Vincent Auriol, 75646 PARIS CEDEX 13.
Service Lectrices — Tél. : 01 45 82 47 47
www.harlequin.fr
ISBN 978-2-2803-3087-9 — ISSN 1159-5981

Chapitre 1

Irlande — 875

Il n'y avait rien de pire que d'être amoureux de la femme de son meilleur ami.

Ragnar Olafsson serra les poings sur ses rames et tira de toutes ses forces. Il n'aurait pas dû aller avec eux en Eireann, mais quand Styr lui avait demandé de l'accompagner, il avait eu la faiblesse d'accepter. Même s'il était parvenu à enfouir au fond de son cœur ses sentiments pour Elena, l'idée de ne plus jamais la revoir avait été pire que la torture de la voir jour après jour en compagnie de son mari.

Il s'était toujours bien gardé de laisser transparaître son amour pour la femme de son ami. Personne ne savait rien de la frustration qui lui tenaillait le ventre quand il voyait Styr emmener la femme qu'il aimait dans sa maison. Le seul fait de les voir ensemble était un véritable supplice.

Malgré cela, il n'avait pas eu le courage de la laisser partir sans lui.

Tout en ramant, il gardait le regard fixé sur Elena. Des éclats cuivrés parsemaient ses cheveux blonds, comme des flammes sur un casque doré. Elle était aussi belle qu'une déesse. Une déesse qu'il vénérait de loin.

Elle le considérait comme un ami, rien de plus, ce n'était

pas étonnant. Une femme comme elle méritait d'être mariée à un guerrier riche et puissant. Son mariage avait été arrangé plusieurs années auparavant par ses parents, et Ragnar avait trop le sens de l'honneur pour songer à séduire la femme d'un ami. Surtout quand il s'agissait de son meilleur ami.

Elle avait fait son choix, et Styr avait tout fait pour la rendre heureuse. Pour cette raison, Ragnar avait choisi de rester à l'écart, de ne jamais s'immiscer entre eux.

Au fil des années, il avait essayé de trouver une autre femme. Il était un guerrier vaillant et solide, et plusieurs jeunes filles avaient eu des vues sur lui. Malheureusement, à ses yeux, aucune d'elles ne pouvait se comparer à Elena. Il était donc resté seul et ne se marierait peut-être jamais.

Il scruta son visage alors qu'elle laissait courir son regard sur les eaux grises de la mer d'Eireann. Quelque chose avait changé dans ses relations avec Styr au cours des derniers mois ; ils ne se parlaient presque plus. La stérilité d'Elena la rongeait intérieurement et la rendait profondément malheureuse. Des joues anormalement pâles, un regard morne, des cernes sous les yeux… Ragnar avait essayé de lui parler, mais aucun mot ne semblait pouvoir lui rendre sa joie de vivre.

La côte était encore à plusieurs encablures, mais déjà la quille de leur drakkar frottait contre le fond.

Après avoir donné l'ordre de jeter l'ancre, Styr lança un coup d'œil circulaire aux autres, puis le rejoignit et regarda fixement la côte en silence.

— Tu voudras bien rester en arrière auprès d'Elena ? lui demanda-t-il au bout de quelques instants. Je préférerais qu'elle ne soit pas devant, s'il y a du danger.

Ragnar hocha la tête.

— Je veillerai sur elle, ne t'inquiète pas.

Il était prêt à plonger son épée sans pitié dans le corps de tous ceux qui oseraient menacer Elena. Elle ne lui appartenait pas, mais il la protégerait, au prix de sa vie s'il le fallait.

Styr lui posa la main sur l'épaule.

— Je suis content que tu aies accepté de nous accompagner, dit-il en soupirant. C'est bon d'avoir un ami auprès de soi, surtout après les journées que nous venons de vivre.

— Aucun des hommes n'a dormi depuis trois jours, acquiesça Ragnar. Nous avons tous besoin d'un repas chaud et d'une bonne nuit de sommeil.

Leur drakkar avait essuyé une tempête effroyable, avec des vagues monstrueuses, comme si les dieux avaient voulu les engloutir corps et biens. Ils s'étaient battus avec l'énergie du désespoir contre les assauts des éléments déchaînés et avaient fini par gagner, mais ils étaient tous épuisés, physiquement et mentalement. Ragnar avait l'impression que tous ses muscles étaient engourdis et n'avait plus qu'une envie, s'allonger sur le rivage et dormir.

— Dommage que tu n'aies pas une femme pour réchauffer ta couche, ajouta Styr avec un haussement d'épaules.

Ragnar lui décocha un regard en biais.

— D'après ce que j'ai entendu dire, il y a des femmes, en Eireann. J'en trouverai peut-être une à ma convenance.

Il avait eu quelques liaisons au fil des ans, mais toujours brèves et insatisfaisantes, car il ne parvenait pas à chasser Elena de son esprit. Il avait essayé maintes fois, sans succès. Souvent, la nuit, il se réveillait, couvert de sueur et son membre viril tendu à se rompre, après avoir rêvé qu'il dormait dans les bras de la femme qu'il aimait.

Par le sang de Thor ! Il fallait qu'il arrête de penser à elle. Elena appartenait à Styr, et il n'y avait aucune chance qu'elle recouvre un jour sa liberté. Tôt ou tard, la semence de son mari ferait arrondir son ventre et elle serait de nouveau heureuse. Sa main se crispa sur la poignée de son épée et il saisit un bouclier, afin de penser à autre chose.

— Comme je te l'ai dit, je suis content que tu sois avec nous, poursuivit Styr en saisissant lui aussi un bouclier. J'ai besoin de guerriers solides, comme toi, ajouta-t-il en lui donnant une bourrade amicale.

Ragnar lui rendit sa bourrade.

— Je t'ai battu plusieurs fois.

— Parce que je t'ai laissé gagner, répliqua Styr en lui décochant un regard complice.

Styr était comme un frère pour lui. Ils s'étaient entraînés au combat en secret, jusqu'à ce que Ragnar soit aussi habile que lui à manier l'épée et la hache de guerre. A dire vrai, Ragnar était même plus habile que lui, mais Styr ne l'admettrait en aucun cas.

— Je garderai toujours tes arrières, dit-il d'une voix calme.

Et il tiendrait sa promesse. Malgré la jalousie qui lui rongeait le cœur, jamais il ne trahirait son meilleur ami.

Après avoir jeté l'ancre, Styr et ses hommes se laissèrent glisser le long de la coque du drakkar. Ils avaient de l'eau jusqu'à la taille. Elena était restée à bord, comme si elle n'était pas certaine de vouloir descendre à terre.

— Tu peux rester sur le bateau, si tu préfères, lui suggéra Ragnar. Nous reviendrons dès que nous nous serons assurés qu'il n'y a aucun danger.

Elle parut hésiter, puis elle secoua la tête.

— Non. Je préfère vous accompagner. S'ils voient qu'une femme est avec vous, les Gaëls penseront que vous n'avez pas l'intention de les attaquer.

Son raisonnement était juste, car des pillards n'emmenaient jamais de femmes avec eux. Il laissa néanmoins, les autres prendre un peu d'avance, afin de pouvoir parer à toutes les éventualités.

Il l'aida à se mettre à l'eau, en essayant de ne pas laisser ses mains s'attarder trop longtemps sur sa taille. Elle portait une robe couleur crème avec, par-dessus, un long tablier rose retenu aux épaules par des broches dorées. La froideur de l'eau la fit grimacer.

— Nous te ferons un feu dès que nous serons à terre, promit-il. Ainsi, tu pourras te réchauffer.

Devant eux, les yeux fixés sur un petit village entouré de palissades, à trois ou quatre centaines de pas du rivage, Styr tenait solidement le manche de sa hache de guerre. Il n'y avait pas le moindre bruit, et ce silence anormal mit Ragnar sur ses gardes. Une odeur de fumée imprégnait l'atmosphère et, s'il se fiait aux apparences, les villageois s'étaient enfuis. Une marmite bouillait sur un feu sans qu'il y ait personne pour la surveiller, et une pièce d'étoffe avait été abandonnée sur le sable, comme si son propriétaire avait été trop pressé de s'enfuir pour la ramasser.

— Reste en arrière, ordonna-t-il à Elena.

Tandis qu'il pataugeait péniblement, il sentit sa vision se troubler et ses jambes devenir lourdes. Le manque de sommeil commençait à l'affecter. Il serra les dents et s'efforça d'ignorer les protestations de son corps.

Il y avait quelque chose d'anormal. Personne nulle part, même pas un chien errant. Chaque pas lui demandait un effort surhumain. Il n'arrivait pas à penser clairement et, quand il clignait des yeux, il avait l'impression que tout tournait autour de lui. Il s'arrêta un instant et respira profondément. Il devait à tout prix surmonter sa fatigue, rester en alerte, prêt à réagir à la moindre menace.

Soudain, du coin de l'œil, il crut voir une ombre bouger.

— Tu devrais retourner au bateau, dit-il en se tournant vers Elena. Restes-y jusqu'à ce que nous sachions ce qui se passe.

Il ne voulait pas qu'elle se trouve prise au milieu des combats, dans le cas où les Gaëls viendraient à se méprendre sur les raisons de leur venue.

Elle secoua la tête.

— A bord, je serais seule et je n'aurais personne pour me protéger.

Il insista, mais elle refusa de se laisser convaincre.

— Je ne retourne pas au bateau. Je resterai au bord de l'eau, sur la plage. J'ai besoin de sentir la terre ferme, après les tempêtes que nous avons affrontées.

— Derrière moi, alors, céda-t-il.

Avant de se remettre en marche, il la regarda et ses yeux verts le captivèrent malgré lui. Ses cheveux de feu, ses lèvres pleines et pulpeuses… Pendant combien de nuits avait-il rêvé de l'embrasser, d'enfouir les mains dans ses cheveux ?

— Il y a quelque chose qui ne va pas ? demanda-t-elle en rougissant devant l'intensité de son regard.

C'était comme si elle avait perçu intuitivement ses pensées les plus intimes — des pensées interdites, mais trop douces pour qu'il puisse les chasser de son esprit.

Il détourna la tête et fixa son regard sur la côte et sur le petit village de pêcheurs.

— Non, rien…

Au loin, derrière l'une des chaumières, il aperçut des ombres qui se déplaçaient. Le silence était inquiétant, comme si des assaillants étaient tapis, n'attendant que le moment de bondir sur leur proie. Ils continuèrent de patauger dans l'eau, jusqu'à ce que leurs pieds touchent la terre ferme.

Son bouclier dans une main et son épée dans l'autre, Ragnar fit quelques pas en direction de la chaumière derrière laquelle il avait vu du mouvement. Il n'était pas tranquille. Une nouvelle fois, il se dit qu'Elena aurait eu mieux fait de rester à bord du drakkar. Il jeta un coup d'œil derrière lui et vit qu'elle s'était arrêtée au bord de l'eau, les mains crispées et le visage pâle. De toute évidence, elle était inquiète, elle aussi.

— Reste en arrière, insista-t-il. Et appelle si tu vois quoi que ce soit.

Elle hocha la tête, mais il hésita. Son instinct lui disait de ne pas la laisser seule même si, pour le moment, aucun danger ne la menaçait.

— Ça ira ?

— Oui, acquiesça-t-elle mais d'une voix mal assurée.

Elle tira la dague qu'elle avait passée dans sa ceinture, prête à se défendre, en cas de nécessité.

Ragnar l'approuva d'un hochement de tête et se remit à avancer prudemment vers les ombres qu'il avait entrevues, pendant que ses autres compagnons suivaient Styr. Leur démarche était lourde et, visiblement, ils étaient tous très éprouvés par la tempête qu'ils avaient essuyée ces trois derniers jours. Mais c'était des guerriers, des hommes rompus au combat. S'il fallait se battre, ils sauraient surmonter leur fatigue.

Il continua de marcher, aux aguets, quand, soudain, il entendit Elena crier. Il se retourna en brandissant son épée… et la vit cernée par quatre hommes.

Par tous les dieux ! D'où étaient-ils sortis ? Il jura et comprit qu'ils devaient avoir été tapis derrière les rochers qui parsemaient la plage.

Son sang ne fit qu'un tour. Les yeux étincelant de fureur, il oublia instantanément sa fatigue et courut au secours d'Elena, son épée à la main. Il donna un coup d'estoc à l'un des assaillants, mais le Gaël bloqua sa lame avec son bouclier, tandis que deux de ses compagnons accouraient et l'attaquaient à leur tour. Rassemblant toute l'énergie qu'il lui restait, il se battit comme un diable, rendant coup pour coup, tout en se protégeant avec son bouclier.

Comme chaque fois qu'il se battait, une étrange ivresse l'envahit, libérant toute la rage qui était en lui. Les coups, les chocs du métal sur le bois… tout le reste s'estompa, hormis son besoin viscéral de protéger Elena, la seule femme qu'il ait jamais aimée.

L'un des assaillants tenta de le prendre à revers et il vit les yeux d'Elena se remplir d'effroi. Peu lui importait de se battre seul contre quatre. Il ne laisserait personne lui faire du mal et lutterait jusqu'à son dernier souffle. Tout en décochant un coup meurtrier à l'un de ses assaillants, il se retourna et se servit de son bouclier pour envoyer à terre le Gaël qui essayait de le prendre à revers.

Au même moment, il vit que le quatrième avait saisi Elena à la gorge par-derrière, après l'avoir forcée à lâcher sa dague.

Les yeux injectés de sang, il redoubla d'efforts pour se dégager et tenter de la délivrer. Le Gaël s'éloignait à reculons en maintenant sa prisonnière devant lui. Il commençait à désespérer de pouvoir les rejoindre, quand il vit Styr charger, sa hache à la main.

Deux Gaëls essayèrent de lui barrer le chemin, mais Styr en abattit un d'un seul coup de hache et repoussa le deuxième avec son bouclier, tout en continuant de courir sus à celui qui entraînait Elena.

Entre-temps, d'autres Gaëls avaient surgi et bataillaient ferme avec les hommes de Styr. Ragnar repoussa un autre assaillant et put courir enfin, lui aussi, au secours d'Elena.

Le Gaël qui l'avait capturée était un tout jeune homme, pas un combattant aguerri, ce qui le rendait encore plus dangereux. Les yeux fous, il traînait Elena à reculons, tout en appuyant la lame de son poignard sur sa gorge. Au moindre faux mouvement, elle aurait la gorge tranchée.

Styr continuait d'avancer en brandissant sa hache, mais il avait ralenti sa course. Craignant un geste désespéré du Gaël, il hésitait manifestement.

Puis, tout à coup, la situation changea. Une femme surgit en criant, un gros bâton à la main. Ragnar s'arrêta, médusé.

Le jeune Gaël parut se demander s'il ne valait pas mieux lâcher sa prisonnière, mais la vue de Styr brandissant sa hache l'en dissuada. S'il la lâchait, Styr n'hésiterait pas à lui trancher la tête.

Ragnar ébaucha un mouvement tournant afin d'attaquer le Gaël par-derrière mais, avant qu'il en ait eu le temps, la femme abattit son bâton sur la tête de Styr. Assommé, son ami lâcha sa hache et s'effondra.

Par le sang de Thor !

Ragnar bondit et plongea son épée dans le corps d'un autre Gaël, qui s'apprêtait à achever Styr.

Elena poussa un cri de frayeur, tandis que l'autre femme se répandait en phrases volubiles dans sa langue, comme si elle cherchait à s'excuser.

Le jeune Gaël continuait de traîner Elena à reculons, dans la mer. Bientôt, elle eut de l'eau jusqu'à la taille. Son épée à la main, Ragnar regarda autour de lui et vit que ses compagnons continuaient de se battre. Styr gisait sur le sable et la femme commençait à le traîner vers le village, aidée par un vieil homme.

— Sauve-le, Ragnar ! dit Elena d'une voix implorante.

Il hésita déchiré entre son désir de courir au secours de son ami et la mission qu'il lui avait confiée… protéger Elena. Par tous les dieux, c'était un choix qu'il aurait aimé ne jamais devoir faire.

Finalement il prit la seule décision qu'il pouvait prendre. Il devait protéger la femme qu'il aimait, même si cela devait coûter la vie à son meilleur ami.

Il se tourna vers ses compagnons et leur cria de lâcher leurs armes.

— S'il arrive quoi que ce soit à Elena, Styr nous en tiendra responsables ! ajouta-t-il afin de justifier sa décision.

Chapitre 2

Elena regarda avec incrédulité Ragnar déposer son épée et son bouclier sur le sable. Que faisait-il ? Il était plus fort que n'importe lequel de ces Gaëls, et elle le savait capable de les tuer tous, l'un après l'autre. Pourquoi avait-il choisi de se rendre ?

Avait-il un autre plan ?

Ragnar se rapprocha, en pataugeant dans l'eau. Casqué et en cotte de mailles, il paraissait toujours aussi redoutable ; un guerrier habitué à tuer ses ennemis et qui ne rendrait pas les armes tant qu'il lui resterait un souffle de vie. Ses longs cheveux bruns retombaient sur ses épaules et ses yeux étincelaient de rage et de détermination.

Pour l'avoir vu s'entraîner avec son mari à maintes reprises, elle avait pu apprécier ses qualités de combattant. Il n'y avait aucun homme capable de rivaliser avec Ragnar Olafsson. Il était doté d'une force de taureau et d'une souplesse de félin.

— Lâche-la ! cria-t-il au Gaël qui la tenait toujours. Nous allons retourner à notre bateau.

Il s'exprimait comme s'il croyait que le Gaël pouvait comprendre leur langue du Nord. Sa voix était calme et il levait les bras afin de montrer qu'il était prêt à se rendre, mais la lueur qui brillait dans ses yeux contenait une menace implicite. Ragnar n'était pas homme à transiger avec un ennemi. C'était une ruse, destinée à la protéger.

En voyant les autres Gaëls se rapprocher, Elena sentit son cœur cogner fort dans sa poitrine.

Que comptait-il faire ? Se sacrifier ? Non, il n'était pas du genre à jouer les martyrs.

L'un de ses compagnons, Onund, le regarda, furieux.

— Tu as peut-être l'intention de te rendre, Ragnar, mais pas nous ! s'exclama-t-il en refusant de déposer ses armes. Nous sommes plus nombreux qu'eux !

Ragnar serra les dents, l'air irrité, et Elena comprit enfin ses intentions.

Les Gaëls les avaient attaqués par surprise, mais ils pouvaient leur rendre la pareille, s'ils croyaient en leur reddition. Ragnar voulait donner à ses hommes le temps de se rassembler. Onund ne pouvait-il le comprendre ?

— Si nous continuons à nous battre, il lui tranchera la gorge et ils tueront Styr aussi, expliqua Ragnar.

Puis, il baissa la voix et Elena n'entendit pas la suite de ses explications. Son ravisseur continuait de marcher à reculons et, bientôt, il parvint au drakkar sans qu'elle sache ce que Ragnar pensait faire.

Il ne l'avait pas quittée du regard. Un regard plein de détermination, celui d'un homme décidé à la sauver coûte que coûte. Un regard aussi qui lui rappela la façon dont il l'avait regardée un peu plus tôt, quand ils avaient quitté le drakkar pour gagner la terre. Ses yeux avaient brillé d'une façon inhabituelle, et elle avait senti une vague de chaleur lui monter au visage. Comme s'il avait eu envie d'elle… intimement.

Un souvenir qui fit battre son cœur plus vite, car elle ne l'avait jamais vu la regarder ainsi auparavant. Ses yeux verts plongeaient en elle, l'atteignant jusqu'au plus profond de son être, et elle ne comprenait pas sa propre réaction. Elle frissonna involontairement, et ce frisson ne devait rien à la froideur de l'eau.

Une pensée horrible lui traversa l'esprit. Ragnar n'avait pas envie que Styr meure, tout de même ? Son mari était maintenant prisonnier des Gaëls et il faudrait qu'ils le délivrent, d'une façon ou d'une autre.

Mais Ragnar en avait-il l'intention ? Pouvait-il avoir décidé d'abandonner Styr, son meilleur ami ?

Elle le connaissait trop bien pour le croire capable d'une telle traîtrise, mais elle ne put empêcher un doute de s'insinuer au fond de son cœur.

Finalement, les autres avaient obéi à ses injonctions et déposé leurs armes et leurs boucliers. Ils les suivaient, l'un derrière l'autre, entourés par les Gaëls.

— L'un d'entre vous au moins devrait rester pour…

Avant qu'elle ait le temps de finir sa phrase, le Gaël qui la maintenait prisonnière lui plongea la tête dans l'eau. Elle battit des mains et tenta de se dégager. Avait-il l'intention de la noyer ? La bouche pleine d'eau de mer, elle commençait à étouffer lorsque, brutalement, il la tira à la surface. Aveuglée et les cheveux trempés, elle l'entendit proférer des menaces dans une langue qu'elle ne comprenait pas. Puis, sans lui laisser reprendre ses esprits, il la hissa à bord du drakkar. Elle n'avait même plus la force de résister, car elle était comme tétanisée par le froid et la peur panique qu'elle avait ressentie quand elle avait eu la tête sous l'eau.

L'esprit embrumé, elle sentit vaguement qu'il lui attachait les poignets et la traînait vers l'avant du bateau.

Peu après, ses compagnons montèrent à bord à leur tour, suivis par quatre Gaëls, et se laissèrent ligoter sans résister. Ils attendaient sans doute un moment favorable pour se libérer, jeter les Gaëls à la mer et reprendre la maîtrise du drakkar.

Mais aucun d'entre eux n'était resté à terre pour aider Styr. Le cœur serré, elle regarda fixement la côte. Son mari n'était plus là, et elle ne savait pas si elle le reverrait un jour vivant. Ces derniers mois, il s'était éloigné d'elle, mais elle savait que c'était sa faute, car elle n'avait pas cessé de repousser ses avances. C'était un homme bon, un guerrier valeureux, qui ne méritait pas d'avoir une femme incapable de lui donner des enfants.

Ce n'était cependant pas le moment de s'apitoyer sur elle-même. Elle devait rassembler ses forces et son courage. Il fallait qu'elle réagisse, se batte, trouve un moyen d'échapper à ses ravisseurs. C'était son seul espoir.

Ragnar s'était laissé ligoter, sans la quitter des yeux. Elle ignorait quelles étaient ses intentions, mais le message était clair. Elle pouvait lui faire confiance. Il avait un plan et le mettrait en œuvre dès qu'il en aurait l'opportunité.

Les Gaëls avaient pris les rames, mais ils étaient trop peu nombreux et le drakkar avançait lentement. Son ravisseur — en entendant ses compagnons lui parler, elle avait appris qu'il s'appelait Brendan — hissa la voile. Le vent la gonfla, poussant le drakkar vers la haute mer.

Ce fut seulement lorsque Ragnar profita d'un moment d'inattention des Gaëls pour se rapprocher d'elle qu'elle osa se pencher vers lui et lui parler à voix basse.

— Que va devenir Styr ? Tu l'as laissé derrière sans personne pour l'aider. Il est blessé, mourant peut-être…

A cette pensée, elle frissonna et des larmes brûlantes lui piquèrent les yeux.

— S'ils avaient voulu le tuer, ils l'auraient achevé sur place, lui répondit-il. Ils l'ont emmené vivant. Avec l'intention de le garder en otage, probablement. Nous reviendrons avant qu'ils aient eu le temps de lui faire du mal.

Elle ne savait plus que penser. Ils pouvaient aussi bien le torturer ou le tuer pour venger leurs morts et leurs blessés.

— Et si tu te trompes ? murmura-t-elle.

— Fais-moi confiance. Si nous avions continué de nous battre, ils l'auraient achevé et tu serais morte également.

Elle plongea ses yeux dans les siens, le suppliant en silence.

— Tu ne peux pas l'abandonner.

Les traits de Ragnar se contractèrent et son regard se durcit. Ses accusations implicites l'ulcéraient manifestement.

— Je lui ai juré de te protéger, au péril de ma vie si nécessaire. C'est ce que j'ai fait.

Il se pencha vers elle et baissa la voix :

— Nous profiterons de la nuit pour reprendre la maîtrise du bateau.

— Tu as les mains attachées.

Il haussa les épaules.

— Tu crois ?

Il avait parlé avec une telle assurance qu'elle commença à se demander si elle n'avait pas eu tort de douter de lui. Elle sentit la chaleur de son haleine sur sa joue et lui jeta un coup d'œil. Les rayons du soleil faisaient jaillir des éclats dorés dans ses longs cheveux bruns. Un conquérant… Un guerrier conscient de sa force et de sa détermination. La lueur brillait de nouveau dans ses yeux, cette lueur qui avait enflammé ses joues. Elle s'insinua en elle, dissolvant peu à peu ses peurs et ses incertitudes.

« Fais-moi confiance », lui avait-il demandé. Elle voulait croire en lui, car il était son seul espoir de recouvrer la liberté. Mais, de nouveau, il la regardait d'une façon par trop troublante. Les battements de son cœur accélérèrent, ce qui la mit encore plus mal à l'aise.

Quelques instants plus tard, l'un des Gaëls saisit Ragnar par les épaules et l'écarta sans ménagement. Avait-il déjà réussi à défaire ses liens, comme il le lui avait laissé entendre ? Si c'était le cas, il était très habile à n'en rien montrer.

Le ciel s'était assombri et le vent avait de nouveau forci. Elle avait faim et soif, mais personne ne lui proposait rien à manger ou à boire. Les Gaëls avaient fouillé le bateau et découvert les provisions sous le pont. Ils mangeaient voracement la viande et le poisson séché, sans leur en offrir un seul morceau. En les regardant, elle se rendit compte soudain à quel point ils étaient maigres. Ils avaient les joues creuses, comme s'ils n'avaient pas mangé à leur faim depuis longtemps.

De nouveau, elle se demanda si Ragnar avait eu raison d'ordonner à ses hommes de se rendre. Ces Gaëls n'étaient pas de taille à résister longtemps contre des Vikings aguerris. Mais, dans leurs yeux, elle vit qu'ils étaient comme des loups affamés ; ils se battaient entre eux pour avoir les meilleurs morceaux.

Finalement, Ragnar avait eu peut-être raison. Des hommes à demi morts de faim n'auraient eu aucune pitié. Ils les auraient tués, elle et Styr, sans le moindre remords.

Leur chef, Brendan, était à peine plus qu'un adolescent. Toutefois, une froide détermination émanait de son regard. Elle ne savait pas quelles étaient ses intentions à leur égard, mais rien ne le ferait dévier du but qu'il s'était fixé.

Cela faisait plusieurs heures qu'elle avait été hissée à bord du drakkar, et elle ne parvenait toujours pas à se réchauffer. Sa robe et ses cheveux mouillés la glaçaient jusqu'aux os. Quant à l'angoisse qui la tenaillait, elle ne faisait qu'accroître son malaise physique et moral.

— Pourrais-je avoir un peu d'eau ? demanda-t-elle à Brendan, la gorge sèche.

Voyant qu'il ne comprenait pas ce qu'elle voulait, elle fit un mouvement du menton en direction des autres Gaëls qui, après s'être goinfrés de nourriture, avaient mis en perce l'un des tonneaux de bière de Styr.

Le visage fermé, Brendan ignora sa requête et s'affaira à régler la voile. Elle tourna la tête vers Ragnar et ses compagnons en se demandant s'ils avaient réussi à se libérer. Ils étaient assis, immobiles, les bras derrière le dos. Aucun d'entre eux ne regarda vers elle.

Peut-être…

Ragnar leur parla, d'une voix calme et posée.

— Quand la lune se lèvera.

Elle retint sa respiration et jeta un coup d'œil vers les Gaëls, afin de voir s'ils l'avaient compris. Ils étaient tous très occupés à boire, mais Brendan fronça les sourcils. Sans un mot, il dégaina son poignard et traversa le bateau pour venir s'asseoir derrière elle. Elle sentit la froideur du métal sur sa gorge et le jeune Gaël soutint le regard de Ragnar, le défiant silencieusement.

Ragnar serra les dents. Avant la fin de la nuit, il étriperait ce Gaël pour avoir osé toucher Elena. Il avait coupé ses liens au moyen d'une lame qu'il gardait dissimulée dans son ceinturon, puis il l'avait passée à ses compagnons. Maintenant, la lame était de nouveau dans sa main et il attendait le moment opportun pour frapper.

Les heures s'écoulèrent lentement. Les Gaëls s'étaient tous endormis, sauf celui assis derrière Elena. Il semblait sentir que, dès l'instant où il baisserait sa garde, il signerait son arrêt de mort.

Le soleil était descendu en dessous de l'horizon, et la lune commençait à monter dans le ciel étoilé. Ragnar jeta un coup d'œil à ses compagnons. Comme lui, ils étaient prêts à bondir. Elena avait l'air tendue. Le Gaël maintenait la lame de son poignard sur sa gorge, et quelques gouttes de sang perlaient sur son cou.

Ruminant sa vengeance, il serra les poings. Avant la fin de la nuit, ce Gaël et les autres iraient nourrir les poissons.

Il devait trouver un moyen de détourner l'attention du Gaël. Prendre un otage ? L'attaquer par surprise ? Non, ce serait trop dangereux. Elena aurait la gorge tranchée avant qu'il ait eu le temps de frapper. Il envisagea d'autres possibilités, mais toutes mettaient Elena en péril.

Par tous les dieux ! Il n'aurait jamais dû la laisser seule sur la plage. Tout cela était sa faute et, maintenant, il ne pouvait rien faire sans risquer qu'elle soit blessée ou tuée. Elena signifiait tout pour lui. Si elle venait à mourir, sa propre vie n'aurait plus de sens.

Il la vit lever les yeux vers le croissant de lune en train de disparaître derrière un nuage et pâlir. Croyait-elle qu'il avait renoncé à son plan ? Il voulut lui dire quelque chose, la rassurer.

— Elena, n'aie pas peur, je te libérerai, dit-il sans se soucier du risque qu'il prenait en lui parlant.

Le Gaël l'apostropha avec des mots qui ressemblaient à une menace mais, sur la fin, sa voix s'étrangla légèrement, rappelant qu'il n'était encore qu'un adolescent.

Ragnar n'en tint pas compte et poursuivit d'un ton neutre.

— Le bateau se rapproche de la côte.

— Je… je ne sais pas très bien nager, bredouilla-t-elle en regardant les eaux noires et houleuses, l'air terrorisé.

Le vent soufflait assez fort, poussant le drakkar vers l'est. Devant eux, il vit des amas rocheux et une petite île, au centre de laquelle saillait un gros rocher aux formes arrondies. Elle pourrait peut-être l'atteindre…

— Je ne te laisserai pas te noyer, promit-il avec assurance.

Elle parut moins effrayée, comme si cette promesse la rassurait. Il savait qu'elle appartenait à Styr, mais il eut envie de la tenir dans ses bras, de lui apporter le réconfort dont elle avait besoin.

Puis, comme si les dieux avaient enfin entendu ses suppliques, la diversion qu'il attendait se produisit.

Jamais Brendan O'Brannon n'avait été aussi terrifié. Il maintenait la lame de son poignard sur la gorge de la femme *lochlannach,* tout en désirant n'avoir jamais quitté le rivage de son village. Sur le moment, il avait voulu protéger sa sœur, Kiera. Il avait pensé pouvoir contraindre les envahisseurs à partir, en amenant leur bateau au large avant de les abandonner et de retourner à la côte à la nage, avec ses amis.

Mais les Vikings ne s'étaient pas endormis. Ils n'avaient pas cessé de garder les yeux fixés sur lui et sur la femme qu'il gardait en otage. Chaque minute qui passait le rapprochait d'une mort inévitable.

Une vague de désespoir le submergea à la pensée qu'il ne reverrait plus sa sœur et ses frères. Tout cela parce qu'il avait voulu jouer au héros ! Quelle idée avait-il eue de vouloir les défendre contre ces farouches guerriers du Nord ? Il avait à peine dix-sept ans et ne s'était encore jamais battu l'épée à la main. Non seulement il avait agi sans réfléchir, mais il avait laissé sa sœur seule, sans personne pour la protéger. Depuis plusieurs mois, elle n'avait pas mangé à sa faim et, comme il ne lui restait plus de provisions, il savait qu'elle ne pourrait pas survivre plus d'un jour ou deux.

L'un des Vikings, en particulier, le rendait nerveux. Il le regardait avec intensité, comme s'il comptait bondir sur lui et le tuer à la première opportunité.

Il pria silencieusement, cherchant un moyen de se tirer du mauvais pas où il s'était mis. Il envisagea de lâcher la femme et de sauter par-dessus bord. Bien que la côte soit encore loin, il était bon nageur et aurait une chance d'y parvenir sain et sauf. Seulement, pour cela, il lui faudrait abandonner ses amis... Ils s'étaient goinfrés de nourriture et de bière, et ronflaient à l'arrière du bateau.

Non, sa prisonnière était leur seule chance de rester en vie, lui et ses amis.

La pénombre régnait, maintenant que les nuages masquaient la lune. Il était épuisé et devait faire un effort pour empêcher ses mains de trembler.

L'un de ses amis, qui venait de se réveiller, se leva soudain et poussa un cri d'alerte.

— Un bateau !

Brendan se retourna, sans ôter la lame de son poignard de la gorge de sa prisonnière. Son ami ne s'était pas trompé. Un bateau fondait sur eux, toutes voiles dehors.

Mais les hommes à son bord n'étaient pas des Gaëls.

Sa bouche devint sèche et il se mit à transpirer.

Des *Gallaibhs,* des Danois ! Des guerriers encore plus cruels que les Vikings. Son grand-père lui avait raconté des choses atroces à leur sujet. Quand ils débarquaient dans un village, ils tuaient tout le monde sans pitié, y compris les femmes et les enfants.

Dieu leur vienne en aide ! S'ils survivaient à cette nuit, ce serait un miracle.

— Il faut virer de bord ! cria-t-il à ses amis qui, l'un après l'autre, émergeaient de leur léthargie.

S'ils pouvaient se rapprocher de la côte, ils auraient peut-être une chance d'échapper aux Danois.

Malheureusement, ses amis n'étaient pas des marins confirmés, et c'était la première fois qu'ils manœuvraient un bateau aussi grand que ce drakkar. Ils s'agitèrent fébrilement, essayant d'orienter la voile différemment, mais elle se mit à faseyer et, comme si une force invisible le poussait, le drakkar continua d'avancer vers le bateau danois au lieu d'aller vers la côte.

Une angoisse terrible lui étreignit le cœur. A bord du bateau ennemi, des archers s'étaient mis en position, prêts à tirer. Il regarda fixement les eaux noires et menaçantes et se demanda s'il aurait le courage de se jeter à la mer. Oui. Mieux valait mourir noyé que percé de flèches.

Il baissa les yeux sur sa prisonnière. Elle était à peine plus âgée que Kiera. Il inspira profondément, en regrettant de l'avoir capturée. Elle ne méritait pas de tomber entre les mains des Danois, qui la violeraient avant de la tuer. Il avait déjà commis trop d'erreurs, aujourd'hui, et il ne lui restait que quelques secondes pour se racheter un peu.

Il la lâcha et coupa avec son poignard la corde qui lui liait les mains. Elle le regarda fixement, l'air étonné, puis, sans un mot, se précipita vers ses compagnons en se frottant les poignets.

— Il faut nous jeter à l'eau ! cria Brendan à ses amis. S'ils nous abordent, aucun d'entre nous ne survivra.

— Si nous abandonnons le bateau, nous risquons de nous noyer, objecta l'un d'eux.

Le cœur de Brendan battait à tout rompre et une sueur froide lui glaçait le dos.

— Vous savez tous nager. Quand nous aurons atteint la côte, nous retournerons à pied à Gall Tir.

S'ils atteignaient la côte… Les Danois étaient tout près, maintenant, et il les entendit crier dans leur langue rauque et gutturale.

— C'est trop loin, protesta encore son ami.

— Nous n'avons pas le choix. Si nous restons ici, nous mourrons tous cette nuit.

Restait à espérer que les *Lochlannachs* ne les retiendraient pas, mais au souvenir de la lueur meurtrière qui avait brillé toute la soirée dans les yeux du chef Viking, Brendan n'était pas du tout sûr qu'ils les laisseraient s'enfuir. A cette pensée, la peur lui noua le ventre.

Au même instant, les *Lochlannachs* se levèrent et convergèrent vers lui. De toute évidence, ils s'étaient libérés de leurs liens depuis un certain temps et avaient attendu, prêts à attaquer à la première opportunité.

Les archers danois bandèrent leurs arcs et une première volée de flèches s'abattit sur le drakkar. Brendan se jeta à plat ventre et entendit l'un de ses amis hurler de douleur. Quand il redressa la tête, il le vit recroquevillé sur le pont, le torse transpercé de part en part, et cette vision lui glaça le cœur.

Les Vikings autour de lui criaient des ordres et quelques-uns sautèrent à l'eau. Deux de ses amis montèrent sur le plat-bord pour les suivre, mais d'autres flèches les transpercèrent aussitôt.

La femme viking était allongée sur le pont et une partie de ses compagnons lui faisaient un rempart avec leur corps. Il vit leur chef se raidir quand une flèche l'atteignit à la cuisse. La femme cria et, se levant d'un bond, sauta à la mer. Le chef des *Lochlannachs* la suivit mais, blessé comme il était, se dit Brendan, il avait peu de chances de parvenir vivant à la côte.

La gorge serrée, il ferma les yeux et se prépara à mourir. Les Danois avaient jeté des grappins et montaient à l'abordage en hurlant, l'épée ou le poignard entre les dents.

Mon Dieu, faites que ma mort soit rapide et pas trop douloureuse ! pria-t-il silencieusement. *Et faites que ma sœur soit saine et sauve.*

Le cœur d'Elena cognait follement et la peur lui nouait le ventre. Le choc brutal avec l'eau glacée lui avait coupé le souffle, et ses vêtements trempés l'entravaient. Elle battit des bras et des pieds fébrilement pour rester à la surface, sans parvenir vraiment à nager.

Maintenant qu'elle était au milieu des vagues, elle avait l'impression que la côte était beaucoup trop loin. Jamais elle ne pourrait y arriver. L'air lui manquait, et elle sentait ses forces faiblir. Derrière elle, à bord du drakkar, les Danois hurlaient, des cris sauvages auxquels se mêlaient les chocs métalliques des épées et des haches de guerre.

La peur la pénétra jusqu'au tréfonds de son être.

Tu n'es pas assez forte pour atteindre la côte. Tu vas te noyer.

Elle continua néanmoins à agiter désespérément les bras et les jambes, afin de ne pas sombrer.

Puis, au moment où elle commençait à étouffer, la bouche et le nez pleins d'eau salée, un bras solide lui saisit la taille. Elle tourna la tête et vit que c'était Ragnar. Il l'attira contre lui et se mit à nager, fendant les vagues à grands coups rapides et puissants. Elle s'agrippa à lui, heureuse qu'il ait réussi lui aussi à échapper à leurs assaillants.

— Nage ! l'entendit-elle lui ordonner. Ne regarde pas en arrière !

Malgré sa présence, elle était toujours aussi terrorisée. De nouveau, elle eut la tête sous l'eau, mais Ragnar la tira à la surface.

— Bouge tes bras et tes jambes, n'arrête pas ! répéta-t-il en lui tenant la taille solidement.

Ils continuèrent à nager ensemble tandis que, derrière eux, les Danois poussaient des cris de triomphe. Apparemment, toute résistance avait cessé et ils étaient maîtres du drakkar.

Freya, protège-moi ! pria-t-elle silencieusement.

Dans le ciel, la lune avait émergé des nuages et sa lumière argentée se reflétait sur la surface de l'eau. La houle était forte et l'angoisse lui serra la gorge.

Elle devait vivre. Malgré sa peur, elle se battrait jusqu'à son dernier souffle.

Chapitre 3

Ses jambes et ses bras étaient aussi lourds que du plomb et le froid glacial de l'eau la transperçait jusqu'aux os mais, avec Ragnar à ses côtés, elle reprit peu à peu confiance. Il l'encourageait sans cesse et continuait de nager, un peu moins vite maintenant que le drakkar était loin derrière eux, afin de ménager ses forces.

Quand, enfin, ses pieds touchèrent le fond, Elena poussa un soupir de soulagement. Elle tremblait de tous ses membres et était épuisée, mais ils avaient réussi ! Ils étaient à terre, sains et saufs.

Ragnar marchait lourdement, en s'appuyant sur elle. Elle comprit pourquoi lorsque, alors qu'ils avaient presque atteint le rivage, un rayon de lune les éclaira, révélant une flèche plantée dans sa cuisse.

— Tu es blessé, haleta-t-elle.

Comme il ne répondait pas, la panique l'envahit. Sa blessure était-elle grave ? S'il venait à mourir, elle ne pourrait jamais survivre seule.

Elle réagit cependant aussitôt et chassa ses idées noires. Ragnar n'était pas encore mort et, si elle soignait sa blessure, il parviendrait peut-être à se remettre.

Son esprit pratique reprenant le dessus, elle réfléchit et se dit qu'elle devait agir vite, sans se poser de questions inutiles. D'abord, retirer la flèche, puis panser la plaie et, ensuite, faire du feu et trouver un abri.

— Regarde-moi, Ragnar.

Il obéit, mais il y avait une telle douleur dans ses yeux qu'elle craignit le pire. Ses braies et sa tunique alourdis d'eau et le poids de sa cotte de mailles devaient saper le peu d'énergie qu'il lui restait encore.

— Viens, dit-elle. Je vais t'aider à aller jusqu'à ces rochers, là-bas. Crois-tu être capable d'y arriver ?

Il hocha la tête, comme si parler était déjà un effort trop grand pour lui. Du sang coulait le long de sa jambe mais, au moins, il ne jaillissait pas. Une fois à l'abri des rochers, elle l'aida à s'asseoir et à enlever sa cotte de mailles, après quoi elle se servit du couteau qu'il portait à son ceinturon pour tailler des bandes longues et étroites dans le bas de sa robe. Les rochers qui les entouraient étaient couverts de mousse. A défaut d'autre chose, elle pourrait s'en servir pour étancher les saignements, songea-t-elle en en détachant plusieurs plaques.

— J'ai froid… Il faudrait faire du feu, lui rappela Ragnar en fouillant dans l'une des poches de sa tunique.

— Bientôt, dit-elle. Je vais d'abord retirer la flèche.

— Si tu la retires, je risque de perdre tout mon sang, lui fit-il observer d'une voix calme.

— La laisser serait encore pire, répondit-elle en posant la main sur son épaule et en s'agenouillant devant lui. Tu m'as aidée à ne pas me noyer ; je ferai tout pour te soigner et te guérir.

Une lueur de désir, farouche et ardente, brilla dans les yeux de Ragnar et, très vite, il détourna la tête. Elle préféra ne rien dire, de peur de s'être méprise.

Elle inspira profondément et examina la flèche. Elle n'était pas enfoncée trop profondément mais, n'en ayant jamais retiré auparavant, elle se demanda s'il valait mieux la tirer ou la pousser pour l'extraire de la plaie. Si elle tirait, elle risquait d'arracher un morceau de chair... Après avoir réfléchi, elle coupa l'empennage avec son couteau et décida de la faire sortir de l'autre côté, en l'inclinant vers l'extérieur afin de traverser le moins de chair possible.

— Je ne veux pas te faire mal, dit-elle, mais il le faut...

D'un mouvement sec, elle poussa la flèche et la fit sortir de l'autre côté. Il eut un haut-le-corps et ne put retenir un cri de douleur.

— Ça y est, c'est fini, fit-elle en la jetant et en appliquant aussitôt une plaque de mousse à l'entrée et à la sortie de la plaie.

Puis elle prit une bande de tissu et entreprit de bander la cuisse, sans serrer trop fort, afin de ne pas couper la circulation du sang.

— Tu aurais pu me prévenir, protesta-t-il en grimaçant de douleur.

— Tu aurais souffert encore plus, répondit-elle en nouant son pansement.

— Comment le sais-tu ? marmonna-t-il d'une voix rude. Tu n'as jamais été blessée par une flèche, pour autant que je sache.

La flèche était retirée. C'était l'essentiel.

— Heureusement, elle n'était pas enfoncée très profondément, dit-elle d'une voix apaisante. Et, grâce aux dieux, le saignement a été moins important que je le craignais.

Si elle avait été plus profond, elle n'aurait pas eu assez de force pour la faire traverser. La tension de ses muscles l'en aurait empêchée.

Elle aida Ragnar à s'adosser à un rocher et se rendit compte qu'elle tremblait de tous ses membres et ne parvenait pas à se réchauffer. Il avait raison. S'ils ne voulaient pas mourir de froid, elle devait faire du feu. Avant toute chose, il lui fallait trouver une pierre à feu, mais la lune était de nouveau derrière un nuage et il faisait trop noir pour en chercher une au milieu des cailloux qui jonchaient la plage.

Une nouvelle angoisse lui noua l'estomac, sapant le peu de courage qui lui restait. Ils devaient s'abriter et se réchauffer pour affronter le froid de la nuit ; ils n'avaient pas le choix. Leur survie en dépendait.

— Je vais essayer de trouver une pierre à feu, dit-elle en se tournant vers Ragnar.

— Attends, j'en ai une.

Il fouilla sous sa tunique et sortit une pierre qu'il gardait attachée à son cou avec une lanière de cuir.

En la voyant, Elena poussa un soupir de soulagement.

Les doigts gourds, elle essaya de dénouer le nœud.

— Tu n'as pas été blessée, n'est-ce pas ?

Sa voix résonna étrangement et elle sentit une vague de chaleur monter en elle. Elle se rendit compte qu'elle avait les bras autour de son cou, presque comme si elle l'enlaçait.

— Non, murmura-t-elle en s'efforçant de calmer les battements de son cœur. Tais-toi et repose-toi, maintenant. Je vais aller chercher du bois mort pour allumer un feu.

Comme le nœud ne voulait pas se défaire, elle fit passer la lanière au-dessus de sa tête. Sa peau n'avait pas la même odeur que celle de son mari, mais elle lui était familière ; l'odeur d'un ami sur lequel elle avait toujours pu compter. Ils se connaissaient depuis leur plus tendre enfance, et elle avait une totale confiance en lui. Grâce aux dieux, c'était avec lui qu'elle avait échoué sur cette plage. Avec un autre homme, elle ne se serait pas sentie en sécurité.

Elle s'éloigna et entreprit de ramasser des morceaux de bois et de la mousse sèche pour allumer un feu. Au matin, il leur faudrait quitter cette petite île et se mettre en quête de nourriture. Ils ne pourraient pas survivre ici, sans eau douce et sans rien pour les abriter. Cependant, elle ne savait pas si Ragnar aurait la force de traverser à la nage le chenal séparant leur île de la côte.

Chaque chose en son temps, se dit-elle en se penchant pour ramasser un autre morceau de bois mort avant de retourner vers les rochers. L'aube viendrait assez tôt pour s'en inquiéter.

Après avoir empilé soigneusement les morceaux de bois et la mousse, elle prit la pierre à feu et la frappa sur la lame du couteau de Ragnar. Des étincelles jaillirent et, au bout de quelques instants, la mousse s'enflamma. Elle nourrit le feu lentement avec des brindilles et, bientôt, une douce chaleur commença à lui réchauffer les mains. Elle ajouta du bois et s'assit à côté des flammes. Ses vêtements étaient encore trempés, mais c'était bon d'avoir du feu. Quand elle regarda vers la mer, elle vit que le drakkar et le bateau des Danois avaient disparu.

— Que penses-tu qu'il est arrivé aux autres ? demanda-t-elle en se retournant vers Ragnar. Tu crois qu'ils sont vivants ?

— J'ai entendu les Danois dire qu'ils allaient les vendre comme esclaves, répondit-il en grimaçant et en changeant de position. S'ils ne les ont pas tous tués.

Elena se frotta les bras, en essayant de se persuader que quelques-uns de leurs compagnons, au moins, n'étaient pas morts. L'idée qu'ils puissent être les seuls survivants était par trop angoissante.

— Tu as froid, remarqua-t-elle en le voyant frissonner.

Ses vêtements étaient aussi mouillés que les siens, mais elle pouvait bouger pour se réchauffer.

— Tu veux que je t'aide à te rapprocher du feu ?

Il secoua la tête.

— Ça ira. Demain matin, nous irons sur la grande terre, ajouta-t-il en fermant les yeux.

— Tu crois que tu pourras traverser le chenal ?

Il avait de la peine à marcher, et elle ignorait s'il lui resterait assez de force pour nager. Elle n'était pas une très bonne nageuse ; sans son aide, jamais elle ne parviendrait à traverser le chenal. Ragnar était plus fort que la plupart des hommes, mais il avait perdu beaucoup de sang et l'eau salée sur sa blessure ajouterait encore à ses souffrances.

— Il le faudra. Je n'ai pas le choix, n'est-ce pas ?

Bien qu'il ait parlé d'une voix calme, elle sentit qu'il souffrait atrocement et regretta de ne rien pouvoir faire pour le soulager.

— Nous vivrons, Ragnar, assura-t-elle en lui prenant impulsivement la main. Et je te suis reconnaissante de m'avoir permis d'échapper aux Danois.

Il lui pressa la main, mais son regard resta lointain. Elle comprit qu'il avait juré de la protéger et qu'il se battrait donc jusqu'à son dernier souffle pour tenir son serment.

— Tu veux bien venir t'asseoir à côté de moi ?

Sa demande la troubla profondément. Elle en avait envie et, en même temps, elle se rendait compte que ce serait dangereux. Ragnar était un ami d'enfance, mais elle n'avait pas confiance en elle. Il était préférable de ne pas trop jouer avec le feu.

— Non. Il faut que j'aille chercher du bois, sinon le feu ne durera pas toute la nuit, ajouta-t-elle en guise d'excuse.

— Tout ira bien, Elena, la rassura-t-il tandis qu'elle s'éloignait. Ne t'inquiète pas.

Elle voulait le croire, mais ils étaient loin de tout, et son mari était prisonnier. Leurs hommes étaient morts ou allaient être réduits en esclavage, ce qui ne valait guère mieux. Elle dut faire un effort pour retenir les larmes qui commençaient à lui piquer les yeux. Pleurer ne servirait à rien, se dit-elle en ramassant du bois mort.

Un frisson la parcourut à la pensée des épreuves qui les attendaient. Avec détermination, elle refoula ses idées noires. Pour le moment, elle devait employer toute son énergie à survivre. Demain serait un autre jour. Avec la nuit, la température commençait à baisser, et elle ne devait surtout pas laisser leur feu s'éteindre. Profitant de la lumière argentée de la lune, elle ramassa autant de bois qu'elle pouvait en porter puis, les bras chargés, retourna auprès de Ragnar.

— Tu crois que mon mari est vivant ? demanda-t-elle tout en alimentant le feu.

— J'en suis sûr, répondit-il d'une voix ferme. Styr est un guerrier. Rien ni personne ne pourra l'abattre.

Son assurance aurait dû lui rendre confiance, mais plus les heures passaient et plus elle se rendait compte à quel point sa situation était désespérée. En l'espace d'une journée, elle avait tout perdu — son mari, leurs compagnons, leur bateau. Elle n'avait plus rien, pas même un abri de fortune. Malgré elle, elle sentit des larmes rouler sur ses joues.

— Viens à côté de moi, Elena.

Elle ignora son appel ; elle avait trop besoin de pleurer. Après tout ce qui venait de leur arriver, elle en avait bien le droit.

— Vas-tu vraiment obliger un homme blessé à se traîner jusqu'à toi ?

Il y avait eu une pointe de moquerie dans sa voix, mais elle le savait capable de se traîner jusqu'à elle, même si cela devait le faire souffrir horriblement.

Elle soupira et alla s'asseoir à côté de lui. Quand ses bras l'enveloppèrent, elle laissa libre cours à ses larmes. Il ne lui restait plus rien, hormis la force et la gentillesse de Ragnar. Son mari était peut-être mort, ils n'avaient plus de bateau et étaient échoués dans un pays étranger, à des centaines de miles de Hordafylke et de tous ceux qu'elle aimait et qui auraient pu la protéger.

Ragnar ne dit rien, mais il la serra contre lui et sa présence lui apporta un certain réconfort. En dépit de tout ce qui était arrivé, elle n'était pas seule. C'était déjà une consolation.

Fermant les yeux, elle se laissa aller contre son torse.

— Dors, murmura-t-il. Je remettrai du bois dans le feu quand ce sera nécessaire. Je ne souffre pas trop, mais assez pour ne pas pouvoir dormir.

Il essayait de traiter sa blessure à la légère, mais elle savait qu'il souffrait beaucoup plus qu'il ne voulait le dire.

— J'aimerais avoir de l'écorce de saule ou une potion pour apaiser ta douleur…

Un sourire énigmatique éclaira fugitivement le visage de Ragnar.

— Ce serait pire, si tu n'étais pas là. Demain matin, nous chercherons un moyen pour traverser le chenal sans risquer de nous noyer, ajouta-t-il en soupirant.

Elle s'allongea à côté du feu sans parvenir à trouver le sommeil. Ses vêtements trempés et superposés étaient trop épais pour avoir la moindre chance de sécher. Finalement, elle défit les broches de son tablier et l'enleva, ne gardant que sa robe. Elle l'étala sur un rocher, à côté du feu. Il faudrait sans doute longtemps avant qu'il ne sèche, mais elle s'endormirait plus facilement, sans ce tablier lourd et encombrant.

Après s'être recroquevillée sur le sable, elle ferma les yeux.

— Tu peux venir dormir à côté de moi sans crainte, Elena, lui dit Ragnar en voyant qu'elle s'était couchée de l'autre côté du feu.

Jamais encore elle n'avait dormi à côté d'un autre homme que son mari. Elle hésita. Ici, elle n'avait nulle part où s'abriter. A deux, ils pourraient s'abriter et se réchauffer mutuellement…

Non. Jamais elle n'oserait se coucher à côté de Ragnar.

Sa répugnance dut être évidente, car il haussa les épaules et se cala contre les rochers, comme si son refus n'avait pas d'importance.

C'était stupide, songea-t-elle en soupirant. Etant donné les circonstances, dormir à côté de Ragnar n'aurait aucune signification. Il était le meilleur ami de son mari et elle le connaissait assez bien pour savoir qu'il ne se permettrait pas le moindre geste équivoque à son égard. Ses appréhensions étaient sans fondement.

Sans un mot, elle se leva et contourna le feu pour le rejoindre.

L'aube arriva beaucoup trop vite. Ragnar n'avait presque pas dormi, mais la chaleur du corps d'Elena lui avait apporté un peu de réconfort. Sa blessure l'élançait douloureusement, mais il ne bougeait pas, de crainte de la réveiller.

Les cheveux d'Elena étaient encore humides et, comme ses tresses s'étaient défaites, ils retombaient en masse dorée et bouclée sur ses épaules. Sa robe couleur crème épousait les courbes de son corps, et il avait de la peine à chasser les pensées qui hantaient son esprit.

Elle n'est pas à toi et ne le sera jamais, se répétait-il inlassablement.

Elle ouvrit les yeux, bâilla et s'assit.

— As-tu dormi ? demanda-t-elle. Est-ce que tu as très mal ? ajouta-t-elle en baissant les yeux sur le pansement ensanglanté qui entourait sa cuisse.

Il souffrait horriblement, mais la douleur, au moins, l'avait aidé à contenir les désirs coupables qui embrasaient ses reins. Dormir auprès d'Elena était un rêve qu'il avait cru impossible, et sa chair blessée lui avait rappelé les limites à ne pas dépasser. S'il était mort cette nuit, il n'aurait pas pu espérer un meilleur endroit pour passer les dernières heures de sa vie.

Sa jambe le brûlait, mais il se força à sourire. Un sourire un peu grimaçant.

— Ça va. Maintenant, il nous faut trouver un moyen pour traverser le chenal.

Elle s'agenouilla devant lui et défit son pansement. En découvrant la plaie sanguinolente, elle pâlit.

— Ce n'est pas beau.

Il haussa les épaules.

— Je suis vivant.

Pour l'instant..., ajouta-t-il en son for intérieur. Pour le moment, il n'avait pas encore de fièvre, mais il savait que si la plaie venait à s'enflammer, il ne lui resterait pas longtemps à vivre.

— Il va falloir trouver un guérisseur, quelqu'un qui connaît les herbes mieux que moi, dit-elle en se relevant.

Elle respira profondément et regarda vers la grande terre. Le chenal était large et paraissait profond.

— Jamais nous ne parviendrons à le traverser à la nage..., murmura-t-elle en cherchant une solution autour d'elle. Je trouverai peut-être assez de bois mort pour fabriquer un radeau, ajouta-t-elle, les yeux fixés sur un petit bois derrière les rochers.

— Tu n'as pas assez de force pour tirer un tronc jusqu'au rivage, et moi, je ne pourrai guère t'aider, objecta Ragnar.

— C'est vrai, mais je pourrais attacher des petites branches ensemble. Juste assez pour nous aider à nous maintenir sur l'eau.

— Avec quoi vas-tu les attacher ? De l'herbe ?

En guise de réponse, elle releva le bord de sa jupe jusqu'aux genoux.

— Je couperai des bandes de ma robe et de mon tablier.

La vue de ses longues jambes nues suffit à faire jaillir une vague de chaleur dans les reins de Ragnar.

— Si tu penses que cela suffira, on peut toujours essayer.

Il n'avait jamais vu que ses chevilles, et voilà qu'elle lui révélait le galbe parfait de ses mollets. Elle était grande, pour une femme, et il ne put s'empêcher d'imaginer des cuisses longues et fermes, en parfaite harmonie avec le bas de ses jambes.

Mais elle était la femme d'un autre.

La femme de son meilleur ami.

Il s'adossa au rocher derrière lui et poussa sur ses bras pour se mettre debout. Le soleil se levait sur la mer, une féerie d'or et de rose à travers des nuages blancs qui, peu à peu, s'effilochaient sous l'ardeur de ses rayons. Des bancs de brume s'attardaient sur la côte de la grande terre. Il sentit son estomac gronder sous l'effet de la faim. Il leur faudrait pêcher du poisson ou attraper du gibier rapidement, sans quoi ils mourraient d'inanition.

Hélas ! il ne serait pas d'une grande utilité à Elena. Pas dans son état. Il ne pouvait pas poser le pied de sa jambe blessée par terre sans ressentir une douleur atroce. Il serra les dents et, en s'appuyant sur un bâton, se força à traverser la petite île en boitant. Elle était vraiment minuscule, avec juste des rochers et un petit bois d'arbres tordus et rabougris. Pas de nourriture, pas d'eau douce. Ils devaient franchir le chenal. C'était leur seul espoir de survie.

Il regarda l'eau grise, en sachant que le sel enflammerait horriblement sa blessure. Elena avait raison. Des branches liées ensemble les aideraient à se maintenir à la surface.

La veille, il avait eu assez de force pour nager, mais l'un et l'autre avaient dépensé beaucoup d'énergie. S'ils ne voulaient pas périr noyés, ils devaient ménager le peu qu'il leur restait.

Elena sortit du petit bois en traînant derrière elle quatre grosses branches de l'épaisseur de son bras. Afin de pouvoir travailler plus commodément, elle avait rassemblé ses cheveux en chignon maintenu en place avec une brindille de bois. Quand elle l'eut rejoint, elle se servit du couteau qu'elle lui avait pris la veille pour tailler des bandes dans le bas de sa jupe et dans son tablier. Alors qu'elle commençait à lier les branches entre elles, il ne put s'empêcher d'imaginer son corps nu sous le sien, ses longues jambes se mêlant aux siennes.

Furieux contre lui-même, il ferma les yeux.

— Laisse-moi t'aider, dit-il en s'approchant en boitant.

Il avait besoin de faire quelque chose, n'importe quoi, afin de ne pas être hypnotisé par la vue de ses jambes nues.

Il s'assit à côté des branches et lui montra comment entrelacer les bandes de tissu et les branches, afin de les attacher solidement. Assise de l'autre côté, Elena fit comme lui, jusqu'à ce que leur radeau de fortune soit prêt à être mis à l'eau.

La lumière du soleil se reflétait sur son visage et, malgré sa fatigue évidente, son regard était plein de détermination. Elle inspecta leur radeau, les sourcils froncés.

— Il n'est pas assez grand pour pouvoir supporter ton poids et le mien.

Ragnar haussa les épaules.

— Il faudrait plus de bois, mais ce sera suffisant pour nous maintenir à la surface et nous soulager quand nous serons fatigués de nager.

Elle tourna la tête vers le petit bois et regarda les arbres rabougris.

— Dommage que tu n'aies pas une hache, dit-elle en soupirant. Je pourrais couper des grosses branches, au lieu de devoir me contenter du bois mort tombé par terre.

— Je préfère me battre avec une épée.

C'était l'arme qui lui convenait le mieux, car il pouvait frapper d'estoc et de taille et profiter ainsi de sa souplesse et de sa rapidité.

— Styr est plus grand que moi, c'est pour cela qu'il a choisi la hache comme arme favorite. Il domine ses adversaires et chacun de ses coups porte.

A l'évocation de son mari, Elena sentit une vague de tristesse l'envahir.

— Je veux croire qu'il est vivant et qu'il viendra me chercher, murmura-t-elle.

En même temps, elle secoua la tête et grimaça. Visiblement, elle avait de la peine à s'en persuader.

— S'il ne vient pas, nous partirons à sa recherche et nous le retrouverons, lui répondit-il.

Ses paroles ne la rassurèrent guère, car ni l'un ni l'autre ne savaient ce qui était arrivé à Styr. Il était peut-être prisonnier des Gaëls, mais il pouvait tout aussi bien être mort.

— Avec ta jambe blessée, nous n'irons pas loin, lui fit-elle observer.

Puis elle se pencha et commença à tirer leur radeau de fortune vers le chenal.

Ragnar prit appui sur son bâton pour se lever et la rejoignit.

— Je suis peut-être blessé, Elena, mais je ne suis pas mort, dit-il d'un ton ferme en posant la main sur son bras. Ma blessure guérira.

Il ne voulait pas qu'elle le considère comme un fardeau, un homme faible, incapable de réagir et de se battre.

— Tu ne resteras pas échouée ici, ajouta-t-il en prenant sa main dans la sienne. Je le jure, par le sang de Thor.

Leurs regards se croisèrent et une légère rougeur envahit les joues d'Elena.

— Je suis contente que tu sois là, murmura-t-elle en baissant les yeux.

Il aurait voulu la prendre dans ses bras, goûter à ces lèvres auxquelles il avait si souvent rêvé, mais elle lui lâcha la main et s'écarta pour accrocher à ses épaules ce qui restait de son tablier. Elle avait l'air innocent d'une jeune fille, mais le corps d'une femme qui a connu un homme intimement.

Sans un mot, il se pencha et tira le radeau vers le chenal. Quand l'eau salée éclaboussa sa blessure, il dut serrer les dents pour ne pas crier de douleur. Une douleur bienfaisante, malgré tout, car elle lui rappela qu'il devait se tenir à l'écart de la femme de Styr.

Elena se porta à sa hauteur et, agrippés à leur radeau, ils commencèrent à nager vers la grande terre. Ragnar battait l'eau avec sa jambe valide et son bras gauche. Grâce aux dieux, la marée montait et les poussait vers le rivage de la grande terre, mais l'eau salée sur sa plaie était un véritable supplice.

Leur radeau de fortune leur permettait de rester ensemble, sans risquer de se noyer.

— Tu as l'air d'avoir mal de nouveau, dit Elena en battant l'eau, elle aussi, avec ses jambes et son bras libre.

— C'est comme si une lame chauffée au rouge me lacérait la jambe, admit-il. Une sensation qui n'a rien d'agréable, tu peux me croire.

Elle lui adressa un regard plein de compassion.

— Ça ira mieux dès que nous serons à terre.

S'ils ne se noyaient pas…

Il se mordit la lèvre et se força à continuer.

Il garda les yeux fixés sur le rivage devant eux. Pourtant, en dépit de ses efforts, la terre semblait toujours aussi loin. L'eau froide commençait à engourdir ses membres et il sentit ses yeux se fermer peu à peu. Soudain, sa main s'ouvrit et il lâcha la branche à laquelle il s'agrippait.

— Ragnar !

Le cri d'Elena le ramena brutalement à lui.

— Reste avec moi ! Tu ne peux pas m'abandonner maintenant !

Elle se rapprocha et le soutint en mettant son bras autour de sa taille.

— Nous ne sommes plus très loin, maintenant.

Il le savait, mais son corps engourdi par le froid refusait de lui obéir.

— J'ai besoin de toi, reprit-elle. S'il te plaît…

Son ton implorant le toucha jusqu'au plus profond de son être. Il devait se battre, réagir, rassembler les dernières forces qui lui restaient encore. Elle l'encouragea, le suppliant de ne pas renoncer, de ne pas se laisser aller. Et enfin, alors qu'il avait l'impression d'être dans l'eau depuis une éternité, il sentit le sol sous ses pieds. Il serra les mâchoires pour ne pas claquer des dents. Jamais, de toute sa vie, il n'avait eu aussi froid. Un pas après l'autre, soutenu par Elena, il parvint en titubant sur le sable. Sa vue se brouilla et ses oreilles se mirent à bourdonner. Il maudit sa faiblesse et lutta pour ne pas perdre connaissance. Elena avait besoin de lui ; il n'avait pas le droit de l'abandonner.

— Ecoute-moi ! insista-t-elle. Nous avons réussi ! Nous sommes presque arrivés à terre. Juste encore un petit effort. La marée monte et nous rattrapera, si nous ne faisons pas quelques pas de plus.

Le bras toujours autour de sa taille, elle le laissa s'appuyer sur elle et continua d'avancer lentement, presque en le portant. Quand sa jambe heurta accidentellement sa cuisse blessée, il ne put réprimer un cri de douleur.

Elle s'excusa et continua de l'encourager.

— Nous y sommes presque. Encore quelques pas.

Tout tournait autour de lui mais, grâce à son aide, il réussit à rester debout.

— Je ne vais pas mourir, dit-il d'une voix rauque et mal assurée, comme s'il voulait s'en persuader mais n'y croyait pas vraiment.

— Je te soignerai. Tu guériras, j'en suis sûre.

Elle l'aida à s'asseoir, le dos contre un talus de sable. Les yeux mi-clos, tournés vers les nuages qui s'effilochaient dans le ciel, il se laissa aller en arrière.

— Tu as trop froid, remarqua-t-elle. Il faut que je te réchauffe.

Elle se blottit contre lui et l'enveloppa de ses bras. Sa peau était fraîche, mais sa présence lui apporta le réconfort dont il avait besoin pour ne pas sombrer complètement.

Il aurait voulu lui dire tout ce qu'elle signifiait pour lui, laisser échapper les mots qu'il avait gardés pendant si longtemps enfouis au fond de son cœur, mais son honneur l'en empêcha. Il accepta donc la chaleur de son étreinte, en sachant qu'il ne pourrait jamais lui demander plus que la compassion qu'elle lui offrait.

Il s'en voulait d'avoir laissé Styr seul aux mains des Gaëls, même conscient qu'il n'avait pas eu le choix. Ils le tueraient sans doute, car il n'avait aucune valeur en tant qu'otage et n'accepterait jamais d'être l'esclave de quiconque.

Après l'avoir gardé dans ses bras pendant un long moment, Elena le quitta pour aller ramasser du bois et de la mousse sèche afin d'allumer un feu. Sa jupe était raccourcie jusqu'aux genoux et les rayons du soleil posaient des éclats cuivrés dans l'or de ses cheveux. Elle s'affairait avec détermination et efficacité, mais sa fatigue commençait à transparaître dans ses mouvements.

Il avait tellement froid ! Il ne sentait plus ses mains ni ses pieds, et tous ses muscles étaient engourdis.

— Tu es affreusement pâle, dit-elle en faisant jaillir une étincelle. Ne t'inquiète pas, je te réchaufferai de nouveau, dès que j'aurai réussi à allumer le feu.

Visiblement, elle aussi avait beaucoup souffert de la froideur de l'eau pendant leur traversée du chenal. Ses mains bleues de froid tremblaient et, malgré ses efforts, la mousse n'arrêtait pas de s'éteindre.

Renonçant à lutter contre le sommeil, il ferma les yeux. Il avait trop besoin de dormir.

Presque aussitôt, Elena se précipita vers lui et l'enlaça avec ses bras.

— Ragnar ! cria-t-elle en le secouant légèrement et en l'exhortant à rouvrir les yeux.

Il battit des cils et s'efforça de lui obéir, mais sa vision restait trouble et il avait l'impression qu'elle était loin, très loin, perdue au milieu d'un épais brouillard.

— Ne me quitte pas ! le supplia-t-elle, les yeux pleins de larmes. Tu ne peux pas me laisser seule ici.

— Juste... dormir un peu..., murmura-t-il.

Le sommeil l'aiderait à supporter la douleur. C'était tellement tentant de s'abandonner, de se laisser sombrer dans le néant.

— Tes lèvres sont bleues, dit-elle d'une voix étranglée. Si tu t'endors maintenant, tu ne te réveilleras peut-être jamais.

Il ne répondit pas, parce que son corps était en plomb et que ses dernières parcelles de conscience étaient en train de l'abandonner. Il n'avait plus la force de résister, même si une partie de lui-même comprenait ce qu'elle voulait dire.

— Ne meurs pas, je t'en supplie ! s'écria-t-elle en le secouant de nouveau, le visage baigné de larmes. Je ne peux pas survivre ici, toute seule ! Tu m'entends ? Si tu meurs, je mourrai aussi !

Il essaya de dire « non », de lui dire qu'elle ne mourrait pas, mais avant qu'il ait pu ouvrir la bouche, elle se pencha et posa ses lèvres sur les siennes. Un baiser qui le fit sursauter, comme si elle l'avait touché avec un fer porté au rouge.

Chapitre 4

Elena n'aurait pu dire pourquoi elle l'avait embrassé. C'était cela ou le frapper. N'importe quoi, pour le forcer à reprendre connaissance. Comme elle l'avait espéré, il eut un haut-le-corps et ses yeux se rouvrirent.

— Pourquoi as-tu fait cela ? demanda-t-il brutalement.

Son baiser avait été bref, mais il la regardait fixement, les yeux étincelants de fureur. Elle se redressa vivement et fit un pas en arrière.

— Tu ne répondais pas. Je, j'ai pensé que si tu venais à fermer les yeux, tu ne te réveillerais pas, expliqua-t-elle.

Elle avait les joues en feu et regrettait son geste. Jamais encore elle ne l'avait vu à ce point en colère.

— Ne m'embrasse plus jamais ! s'exclama-t-il d'un ton rageur.

— Je suis désolée…

Elle ne s'était pas attendue à ce qu'il réagisse aussi violemment. Pour masquer son embarras, elle se remit à essayer d'allumer le feu.

— Je n'ai pas trouvé d'autre moyen pour te faire rouvrir les yeux.

— La prochaine fois, sers-toi de tes mains, pas de ta bouche. Une bonne gifle aurait été tout aussi efficace.

Il grimaça et se rapprocha non sans mal du tas de bois et de mousse qu'elle tentait d'enflammer.

— Styr est mon ami et ton mari. Tu ferais bien de t'en souvenir !

— Je ne l'ai pas oublié ! protesta-t-elle tout en s'efforçant de faire jaillir des étincelles de sa pierre à feu. J'ai seulement voulu te ranimer, Ragnar. Rien de plus. Vraiment.

Mais rien de ce qu'elle disait ne parvenait à chasser la colère et la frustration de son regard. Elle n'avait pas pensé aux conséquences de son geste, et la violence de sa réaction l'avait prise au dépourvu.

— Cela ne se reproduira plus jamais, jura-t-elle.

— Veille à tenir ta promesse, répliqua-t-il d'une voix glaciale, presque cruelle.

Elle grimaça, regrettant de ne pouvoir trouver les mots qu'il fallait pour qu'il lui pardonne. Pourquoi ne pouvait-il pas comprendre qu'elle avait agi impulsivement, sans penser à mal ? Il réagissait comme si elle avait essayé de le séduire !

Malgré elle, des pensées coupables lui vinrent tout à coup. Il lui rendait son baiser avec passion, la prenait dans ses bras, l'emportait sur le sable…

Elle ferma les yeux afin de lutter contre la vague de chaleur qui menaçait de la submerger. Non, jamais elle ne céderait aux folles pulsions de son corps !

— Nous avons besoin de trouver de quoi manger et nous abriter, dit Ragnar quand elle eut enfin réussi à enflammer la mousse. Va voir ce que tu peux trouver. Mais ne t'éloigne pas trop, au cas où tu aurais besoin de moi.

Trop heureuse de mettre de la distance entre eux, de se rendre utile et d'échapper à une situation par trop embarrassante, elle s'abstint de lui faire remarquer que sa blessure l'empêcherait de venir à son secours.

Elle s'éloigna du rivage, gravit une petite colline et

mit sa main en visière pour observer les alentours, à la recherche d'un endroit propice, où ils pourraient s'abriter du vent et de la pluie.

Non loin de là, elle découvrit un petit bois avec, un peu à l'écart, un grand chêne, dont les branches retombaient presque jusqu'à terre. Sa frondaison les abriterait de la pluie, mais ils seraient encore trop exposés au vent. Elle réfléchit au problème tout en ramassant les branches mortes qu'elle trouvait. Les triant en fonction de leur longueur et de leur épaisseur, elle en fit des tas.

Certaines étaient assez grandes pour faire un coupe-vent rudimentaire. Heureusement, ce serait temporaire, car elle allait de nouveau devoir dormir à côté de Ragnar.

Elle rougit de honte en pensant au baiser qu'elle lui avait donné pour le faire revenir à lui. Il avait raison, elle aurait eu mieux fait de le gifler.

Si Styr avait été à la place de Ragnar, il lui aurait rendu son baiser à sa façon, en homme viril et dominateur. Les lèvres de Ragnar avaient été douces et fermes tout à la fois. Bien que son baiser n'ait eu aucune signification pour elle, elle ne pouvait nier que son corps avait réagi. Une réaction inattendue, par trop troublante. Elle respira profondément et s'efforça d'ignorer les frissons qui la parcouraient à l'évocation de ce baiser volé. Styr était le seul homme à l'avoir jamais touchée. Le seul homme qui la toucherait jamais.

Hélas ! leurs étreintes étaient devenues fastidieuses, un devoir qu'ils s'imposaient dans le seul but de concevoir un enfant. Parfois, quand ils faisaient l'amour, elle pensait à autre chose et restait sans réaction, laissant Styr prendre son plaisir sans y participer. Au début de leur mariage, elle avait connu le plaisir en couchant avec lui. Mais, depuis plusieurs années, elle avait été tellement obnubilée par son désir d'enfant, qu'elle ne ressentait plus rien dans les bras de son mari.

Finalement, elle lui avait demandé d'arrêter d'essayer. Elle gardait de ce moment un souvenir amer parce qu'elle avait laissé ses frustrations se transformer en colère. Elle n'avait plus envie de partager son lit avec son mari car, chaque fois, cela lui rappelait son incapacité à lui donner l'héritier qu'ils désiraient l'un et l'autre.

Elle s'arrêta d'entasser les branches pour chasser les larmes qui avaient envahi ses yeux. Elle devait être forte, se battre contre elle-même. Tôt ou tard, ils trouveraient un moyen pour retourner au village gaël et délivrer Styr. Ensuite, elle ferait ce qu'elle pourrait pour renouer les liens distendus de son mariage.

Il valait mieux ne pas penser au baiser qu'elle avait donné à Ragnar, et faire comme s'il n'avait jamais eu lieu. Elle avait agi stupidement et, vu la violence de sa réaction, elle savait qu'elle ne courrait aucun risque en dormant à côté de lui. La respiration plus libre, elle retourna vers le rivage, l'esprit accaparé par l'abri qu'elle projetait de bâtir. Elle entremêlerait les branches solidement, afin de constituer un coupe-vent étanche qui les protégerait du vent et du mauvais temps.

En chemin, elle trouva des framboises sauvages, les cueillit et les mit dans le creux de son tablier. Elle trouva également des carottes sauvages. Elles n'étaient pas grosses, mais elles apaiseraient un peu leur faim. Un peu plus loin, à l'intérieur des terres, elle aperçut la surface argentée d'un petit lac.

De l'eau douce ! Elle poussa un soupir de soulagement et se reprit à espérer. Avec de l'eau et un peu de nourriture, ils parviendraient à survivre. Au moins pendant quelques jours.

Elle courut presque, afin d'étancher sa soif. Quand elle

eut bu suffisamment, elle roula une grande feuille en cône et la remplit d'eau pour Ragnar. Ce n'était pas grand-chose, mais c'était mieux que rien, en attendant de trouver un récipient plus grand. Il y avait tellement de choses à faire...

A son retour, elle trouva Ragnar les yeux fermés, le corps incliné sur le côté. La douleur contractait ses traits et son pansement était noir de sang.

Un sentiment de culpabilité l'envahit ; elle n'aurait pas dû le laisser seul aussi longtemps. La feuille pleine d'eau lui échappa des mains et elle courut s'agenouiller près de lui.

— Ragnar !

Elle le secoua, afin de le réveiller. Comme il ne réagissait pas, elle défit son pansement pour examiner sa blessure. Tout autour, la peau était boursouflée, rouge et violacée, une vision qui la fit presque défaillir. Elle n'avait aucune idée de ce qu'elle pouvait faire pour le soigner.

— Je ne suis pas une guérisseuse, murmura-t-elle en effleurant sa joue avec le bout de ses doigts. Je t'en prie, ne renonce pas. Pas maintenant.

Elle se creusa la tête afin de se souvenir des herbes dont sa mère se servait pour soigner les plaies enflammées. Ragnar ne reprenait pas connaissance, et elle ne savait plus que faire pour le ranimer.

Il n'y avait personne alentour. Personne pour l'aider, pour lui dire comment soigner cette blessure. Il mourrait, si elle ne faisait rien.

Réfléchir. Ne pas s'affoler !

Elle inspira profondément et examina la plaie de plus près. Au contact, la peau était chaude et tendue, à l'instar d'une outre de cuir pleine d'eau.

Après une brève hésitation, elle décida de la drainer. Certains guérisseurs saignaient les blessés et les malades, afin de chasser les mauvais esprits de leur corps. En diminuant la pression, elle parviendrait peut-être à le soulager.

Tandis qu'elle tirait sa dague de son fourreau, elle sentit faiblir sa résolution. Elle grimaça à l'idée de le faire saigner encore plus, mais elle devait agir. C'était le seul moyen d'apaiser un peu ses souffrances.

Tout en priant les dieux à voix basse, elle nettoya la lame de sa dague avec sa jupe, puis elle commença à tâter la plaie avec la pointe. Les mains de Ragnar se crispèrent et il ouvrit soudain les yeux.

— Non, arrête, protesta-t-il d'une voix rauque.

— Je veux seulement ouvrir un peu la plaie, répondit-elle. Tu auras moins mal, quand le sang et le pus se seront échappés.

Il la regarda faire, les yeux fous et les mâchoires serrées. Quand la pointe pénétra dans la partie enflée, il eut un haut-le-corps, mais n'émit pas le moindre son. Du sang mêlé à du pus se mit à couler et elle dut faire un effort pour réprimer une brusque envie de vomir. L'enflure sembla diminuer peu à peu. Elle ignorait combien de temps il fallait pour faire sortir tout le mauvais sang mais, au bout d'un moment, elle estima que c'était suffisant et refit le pansement, après avoir rapproché les bords de la plaie.

Maintenant, il ne lui restait plus qu'à prier. Elle s'efforça de l'installer aussi confortablement que possible mais, en son for intérieur, elle savait qu'ils avaient besoin rapidement d'un abri, sans quoi ils mourraient tous les deux. Il fallait qu'elle laisse Ragnar seul pour aller le bâtir.

Quand elle fut certaine qu'il s'était endormi, elle le quitta pour retourner auprès du grand chêne. Cela l'ennuyait de le laisser, mais leur survie en dépendait.

*
* *

— Ragnar…

La voix d'Elena le réveilla en ravivant la douleur lancinante qui ne l'avait pas quitté, même pendant son sommeil. Le soleil était bas sur l'horizon, et ses derniers rayons formaient un halo autour de ses cheveux blond cuivré.

Par tous les dieux ! Jamais il n'avait connu une femme plus belle ! Il avait appris à masquer ses émotions, à ne pas lui montrer ce qu'il ressentait. Il allait peut-être mourir, mais il refusait de céder aux pensées coupables qui lui venaient chaque fois qu'elle était auprès de lui.

Elle lui toucha la joue et il ne dit rien, réconforté par la douceur de ses doigts.

— Il ne va pas tarder à pleuvoir, murmura-t-elle. Je nous ai bâti un petit abri pour la nuit. Es-tu capable de marcher, en t'appuyant sur moi ?

Marcher ? Il ne se sentait même pas la force de se lever ! Un coup d'œil au ciel lui fit néanmoins comprendre qu'il n'avait pas le choix. Des nuages noirs s'amoncelaient à l'horizon, et des bancs de brume montaient de la mer, tout le long du rivage. Rester allongé sur le sable sous une pluie battante n'était pas envisageable. Quelques minutes suffiraient pour qu'ils soient tous les deux transis.

Elle se pencha vers lui et mit ses bras autour de ses épaules, afin de l'aider à s'asseoir. Son visage était tout près du sien et il vit une lueur d'angoisse briller dans ses yeux vert émeraude. Une angoisse qu'aucun mot ne pouvait apaiser. Aucun mot n'arrêterait la mort, quand elle viendrait le chercher.

Il plia sa jambe valide et grimaça quand elle tira sur ses épaules pour le forcer à se mettre debout. Lorsqu'il y parvint, sa vue se brouilla et il dut faire un effort surhumain pour ne pas retomber par terre.

— Je ne sais pas si je vais y arriver, Elena, dit-il d'une voix sourde.

— Ce n'est pas loin, insista-t-elle. J'ai trouvé un peu de nourriture et allumé un feu.

Elle continua de parler, tout en le soutenant de toutes ses forces. Le trajet lui sembla interminable.

— Pourquoi as-tu bâti cet abri aussi loin ? demanda-t-il, alors qu'elle s'arrêtait un instant pour reprendre sa respiration.

— Il me fallait un arbre assez grand pour nous abriter tous les deux, expliqua-t-elle. Et, près du rivage, il y a trop de vent et d'humidité.

Il entendit à peine sa réponse, car toute son énergie était employée à lutter contre la douleur et à ne pas perdre connaissance. Tout à coup, une odeur de viande grillée lui parvint.

Sans doute son imagination lui jouait-elle des tours, mais le délicieux arôme lui mit l'eau à la bouche.

— Tu as réussi à attraper du gibier ? dit-il en voyant le feu qu'elle avait allumé rougeoyer à quelques pas devant eux.

— Oui, fit-elle en hochant la tête. La colline au bord du rivage est criblée de terriers de lapins. J'ai réussi à en piéger un. Nous dormirons mieux, quand nous aurons mangé.

Afin de ne pas jeter une ombre sur tous ses efforts pour trouver de la nourriture et un abri, il s'abstint de lui faire part de ses doutes à ce sujet.

Ses oreilles se mirent à tinter et elle le rattrapa par la taille, juste avant qu'il ne s'effondre.

— Nous y sommes presque.

Les dieux soient loués ! Un pas après l'autre, ils parvinrent enfin à l'abri qu'elle avait bâti autour d'un grand chêne.

Au début, il ne vit qu'une masse de branches et de feuilles puis, quand elle l'aida à s'asseoir à l'intérieur, il se rendit compte qu'il était assez vaste pour que deux personnes puissent y dormir sans se gêner. Le coupe-vent entourait l'arbre, avec de grosses branches comme supports et, entre elles, d'autres plus petites, étroitement entremêlées afin de constituer une paroi presque étanche.

— Comment as-tu trouvé le temps de faire une chose pareille ? demanda-t-il, ébahi.

Elle rougit et haussa les épaules.

— Je suis retournée te voir plusieurs fois, et tu dormais. Il ne servait à rien de te veiller, alors je me suis dit qu'il valait mieux occuper mon temps à bâtir un abri suffisamment solide pour nous protéger du froid et de la pluie.

Il se laissa aller sur le dos en soupirant ; il n'aurait pas été capable de faire un pas de plus. Dehors, Elena s'affaira auprès du feu, tournant le lapin, jusqu'à ce qu'il soit grillé sur tous les côtés.

Ragnar avait l'impression de n'avoir jamais senti un arôme aussi délicieux. Elle arracha un morceau du lapin, souffla dessus pour le refroidir, et le lui apporta. Il goûta la viande et la trouva tendre et savoureuse.

— Styr a de la chance, remarqua-t-il.

Il avait parlé d'une voix neutre, mais ce n'était pas seulement la nourriture qu'il appréciait. C'était aussi la façon dont elle avait travaillé sans répit pour allumer un feu, l'entretenir, et leur bâtir un abri avec une ingéniosité qui le laissait pantois. Et tout cela en l'espace de quelques heures à peine.

— Je pense qu'il ne se rend même pas compte de la moitié de tout ce que tu fais pour lui.

Elena le regarda d'un air abasourdi, comme si elle n'avait jamais imaginé qu'il pourrait lui faire un tel compliment. Probablement pensait-elle que s'il avait parlé aussi librement, c'était parce qu'il croyait ne pas pouvoir guérir de sa blessure.

— Je suis sa femme. J'ai toujours fait mon possible pour rendre sa vie et sa maison agréables.

Elle alla retirer le lapin du feu puis revint et se mit à manger, elle aussi, mais en évitant son regard.

Il savait que le mariage de Styr connaissait des difficultés. La stérilité d'Elena la tourmentait beaucoup, et Styr lui avait confié leurs problèmes. Ces confidences l'avaient mis dans une position embarrassante. Il avait conseillé à Styr de parler à Elena, mais il avait été déchiré entre son envie de les voir se réconcilier… et l'espoir inexprimé que leur mariage se termine par une rupture.

Un espoir vil et malhonnête, qu'il se reprochait amèrement. Qu'y gagnerait-il, s'ils venaient à se séparer ? Elena ne se tournerait jamais vers lui. Elle connaissait ses secrets les plus noirs, les souffrances terribles qu'il avait supportées dans sa jeunesse… et la violence qui, depuis lors, n'avait cessé de l'habiter. Il n'était pas assez stupide pour imaginer qu'elle songerait, ne serait-ce qu'un instant, à refaire sa vie avec lui.

Le vent ayant forci, Elena s'enfonça dans l'abri et tira un panneau de branchages qu'il n'avait pas remarqué, parce qu'il s'était confondu avec le coupe-vent. Un panneau assez grand pour boucher l'ouverture. Peu après qu'elle l'eut mis en place, la pluie commença à s'abattre avec violence sur leur abri.

Surpris qu'ils ne soient pas mouillés, il leva les yeux et vit qu'elle avait entremêlé des branchages si soigneusement que c'était presque comme s'ils avaient un vrai toit au-dessus d'eux.

— Tu as vraiment bien travaillé, Elena. Je suppose que tu dois être très fatiguée, après tout ce travail.

Elle hocha la tête.

— Un peu. Comment va ta jambe ?

— Elle me fait mal, mais elle n'est plus aussi enflée.

Sa blessure l'élançait toujours, mais la douleur était plus supportable.

— Je vais essayer de trouver des têtes d'ail ou d'autres herbes pour faire sortir le sang empoisonné, annonça-t-elle. Dès que la pluie s'arrêtera.

— Cela peut attendre demain matin.

Ils finirent de manger dans un silence embarrassé. Elle ne le regardait pas, et il se rendit compte qu'elle était encore tourmentée par le baiser qu'elle lui avait donné.

— Pardonne-moi la violence de ma réaction de ce matin…, commença-t-il en s'adossant au coupe-vent, par trop conscient de sa proximité. Je sais que ton baiser n'avait aucune signification.

Elle soupira.

— Merci. Je ne sais pas pourquoi j'ai agi ainsi. Je voulais seulement te faire reprendre connaissance et, sur le moment, je n'ai pas trouvé d'autre moyen pour te ranimer.

Il scruta son visage à travers la pénombre qui régnait dans leur abri. Elle était si belle, si fraîche, malgré la fatigue qui creusait ses joues et cernait ses yeux… Il aurait aimé pouvoir lui dire la vérité, lui avouer que la douceur de son baiser l'avait frappé plus violemment qu'aucun coup n'aurait pu le faire. Elle était l'image même de la pureté et de l'innocence, un rêve fou qui jamais ne se réaliserait.

— Nous trouverons un moyen de quitter cet endroit, dit-il d'une voix ferme. Dès que ma blessure sera guérie, je te ramènerai auprès de Styr.

Elle hocha la tête et, comme la pluie redoublait, elle se rapprocha de lui.

— J'ai peur pour lui. Nous avons eu des différends récemment, mais je ne veux pas qu'il meure.

Quand elle s'appuya contre lui, il passa le bras autour de ses épaules. Elle ne dit rien, mais il sentit qu'elle pleurait. Des larmes qui roulèrent sur ses joues et tombèrent sur sa main.

— Nous le retrouverons. Je te le promets.

Elle renifla, puis un soupir s'échappa de ses lèvres.

— Il y a autre chose qui me tourmente, avoua-t-elle. Je... la lune.

Il ne comprit pas ce qu'elle voulait dire et attendit qu'elle précise.

— Quand nous avons quitté Hordafylke, c'était la pleine lune. Depuis, il y a eu deux nouvelles lunes.

Elle se redressa, mais il ne put voir son visage, car il faisait de plus en plus sombre dans leur abri.

— Je... je n'ai pas eu mes saignements depuis notre départ, Ragnar, murmura-t-elle d'une voix tremblante d'espoir. Je n'en suis pas sûre, mais j'attends peut-être enfin un enfant.

La nuit avait été atroce. Brûlant de fièvre, il s'était débattu, en proie à d'horribles cauchemars. Il était resté inconscient, hormis quand Elena lui rafraîchissait le visage ou lui donnait à boire.

Il ne voulait pas admettre qu'il pouvait mourir. Il devait résister, ne pas se laisser aller. Il avait promis à Elena de la ramener auprès de Styr.

— Nous ne pouvons pas rester ici, Elena, marmonna-t-il d'une voix rauque.

— Nous n'avons pas le choix.

Elle se rapprocha de lui, comme si elle voulait lui offrir le réconfort de sa présence physique.

— Il faut te reposer, si tu veux guérir.

Il y avait eu une pointe d'angoisse dans sa voix, mais il refusa de penser à la mort.

— Pour retourner auprès de Styr, il te faudra marcher vers le sud. En gardant toujours le soleil du matin à ta gauche, et…

— Je ne te laisserai pas, l'interrompit-elle.

— Si je ne guéris pas, il le faudra.

Il ne voulait surtout pas qu'elle souffre auprès de lui, dans cet endroit désert où personne ne pourrait lui venir en aide.

— Tu ne mourras pas, insista-t-elle. Ta blessure va déjà beaucoup mieux. Même si je suppose que tu dois être à demi mort de faim, après avoir dormi aussi longtemps.

Elle tira le panneau de branchages qui bouchait l'ouverture de leur abri. Aveuglé par la lumière du soleil, il baissa les yeux et examina sa blessure.

Il avait encore mal, mais sa jambe était moins enflée qu'il ne l'aurait cru. Elena avait appliqué une mixture d'herbes et d'ail pilé sur la plaie, et il se demanda combien de fois elle l'avait renouvelée pendant la nuit. Tout son corps empestait l'ail. Comment pouvait-elle rester auprès de lui sans avoir la nausée ?

Elle lui apporta un bol de ragoût. Du lapin bouilli et des légumes…

Surpris, il fronça les sourcils.

Quand avait-elle trouvé le temps de creuser ce bol dans un morceau de bois et de faire cuire ce ragoût ?

— Cela fait-il seulement un jour que nous sommes arrivés sur ce rivage ? demanda-t-il.

Elle secoua la tête.

— Nous sommes ici depuis quatre jours. Ta fièvre a été terrible, et je ne savais pas si tu te réveillerais. J'ai essayé de te nourrir du mieux possible, mais ce n'était pas facile.

Quatre jours ? Il lui semblait impossible que le temps ait passé aussi rapidement. Pourtant, il ne pouvait pas nier la réalité de ce qu'il voyait. Sa plaie avait commencé à se refermer et, autour, la peau n'était plus aussi chaude.

— J'ai été contente de trouver de l'ail sauvage, poursuivit Elena. Ma mère m'avait dit que c'était bon pour soigner les blessures, et elle avait raison. Je l'ai pilé avec des herbes et de l'écorce de saule.

— J'empeste horriblement, dit-il en grimaçant.

Mais si cela l'avait aidé à rester en vie, elle avait eu raison de le « parfumer » aussi abondamment. Maintenant, il fallait voir s'il était capable de marcher.

Il sortit en rampant de leur abri et parvint à se mettre debout. Ce n'était pas trop mal, à condition de ne pas appuyer sur sa jambe blessée.

Malgré ses traits tirés et les cernes sous ses yeux, Elena était toujours aussi belle. Ses cheveux blonds, soigneusement tressés, étincelaient dans la lumière du soleil et faisaient ressortir la blancheur satinée de sa peau et l'ovale parfait de son visage. Ses grands yeux verts l'examinèrent de la tête aux pieds.

— Dans quelques jours, tu seras de nouveau capable de te battre, prédit-elle en poussant un soupir de soulagement. Même si tes cicatrices ne s'effaceront sans doute jamais.

— Tous les guerriers sont couverts de cicatrices. Une de plus, une de moins…

Ils s'en glorifiaient même, car elles étaient le souvenir tangible de leurs victoires sur la mort et sur leurs ennemis.

— Mais je dois te remercier, car je te dois la vie.

Elle secoua la tête.

— Tu as sauvé la mienne à bord du drakkar. Tu ne me dois rien.

— Si, parce que j'ai juré à Styr de te protéger, lui rappela-t-il.

Ils étaient vivants, certes, mais il devait encore la ramener saine et sauve à son ami.

— Dès que tu seras complètement guéri, nous nous mettrons en route et nous le retrouverons, comme tu l'as dit.

Le regard de Ragnar se posa sur le ventre plat d'Elena et il se souvint qu'elle lui avait dit attendre un enfant. Elle devina ses pensées et rougit légèrement.

— Je suis surprise de n'avoir éprouvé encore aucune nausée, dit-elle en posant impulsivement la main sur son ventre.

— Il y a des femmes qui n'en ont pas dans les premiers mois de leur grossesse, remarqua-t-il d'une voix rassurante. Mes sœurs n'en ont jamais eu.

Les traits d'Elena se détendirent et une lueur d'espoir brilla dans ses yeux. Cela faisait tellement longtemps qu'elle avait envie d'avoir un enfant !

Les dieux lui pardonnent, mais il était jaloux de Styr. Il aurait voulu qu'Elena soit *sa* femme et qu'elle attende *son* enfant. Il avait envie de se réveiller le matin auprès d'elle et de caresser son ventre pour sentir l'enfant bouger sous sa paume.

Il se força à marcher et à ne pas penser à la douleur sourde dans sa jambe. Le pire du danger était derrière lui ; il avait survécu. Cependant, plus les jours passaient, plus il avait envie d'Elena. C'était devenu une idée fixe et aucune autre femme ne parviendrait jamais à la détrôner dans son cœur.

Pourquoi, par tous les dieux, fallait-il qu'elle appartienne à son meilleur ami ? Si elle avait été la femme d'un autre que Styr, il se moquerait des conséquences et la ferait sienne, sans la moindre hésitation. Quand il tourna la tête vers elle, il vit que son expression était de nouveau apaisée. Elle attendait un enfant… Il avait réussi à dissiper ses doutes et cela suffisait à son bonheur.

L'honneur lui commandait d'être content pour elle. Elle retournerait auprès de Styr et cet enfant l'aiderait à renouer les liens distendus de leur mariage. Elle ne souffrirait plus en silence, son souhait le plus cher serait enfin exaucé.

Il s'immobilisa, les yeux fixés sur la surface lisse du petit lac, juste en dessous de leur abri. L'herbe était encore humide des orages qui s'étaient abattus sur eux mais, maintenant, le soleil commençait à réchauffer la terre. Il ignorait comment ils parviendraient à retourner au village des Gaëls. Le plus simple serait de suivre la côte. Avec un peu de chance, ils rencontreraient un bateau ami…

— Tu devrais te ménager, le mit en garde Elena qui l'avait suivi. Tu as besoin de repos pour refaire tes forces.

Non. Ce dont il avait besoin, c'était de mettre de l'espace entre eux. Prendre un peu de temps pour mettre de l'ordre dans ses pensées et ne pas céder aux pulsions de son corps.

Il se pencha et ramassa un bâton assez solide pour l'aider à ne pas trop appuyer sur sa jambe blessée quand il marchait. Soudain, un bruit attira son attention. Il s'arrêta et écouta.

Elena fronça les sourcils.

— Tu as entendu quelque chose ?

Il hocha la tête et pointa le doigt vers l'intérieur des terres.

— Ça venait de là-bas.

Il se remit en marche dans la direction qu'il avait indiquée. Le bruit évoquait un roulement sourd, comme si une troupe nombreuse se dirigeait vers eux.

Un sourire éclaira le visage d'Elena.

— Les dieux soient loués ! s'exclama-t-elle. S'ils ont des provisions et veulent bien nous aider, nous sommes sauvés !

Ragnar comprit le premier de quoi il s'agissait. C'était

des gens qui fuyaient, pas de simples voyageurs. Puis ils les virent. Des dizaines d'hommes, de femmes et d'enfants couraient à travers la petite plaine, poursuivis par des cavaliers.

Des guerriers, hurlant, l'épée à la main, prêts à frapper.

Chapitre 5

Elena s'était arrêtée, le cœur battant à tout rompre. Ragnar la poussa vers les femmes qui s'enfuyaient.

— Cours ! lui ordonna-t-il.

Elle commença à obéir puis vit que, les yeux fixés sur les cavaliers, il ne bougeait pas. Il n'avait qu'un poignard pour se défendre, mais il le tenait solidement, le visage impassible, et attendait que les cavaliers se rapprochent.

Elle l'avait vu se battre auparavant et savait qu'il devenait un homme différent quand il était pris dans le tourbillon d'une bataille. Son épée faisait corps avec lui, et tous ceux qui tentaient de l'atteindre tombaient sous ses coups. Peu d'entre eux survivaient et il ne faisait jamais de quartier.

Mais, cette fois, il était blessé. Sur ses traits, elle vit la détermination d'un homme prêt à se sacrifier pour la protéger. Cependant, malgré sa force et sa vaillance au combat, il n'avait aucune chance contre les cavaliers qui galopaient vers lui à bride abattue. Ils étaient trop nombreux et il finirait par succomber. Il avait choisi de livrer un combat désespéré, afin de lui donner le temps de s'enfuir.

Elle interpella l'un des Gaëls.

— Il a besoin d'aide ! supplia-t-elle. Il ne pourra pas les arrêter tout seul !

L'homme la regarda fixement et elle se rendit compte

qu'il ne comprenait pas ce qu'elle disait. Il tourna toutefois la tête vers Ragnar, surpris de voir un homme blessé s'interposer, prêt à se battre contre leurs poursuivants.

L'un des cavaliers leva son épée. Au lieu de chercher à parer le coup, Ragnar attendit, immobile.

Freya, protégez-le !

Elle savait ce qui allait arriver ; elle l'avait vu cent fois agir ainsi. Son impassibilité allait perturber son assaillant et le faire hésiter. Y avait-il un piège ? Un homme sain d'esprit ne pouvait pas rester ainsi, sans bouger, face à des cavaliers chargeant au galop.

Elena avait confiance en Ragnar, mais l'idée qu'il puisse mourir pour la protéger lui était insupportable. Il était son ami depuis sa plus tendre enfance et avait toujours été là quand elle avait eu besoin de lui. Elle se mordit la lèvre et dut faire un effort pour ne pas se précipiter vers lui. Elle fit un pas en arrière et, pendant un bref instant, l'attention du cavalier se détourna vers elle.

Cela suffit à Ragnar. Sa dague jaillit et transperça le cavalier qui tomba de sa monture. Le cheval hennit et se cabra. Ragnar saisit les rênes et se servit de l'animal pour parer l'attaque d'un deuxième assaillant.

Elena eut besoin de tout son courage pour rester auprès des Gaëls et ne pas courir vers lui. Elle savait qu'elle ne ferait que le distraire et le mettre en danger, si elle intervenait.

Ragnar continua d'avancer, l'épée de l'homme qu'il avait tué dans une main et les rênes du cheval dans l'autre, afin de pouvoir utiliser l'animal comme bouclier.

— Tu es un Viking ! cria l'un des cavaliers dans leur langue.

— Oui, répondit Ragnar d'un ton ferme. Mon nom est Ragnar Olafsson, de Hordafylke. Nous sommes arrivés en Eireann il y a une dizaine de jours.

— Je suis Alfarr Gelinsson. Pourquoi défends-tu ces hommes et ces femmes ? demanda l'homme, les sourcils froncés. Ils n'appartiennent pas à ton clan.

— Non, mais nous avons besoin de provisions. Ils peuvent nous les fournir.

— Joins-toi à nous, proposa Alfarr. Nous les leur prendrons et nous partagerons.

Derrière elle, Elena sentait les Gaëls devenir nerveux en voyant les deux hommes parlementer dans une langue qu'ils ne comprenaient pas. Elle leva les mains, afin de les rassurer, en espérant qu'ils s'abstiendraient d'intervenir dans la discussion.

— Pourquoi ne négociez-vous pas avec eux ? suggéra Ragnar en se rapprochant du chef des assaillants.

Alfarr regarda les Gaëls et cracha par terre avec mépris.

— Ce ne sont pas des guerriers. Nous les vaincrons sans peine et nous prendrons leurs femmes et leurs provisions.

— Tu as l'air d'aimer te battre, dit Ragnar en le toisant. Que dirais-tu d'un combat d'homme à homme ?

Mais que faisait-il ? Quelles étaient ses intentions ? se demanda Elena. Il n'était pas assez remis de sa blessure pour se battre contre ces hommes. Elle avait bandé sa jambe solidement, mais Alfarr et ses hommes avaient certainement remarqué qu'il était blessé. Dans un combat singulier, il manquerait de vitesse et de souplesse pour contrer les coups de son adversaire.

Elle aurait voulu l'arrêter, empêcher cette folie. Cependant, craignant que son intervention n'affaiblisse sa position face à ces hommes, elle tint sa langue.

— Un combat singulier ? Je ne suis pas contre, acquiesça Alfarr.

Son regard se posa sur Elena ; un regard qui la mit mal à l'aise.

— Surtout si l'enjeu est une femme, ajouta-t-il avec un sourire égrillard.

Ragnar ne tourna pas la tête. La proposition d'Alfarr était suffisamment claire.

— Elle ne fait pas partie de notre enjeu.

— Si, quand tu seras mort, répliqua Alfarr.

— Mais si je suis vainqueur, tu iras piller un autre village et tu laisseras ces gens en paix, dit Ragnar.

— Tu es blessé, Ragnar Olafsson. Tu n'as aucune chance contre l'un de mes hommes.

— Alors, j'irai rejoindre Odin dans le Walhalla.

Elena se mordit la lèvre. Trop de choses dépendaient de ce combat. Pas seulement la vie de Ragnar et la sienne, mais également celle des femmes et enfants gaëls. Une bouffée de colère l'envahit en voyant que les hommes gaëls restaient à distance et ne cherchaient pas à les soutenir. Ils avaient beau n'être que des paysans et non des guerriers, ils étaient armés de faux ou de serpes et capables de se battre.

Une horrible angoisse l'envahit et elle sentit son estomac se nouer. Même si Ragnar sortait vainqueur de ce combat, elle n'était pas sûre que ces hommes tiendraient parole. C'étaient des pillards, habitués à tuer et à violer, pas des hommes d'honneur. Dès que Ragnar aurait le dos tourné, ils le massacreraient sans pitié.

Elle ferma les yeux et s'efforça de calmer les battements désordonnés de son cœur. Si Ragnar n'était pas blessé, elle ne doutait pas qu'il n'aurait aucune peine à vaincre son adversaire, quel qu'il soit.

Mais avec une seule jambe valide, il pourrait fort bien être tué. Elle deviendrait alors leur prise de guerre et savait parfaitement ce que cela signifiait… sauf si elle trouvait un moyen de les mettre en fuite.

Elle se tourna vers les Gaëls, la tête bouillonnant d'idées, toutes ou presque vouées à l'échec. Puis elle vit une femme chargée d'un panier de pommes vertes, et une idée lui vint. Les pommes étaient un symbole des dieux. Ces hommes étaient des pillards sans foi ni loi mais, comme tous les Vikings, ils croyaient sans nul doute au pouvoir des sorciers et des jeteurs de sorts.

Elle connaissait un moyen pour leur faire peur et les forcer à s'enfuir !

Freya, je t'en prie, aide-moi. Ne m'abandonne pas...

Alfarr avait choisi le plus grand de ses hommes. Le *heirsir* était plus lourd que Ragnar, mais pour Ragnar c'était plutôt un avantage. Il préférait un adversaire grand et massif, donc plus lent et moins adroit.

Sa blessure lui faisait mal, mais l'enjeu du combat suffit à lui faire oublier la douleur. S'il était battu, ils emmèneraient Elena et abuseraient d'elle, avant de la tuer ou de la réduire en esclavage. Il allait devoir ruser, ménager ses forces et chercher à battre de vitesse son adversaire.

Le *heirsir* avait choisi la hache de guerre. Ragnar lâcha les rênes du cheval et prit le bouclier rond du guerrier qu'il avait tué.

Thor, guide ma lame, pria-t-il en son for intérieur. *Fais que je frappe juste et vite.*

Il attendit que son adversaire frappe le premier car, ainsi, il pourrait déceler ses points faibles.

— Ta blessure va ralentir tes mouvements, Olafsson, fit observer le *heirsir,* les yeux fixés sur son pansement ensanglanté.

Il brandit sa hache, et les rayons du soleil firent étinceler le tranchant affûté de la lame. Il était blond, avec une barbe rousse et portait un solide casque.

— Blessé ou pas, les dieux sont avec moi, répliqua

Ragnar en levant la tête vers le ciel où des nuages noirs commençaient à s'amonceler. D'ici peu, Thor lancera ses éclairs et tu iras le rejoindre dans le Walhalla.

— Ou toi, rétorqua son adversaire.

Ragnar jeta un coup d'œil derrière lui, en espérant apercevoir Elena. A sa grande surprise, il vit qu'elle avait disparu. C'était sans doute préférable. Au moins, il n'aurait pas à s'inquiéter pour elle.

Mais il la connaissait depuis trop longtemps. Elle n'était pas du genre à s'enfuir en abandonnant un ami ; elle avait dû, plutôt, aller chercher une arme pour se défendre.

Alors, mieux valait terminer ce combat rapidement.

Son instinct de guerrier se réveilla, propulsant le sang dans ses veines. Pas de quartier ! L'homme qui avait osé relever son défi allait mourir. Il n'en doutait pas, comme il n'avait jamais douté lors des combats qu'il avait livrés jusqu'à présent.

Il para un coup de hache avec son bouclier et se mordit la lèvre quand son adversaire donna un coup de pied dans sa jambe blessée. La douleur fut brutale et violente, mais il l'oublia aussitôt dans le feu du combat. Plus rien ne comptait, hormis l'épée au bout de son bras et les mouvements de son adversaire. Il ignora le sang qui commençait à suinter à travers son pansement.

— Tu es plus fort que tu n'en as l'air, marmonna le *heirsir.* Mais pas pour longtemps.

Il reprit son attaque, en se servant de son bouclier pour essayer de le faire tomber.

Refusant de céder le moindre pouce de terrain, Ragnar se raidit et tint bon. Il était un guerrier, un homme qui avait juré de vivre ou de mourir sans jamais s'avouer vaincu. Les blessures et la douleur étaient le lot de tous les guerriers et, alors qu'il pivotait sur les talons pour éviter un nouveau coup de hache, les paroles de son père revinrent le hanter.

Tu es mou et faible, mon garçon. Par tous les dieux, bats-toi ! Montre que tu es un homme !

Son adversaire lui asseéna un coup de bouclier au visage, et il sentit le goût métallique du sang dans sa bouche. Il endura la douleur stoïquement, comme il avait enduré pendant des années les coups de son père.

La souffrance était une vieille amie. Il savait comment s'en détacher et ne plus rien sentir du tout, comme si son corps et son esprit n'étaient plus reliés l'un à l'autre.

Tu es un moins que rien ! Un avorton, une loche !

Chaque coup, chaque égratignure exacerbait le côté impitoyable de sa nature. Il devenait une bête féroce, un animal acculé, enivré par l'odeur du sang. Dans ces moments-là, il n'avait plus qu'une idée en tête : tuer, tuer… Quiconque osait l'approcher était sûr de mourir.

La lame de son épée entailla le bras de son adversaire, et il l'entendit retenir sa respiration.

Ils reculèrent en tournant autour l'un de l'autre. Ragnar vit que l'autre hésitait, surpris par sa résistance et sa combativité.

C'était le moment de ruser.

Il serra les dents et fit semblant de faiblir, attendant l'instant où son adversaire allait frapper. Un sourire triomphant aux lèvres, le *heirsir* leva sa hache et l'abattit, croyant porter un coup de mortel. Au même instant, Ragnar se laissa tomber à terre, l'épée dressée, et son adversaire s'empala dessus.

Un flot de sang jaillit de la bouche de l'homme. Prêt à combattre de nouveau, Ragnar dégagea son épée d'un coup sec. Il regarda autour de lui mais, apparemment aucun des autres pillards n'avait envie de se mesurer à lui.

— Emmène tes hommes et va-t'en, ordonna-t-il, les yeux fixés sur Alfarr.

— Je n'ai jamais convenu de partir si tu gagnais, répliqua le chef des pillards. Maintenant, il va falloir te battre contre nous. Tu ne pourras pas nous tuer tous et…

— Non, l'interrompit une voix de femme. Mais je peux vous jeter un sort si terrible que vous regretterez de ne pas être morts.

Ragnar eut l'impression que ses cheveux se dressaient sur sa tête, mais il fit un effort pour ne pas se retourner. S'il en jugeait à la façon dont les pillards regardaient Elena, elle devait être particulièrement effrayante.

Ils étaient blêmes de peur.

— Partez, laissez-nous ! ordonna-t-il de nouveau.

Alfarr le dévisagea comme s'il avait envie de refuser puis, finalement, il fit faire demi-tour à son cheval.

— Honorez votre parole, poursuivit Elena. Les dieux vous l'ordonnent !

Elle avait parlé d'une voix inspirée, un peu sourde, comme si c'était un dieu qui s'exprimait par le truchement de sa bouche, et l'un des hommes leva la main, comme s'il voulait se protéger contre ses malédictions. Pour ponctuer son injonction, un éclair déchira le ciel, suivi par un roulement de tonnerre.

L'un après l'autre, les pillards firent demi-tour et suivirent leur chef.

Quand ils se furent suffisamment éloignés, Ragnar se retourna. Un long serpent noir était enroulé autour du cou d'Elena. Elle tenait une pomme dans chaque main et les levait vers le ciel. Pour les Vikings, les serpents étaient les symboles des dieux sur la terre, et les pommes des fruits sacrés, les attributs des devins et des chamanes.

La fuite des pillards n'était guère étonnante. Avec ses

longs cheveux blonds ébouriffés autour de son visage et sur ses épaules, ses joues creuses et ses yeux cernés, Elena avait l'air d'une créature venue tout droit de l'autre monde.

Elle prit le serpent, le déposa à terre et le regarda s'éloigner en ondulant vivement. Ce n'est que lorsqu'il eut disparu qu'elle se mit à trembler. S'approchant de lui, elle se jeta dans ses bras et enfouit son visage contre son torse.

— Les dieux soient loués ! murmura-t-elle d'une voix blanche. Ils sont partis. Nous sommes sauvés.

L'instinct de Ragnar lui conseilla de rester impassible, mais il ne put s'empêcher de la serrer dans ses bras et de humer le parfum qui émanait de sa peau et de ses cheveux. Son acte de courage les avait sauvés, même s'il avait été prêt à se battre jusqu'à son dernier souffle.

Il regretta une fois de plus qu'elle appartienne à son meilleur ami. Si elle avait été libre, il aurait pris son visage entre ses mains et l'aurait couverte de baisers. Le feu du combat et de la victoire embrasait ses reins, lui donnant le désir de posséder une femme.

Et cela faisait des années qu'il avait envie d'Elena. Une envie plus forte que lui qu'il avait de plus en plus de peine à maîtriser.

Il la serra plus fort contre lui, enivré par le contact ô combien doux de sa poitrine sur son torse. Son corps lui faisait mal et le combat l'avait épuisé, mais cet instant était la plus belle des récompenses. Sachant qu'elle serait éphémère, il savoura pleinement cette étreinte coupable.

Prenant soudain conscience du regard des Gaëls fixé sur eux, il la repoussa doucement. Elle lui prit la main tandis qu'une jeune femme s'approchait timidement d'eux.

— Vous… vous nous avez sauvés, dit-elle en butant un peu sur les mots de leur langue nordique.

Derrière elle, le chef des Gaëls approuva d'un hochement

de tête. Ragnar ne connaissait pas la langue des Gaëls, mais il écarta les bras, afin de montrer qu'il ne leur voulait aucun mal.

— Vous... manger maintenant ? demanda la jeune femme.

— J'ai faim, avoua Elena. Je pense que nous pouvons nous joindre à eux, ajouta-t-elle en se tournant vers Ragnar. Qu'en penses-tu ?

Oh oui ! Il avait faim, lui aussi. Mais il avait surtout envie de la ramener à leur abri de fortune, de la prendre dans ses bras et de la couvrir de baisers. Pourtant, il ne l'admettrait jamais. Tant qu'elle appartiendrait à son meilleur ami, elle serait sacrée et il s'en voudrait à mort s'il venait à succomber aux pulsions qui lui tenaillaient le cœur et le corps.

— *Ja,* allons avec eux, acquiesça-t-il.

Elle ne lui avait pas lâché la main et il se mit en marche, en boitant légèrement. Les femmes sourirent à Elena. Elle les avait sauvées et elles lui en étaient reconnaissantes, même si elles ne comprenaient pas pour quelle raison les pillards s'étaient enfuis.

— Je déteste les serpents, murmura Elena. J'en ai la chair de poule, comme s'il était encore autour de mon cou.

— Je ne sais pas comment tu as fait pour le trouver. Et juste au bon moment, en plus !

Elle lui pressa la main brièvement.

— Je l'ai vu après avoir fait une prière aux dieux. C'est peut-être Freya qui me l'a envoyé...

Le ciel devenait de plus en plus sombre et menaçant. Les Gaëls avaient allumé plusieurs feux et les femmes se hâtaient de faire cuire un repas avant l'arrivée de la pluie. Les viandes qui grillaient répandaient un arôme si délicieux qu'Elena et Ragnar en avaient l'eau à la bouche.

— Pour vous et votre mari, dit la jeune Gaël qui les avait invités en offrant à Elena un morceau de chevreuil rôti.

Elena ne trouva pas les mots qu'il fallait pour lui dire que Ragnar n'était pas son mari, mais cela avait-il de l'importance ? D'ici un jour ou deux, ils ne reverraient sans doute plus jamais ces gens.

Elle la remercia et partagea le morceau avec Ragnar. La viande était tendre et savoureuse.

Malgré le mauvais temps, il y avait une ambiance animée dans le campement improvisé. Pendant que les adultes mangeaient en bavardant, les enfants se poursuivaient en riant et jouaient avec les chiens. Puis l'un des anciens du clan commença à raconter une histoire. Elena ne comprenait pas ce qu'il disait, mais cela ne l'empêcha pas d'être captivée par sa voix grave. Ragnar l'écouta aussi en silence et posa la main machinalement sur son dos, un geste amical qui la réchauffa et la réconforta.

— Puis-je te demander de refaire le pansement de ma jambe, si tu as un instant ? demanda-t-il en se penchant vers elle.

— Bien sûr.

Elle finit le gobelet de bière que l'un des Gaëls lui avait offert et se leva.

— Ces Gaëls ont sûrement un guérisseur ou une guérisseuse qui pourra te soigner mieux que moi, ajouta-t-elle. Viens, allons le leur demander.

Le prenant par la main, elle le conduisit vers un groupe de vieilles femmes assises autour d'un feu.

— Avez-vous un guérisseur dans votre clan ? questionna-t-elle en leur montrant le pansement ensanglanté de Ragnar.

Les vieilles femmes ignoraient sa langue du Nord, mais la vue du pansement suffit à leur faire comprendre ce qu'elle voulait.

L'une d'entre elles se leva, entra sous une tente et en ressortit, un panier à la main.

— Assieds-toi, ordonna Elena à Ragnar.

Il obéit et elle entreprit de défaire son pansement. La blessure s'était légèrement rouverte et avait saigné, à la suite des coups qu'il avait reçus pendant son combat avec le *heirsir*.

La guérisseuse prit un linge propre, le mouilla et nettoya la plaie. Puis, tout en marmonnant entre ses dents, elle appliqua un onguent.

— J'ai l'impression d'être un rôti qu'on assaisonne, commenta-t-il en grimaçant.

— Mais tu guériras, le rassura Elena, en s'asseyant à côté de lui et en prenant un linge humide pour essuyer son visage couvert de sueur et de poussière, tandis que la guérisseuse refaisait le pansement avec une bande propre.

Elle avait agi machinalement, afin de lui apporter un peu de réconfort, mais ses yeux vert sombre plongèrent dans les siens, et elle ne put s'empêcher d'être captivée par sa peau hâlée par le soleil et par ses traits fermes et virils. Elle l'avait vu se battre et savait que peu d'hommes pouvaient se mesurer à lui l'épée à la main.

Quand son regard se posa sur sa bouche, elle sentit une légère rougeur envahir ses joues. Elle l'avait embrassé, sans imaginer les pensées coupables que son baiser pourrait faire surgir dans sa tête et dans la sienne.

Certes, il n'y avait aucun mal à regarder un homme et à apprécier sa beauté, mais elle était une femme mariée et elle attendait peut-être un enfant de son mari. Elle n'avait pas le droit de laisser son imagination vagabonder.

Quand la guérisseuse eut fini de panser la blessure, elle prit la main d'Elena, la mit dans celle de Ragnar et prononça quelques mots en gaëlique.

— Qu'a-t-elle dit, à ton avis ? demanda Elena à Ragnar.

— Sans doute que tu devais prendre soin de moi et veiller à ce que je ne manque de rien, répondit-il, une lueur moqueuse au fond des yeux. A propos, tu devrais aller me chercher un autre morceau de cette viande savoureuse et un gobelet de bière.

— Je ne l'ai pas vu, mais tu as dû recevoir un coup sur la tête qui t'a embrumé l'esprit, répliqua-t-elle sans pouvoir réprimer un sourire. A moins que tu ne rêves.

— Peut-être, murmura-t-il.

Ses doigts se refermèrent sur sa paume et la chaleur de sa peau la mit un peu mal à l'aise, mais elle ne retira pas sa main.

Les Gaëls leur souriaient, tout en mangeant et en s'affairant autour des feux. Un petit garçon s'approcha en trottinant, les bras tendus vers Elena qui le rattrapa avant qu'il ne trébuche. Il rit et elle le rendit en souriant à sa mère.

Elle n'était pas encore certaine d'attendre un enfant, mais le souhaitait ardemment. Cet enfant, s'il venait à naître, lui rendrait sa joie de vivre. Elle pouvait seulement prier et espérer revoir bientôt son mari.

Le souvenir de sa capture lui revint brusquement à la mémoire. Une vision horrible. Styr frappé à la tête, tombant lourdement sur le sable, et traîné à l'écart du rivage quelques instants plus tard. Etait-il vivant ? Le reverrait-elle jamais ? Son cœur se serra car, même s'ils avaient eu des problèmes dans leur couple, il restait et resterait toujours son mari.

Malgré tout ce qu'elle avait vécu ces derniers jours, ses peurs, ses angoisses, elle devait rester forte et croire qu'ils retrouveraient Styr sain et sauf. Comme il le lui avait promis, il lui bâtirait alors une belle maison et, au printemps, quand elle donnerait le jour à leur enfant, une nouvelle vie commencerait pour eux

Elle passa la main sur son ventre et l'imagina en train de s'arrondir, quand cet enfant qu'elle avait tant espéré commencerait à grandir et à bouger.

— Tu as faim ?

Ragnar interrompit le cours de ses pensées en lui offrant un morceau de viande. Il était cuit à point, mais le sort de son mari continuait de l'inquiéter, et elle ne réussit pas à l'apprécier pleinement.

— Tu as l'air soucieuse, remarqua Ragnar. Dis-moi ce qui te tourmente.

Il s'assit à côté d'elle et s'adossa à un gros rocher. Il avait parlé d'une voix égale, mais elle savait que la journée avait été très éprouvante pour lui également. Il ne le montrait pas, mais il était épuisé et sa blessure le faisait souffrir.

— La journée a été dure pour toi, comme pour moi, admit-elle.

— Mais nous sommes vivants.

Il lui fit signe de se rapprocher et, quand elle fut contre lui, elle sentit qu'il partageait son fardeau. Sa main se referma sur la sienne, douce et amicale.

Le réconfort qu'il lui offrait réussit presque à libérer les émotions qu'elle s'efforçait de maîtriser. Elle avait envie de pleurer pour apaiser ses angoisses et ses frustrations. Seulement, si elle se laissait aller, il chercherait à la consoler et la prendrait dans ses bras. Elle devait bien admettre que la semaine qu'elle venait de passer avec lui avait changé la nature de leur amitié. Depuis toujours, Ragnar avait été auprès d'elle, mais à présent qu'elle était seule avec lui, elle ne pouvait s'empêcher de le comparer à son mari. Ils étaient tous les deux forts et beaux… et le contact des mains de Ragnar sur son corps faisait naître en elle des désirs par trop coupables.

— Il faut que nous retrouvions Styr, insista-t-elle. Cela

fait trop longtemps que nous sommes partis, et j'ai peur pour lui.

A l'évocation de son mari, le visage de Ragnar se ferma. Il lâcha sa main et détourna la tête, comme s'il avait peur de croiser son regard.

— Ils l'ont peut-être tué ou torturé…

Elle essaya d'imaginer sa vie sans lui, et une peur glaciale l'envahit.

— Si tu veux, nous pourrions faire une partie du chemin avec ces gens, proposa-t-il. Ils n'y verront aucun inconvénient, j'en suis sûr.

Sa suggestion était raisonnable, mais elle hésita.

— Nous ne parlons pas leur langue, objecta-t-elle. Et puis, nous risquons de rencontrer de nouveau Alfarr et ses hommes. Nous ne parviendrons peut-être pas à les mettre en déroute une deuxième fois.

La chance les avait favorisés, mais les dieux finiraient peut-être par se lasser. Les pillards vikings avaient cru qu'elle était capable de leur jeter un sort et s'étaient enfuis, mais cela ne voulait pas dire qu'ils ne reviendraient pas. Leur chef avait hésité. De toute évidence, il était moins superstitieux que ses hommes ; il pourrait parvenir à les raisonner…

— Ma jambe est presque guérie, dit Ragnar. Je ne laisserai personne te faire de mal.

Elle savait qu'il tiendrait parole, mais ses craintes n'en demeuraient pas moins.

— J'ai besoin de réfléchir. Je ne sais pas ce qui est préférable, rester ici et laisser Styr nous trouver… ou partir à sa recherche.

Ils n'avaient pas de bateau et, à pied, la route serait longue et dangereuse jusqu'au village gaël.

— S'il est vivant, Styr remuera ciel et terre pour te retrouver, répondit Ragnar.

Ses paroles étaient destinées à la rassurer, mais sa voix avait eu une intonation étrange. Elle se tourna brusquement vers lui et surprit une lueur nostalgique dans son regard. Presque comme s'il n'avait pas envie que Styr la retrouve. Pour prendre sa place ?

Une vision fugitive traversa son esprit. Ragnar la prenant dans ses bras et l'emportant dans son lit.

Moi, je me battrais jusqu'à mon dernier souffle pour te retrouver.

Il ne le dit pas, mais elle le lut dans ses yeux.

Presque aussitôt, son visage redevint impassible, et elle se dit qu'elle avait été le jouet de son imagination.

— Et s'il n'est pas en mesure de partir à ma recherche ? Nous ne savons même pas s'il est vivant !

— Non, concéda-t-il simplement.

Il reprit un morceau de viande et se mit à manger, les yeux fixés droit devant lui, dans la pénombre. Elle avait espéré qu'il la conseillerait, qu'il lui dirait ce qu'elle devait faire. Apparemment, il avait choisi de la laisser prendre sa décision toute seule.

A cet instant, la guérisseuse fit signe à Elena de venir. Elle ne savait pas ce qu'elle voulait, mais elle se leva.

— Je reviendrai bientôt, dit-elle.

Ragnar la regarda d'un air énigmatique et lui fit un signe de la main, comme si cela n'avait pas d'importance.

La jeune femme qui parlait quelques mots de la langue d'Elena la conduisit auprès du chef du clan en lui souriant pour la mettre à l'aise.

— Notre chef demande si… toi… magicienne ?

Elena secoua la tête.

— J'ai seulement fait semblant de l'être. J'ai menacé de leur jeter un sort, et ils m'ont crue.

Quand on lui eut traduit ses paroles, le chef hocha la tête.

— Il veut… te remercier. Donner des cadeaux.

— Quelle sorte de cadeaux ?

Elle se demanda s'il s'agissait d'un cheval ou de pièces d'argent. Au lieu de cela, la jeune femme lui indiqua une peau de vache soigneusement pliée. Elle la lui fit toucher, et Elena constata qu'elle avait été soigneusement tannée et huilée, afin de la rendre imperméable. Voilà qui leur tiendrait chaud et les mettrait à l'abri de la pluie.

— Pour ton voyage, expliqua la jeune femme.

Elena accepta le présent et les remercia. Alors qu'elle s'apprêtait à retourner auprès de Ragnar, le vent se leva et quelques gouttes commencèrent à tomber.

— Cette nuit, vous camperez avec nous, dit la jeune femme.

Elle l'accompagna jusqu'à une petite tente garnie de fourrures et de coussins.

— Pour toi et ton mari, expliqua-t-elle en souriant.

Ragnar les avait rejointes en boitant et en s'appuyant sur un gros bâton que l'un des Gaëls lui avait donné.

— Installe-toi à l'intérieur, avant que la pluie se mette vraiment à tomber, dit-il à Elena.

Elena s'effaça et s'inclina, en faisant un large signe de la main en direction de l'entrée.

— Honneur au blessé, répondit-elle, un sourire moqueur aux lèvres. Cette tente sera un véritable palais, comparé à notre abri de feuilles et de branchages.

Il entra et elle le suivit, en rabattant la porte en toile derrière eux. L'espace était exigu, à peine assez grand pour que deux personnes puissent s'y allonger.

— Oui, presque un palais, acquiesça Ragnar en parcourant du regard les coussins et les fourrures.

C'est alors qu'elle se rendit compte qu'ils allaient devoir dormir l'un à côté de l'autre. Cela ne devrait pas l'embarrasser — après tout, elle avait dormi plusieurs fois ainsi quand il était brûlant de fièvre — mais cette tente avait l'air si confortable, si… intime.

Une vague de chaleur l'envahit et elle s'imagina dans les bras de Ragnar. Blottie contre son corps viril et dur… une évocation bien trop agréable.

Elle s'agenouilla sur les fourrures en s'efforçant de chasser les pensées coupables qui lui venaient. Ragnar était un ami, rien de plus.

Il garda ses distances. C'était sans doute mieux ainsi. Les Gaëls avaient disposé des pierres chaudes dans les coins de la tente et une douce chaleur y régnait alors que, dehors, le vent rugissait dans les frondaisons des arbres. Ici, elle était en sécurité, à l'abri des éléments. Mais rien ne la protégeait des désirs qui lui embrasaient les reins.

Elle posa les mains sur son ventre plat, afin de penser à autre chose. Etrange qu'elle ne sente aucune différence, aucune nausée… Rien, hormis l'absence de ses saignements depuis deux lunes. Parfois, elle se demandait si elle ne prenait pas ses rêves pour des réalités.

Ragnar posa son bâton dans un coin et s'allongea sur les fourrures. Elle le regarda à travers la pénombre et se coucha également, en laissant un espace entre eux. Elle se figea un instant quand sa jambe frôla la sienne. Son mouvement avait été involontaire ; il suffit toutefois à lui faire prendre conscience qu'elle se trouvait à côté d'un homme qui n'était pas son mari. Un homme qui l'attirait suffisamment pour qu'elle ait envie de goûter avec lui à des plaisirs défendus, au risque d'être à jamais déshonorée.

Elle se recroquevilla dans son coin, mais un courant d'air froid qui s'était insinué sous la toile de la tente la fit frissonner. Elle se tourna de l'autre côté et entendit Ragnar retenir sa respiration quand, malencontreusement, elle le toucha avec son pied.

— Oh ! pardon ! Je t'ai fait mal ? demanda-t-elle, en pensant avoir heurté sa jambe blessée.

— Non, j'ai été surpris, c'est tout, répondit-il en roulant sur le côté, afin de mettre une certaine distance entre eux.

C'était mieux ainsi, se dit-elle en se pelotonnant bien au chaud sous les fourrures.

— Je suis contente de t'avoir auprès de moi, dit-elle au bout d'un moment d'un ton égal.

Après toutes les épreuves qu'elle avait dû surmonter ces derniers jours, elle était contente d'avoir un homme solide auprès d'elle. Elle savait qu'il était prêt à sacrifier sa vie pour la protéger et qu'elle pouvait compter sur lui, quelles que soient les circonstances.

Il ne répondit rien. Sans doute avait-il d'autres soucis en tête.

— Tu as mal ?

Elle attendit, en pensant qu'il allait dire oui ou non. De nouveau il resta silencieux, ce qui probablement signifiait qu'il souffrait, car tous les hommes qu'elle connaissait étaient trop fiers pour admettre avoir mal.

— Dors, Elena, marmonna-t-il enfin d'une voix rauque.

Elle ne comprenait pas pourquoi mais, apparemment, il n'avait pas envie de parler. Dans le passé, il s'était toujours montré gentil et aimable, ne refusant jamais de l'écouter.

Pas ce soir.

— Qu'ai-je fait de mal ? dit-elle, un peu vexée d'avoir été rabrouée.

Il tâtonna dans la pénombre et lui saisit le poignet.

— Sais-tu à quel point j'envie ton mari ?

Sa voix avait une intonation dure, presque brutale, et elle sentit qu'il avait du mal à contenir sa fureur.

— Il a une femme belle et douce, poursuivit-il, comme s'il cherchait à se torturer. Un enfant, bientôt, peut-être. Une famille, un foyer…

Elle comprit pourquoi il enviait autant Styr. Il avait eu une enfance difficile, une mère disparue trop tôt, un père brutal qui noyait son chagrin dans l'alcool. Et à présent il était seul. Une solitude qu'il avait du mal à supporter.

— Tu l'aimes, n'est-ce pas ?

— Oui, fit-elle à voix basse.

Elle serait toujours fidèle à Styr. C'était un homme solide, un mari doux et attentionné. Il avait tout fait pour la rendre heureuse. Et maintenant qu'elle allait lui donner un enfant, les difficultés qu'ils avaient eues dans leur couple allaient s'aplanir et ne seraient bientôt plus qu'un mauvais souvenir.

En était-elle aussi sûre ?

Ragnar lâcha son poignet et elle se blottit dans son coin. Elle songea à la dernière fois où elle avait fait l'amour avec son mari. Il l'avait caressée longuement, faisant tout son possible pour lui donner du plaisir, mais elle s'était contractée et était restée froide, aussi inerte qu'un morceau de bois. Finalement, hantée par son incapacité à lui donner un enfant, elle avait pleuré à chaudes larmes dans ses bras. Jamais elle ne s'était sentie aussi malheureuse. Elle lui avait dit que cela ne servait à rien, qu'ils ne parviendraient pas à concevoir un enfant. Par la suite, elle s'était refusée à lui et l'avait même repoussé quand il essayait de la prendre dans ses bras.

Maintenant, elle regrettait amèrement ses paroles. Styr n'avait rien dit, mais son visage s'était fermé, et c'était comme si un mur de pierre s'était soudain dressé entre eux.

— Je ne sais pas si Styr m'aime encore, reprit-elle. J'ai été cruelle avec lui, même si c'était sans le vouloir.

— Tous les mariages traversent des périodes difficiles, lui dit calmement Ragnar. Il m'a plusieurs fois parlé de vos problèmes quand nous étions en mer.

Au lieu de l'apaiser, sa remarque amplifia encore son sentiment de culpabilité.

— Et si nous ne le retrouvons pas ? murmura-t-elle d'une voix blanche.

Ragnar roula vers elle et prit sa main dans la sienne.

— Je resterai toujours auprès de toi, Elena, promit-il. Quoi qu'il arrive.

Le cœur débordant de gratitude, elle lui pressa la main.

— Merci. Demain matin, nous nous mettrons en route pour le village où il a été fait prisonnier.

Chapitre 6

Ragnar commençait à croire qu'il avait encouru la colère des dieux et qu'ils lui infligeaient ce châtiment. L'odeur de la peau d'Elena avait envahi l'atmosphère confinée de la petite tente, et être aussi près d'elle était une véritable torture. Il n'arrivait pas à dormir, et la jalousie lui rongeait le cœur.

Pour ajouter à ses tourments, le vent et la pluie s'étaient renforcés et le froid s'insinuait à travers la toile, les obligeant à se serrer l'un contre l'autre.

Elena s'était agitée dans son sommeil et, à un moment, elle s'était blottie dans ses bras. Il avait essayé de rester impassible, mais en sentant ses courbes contre lui, il avait failli perdre le peu de maîtrise de soi qui lui restait. Seule une mince couche de tissu séparait leurs corps, et il avait dû se mordre la lèvre jusqu'au sang pour résister à la tentation.

Elle n'est pas à toi ! avait inlassablement répété la voix de sa conscience. S'il venait à la toucher intimement pendant son sommeil, il se déshonorerait à jamais. Elle était la femme de son meilleur ami, et il devait enfouir au fond de lui-même ses pulsions et ses sentiments.

Styr est peut-être mort…

Alors, elle serait libre. Cette pensée s'était mise à tourner dans sa tête mais, très vite, la voix de la raison l'avait ramené sur terre. Même si cela arrivait, Elena ne viendrait jamais vers un homme tel que lui. Elle ne connaissait que trop la violence dont il était capable.

Son père lui avait appris à être impitoyable.

Quand elle essaya de se blottir encore un peu plus contre lui, il fit un effort pour la repousser.

— Elena, réveille-toi.

Elle roula et se retrouva presque sur lui, ce qui était encore pire — la poitrine contre son torse et le visage enfoui dans sa tunique, sur son cœur.

— Que… Qu'y a-t-il ? marmonna-t-elle d'une voix ensommeillée.

— Tu ne peux pas rester ainsi, aussi près de moi.

Il la repoussa doucement et elle soupira.

— C'est seulement parce que j'avais froid, Ragnar. Je n'avais pas l'intention de t'importuner.

Tu pourrais la réchauffer, suggéra traîtreusement son corps. *La tenir dans tes bras pendant le reste de la nuit.*

Non, la tentation serait trop forte. Jamais il ne serait capable de résister.

— Rendors-toi, ordonna-t-il d'une voix rauque.

Et reste à l'écart de moi.

Il ne voulait pas qu'elle sache à quel point il avait envie d'elle. Il valait mieux lui laisser croire qu'il était seulement l'ami de son mari, un homme qui ne chercherait jamais à abuser d'elle, même et surtout dans ses moments de faiblesse. Elle avait besoin d'avoir quelqu'un à qui elle pouvait faire totalement confiance.

Elle se retourna et, à cet instant, une rafale de vent secoua leur tente et ouvrit brutalement la porte en toile. Il se leva en grimaçant à cause de sa jambe douloureuse et rattacha la porte tant bien que mal. Dehors, il pleuvait à verse. Si leur tente ne les protégeait pas complètement du froid, au moins ils étaient à l'abri, se dit-il en se recouchant et en s'enroulant dans une fourrure.

Il essaya de se rendormir et de ne pas penser à sa jambe, mais Elena se mit à parler d'une voix si douce qu'il n'eut pas le cœur de la rabrouer.

— J'étais sérieuse, tout à l'heure. Je suis contente d'être avec toi. Tout est plus supportable quand on a un ami auprès de soi.

Il ne trouva rien à répondre, car elle était beaucoup plus qu'une amie pour lui. Le baiser innocent qu'elle lui avait donné quelques jours plus tôt était un souvenir encore trop vivace dans sa mémoire. Jamais elle ne l'avait embrassé auparavant et, maintenant, ce baiser occupait toutes ses pensées.

— J'ai juré à Styr de te protéger, dit-il finalement.

Et il tiendrait parole. Il se battrait jusqu'à son dernier souffle, s'il le fallait.

— J'ai tellement peur pour lui ! avoua-t-elle. Et… si nous le retrouvons, j'aimerais que les choses changent entre nous. Surtout maintenant que j'attends un enfant.

Elle laissa échapper un profond soupir et poursuivit d'une voix sourde, comme si tout le poids de son mariage s'était abattu sur ses épaules.

— Je ne sais pas pourquoi, Ragnar, mais je ne parviens pas à trouver du plaisir au lit avec lui et… c'est ma faute. Il a tout essayé, en vain. Je reste froide. Aussi froide qu'une statue.

Ces confidences embarrassèrent Ragnar. Que pouvait-il lui répondre ? Il ignorait tout des problèmes intimes des femmes et savait que tout ce qu'il dirait ne pourrait que rendre sa situation encore plus inconfortable. Finalement, il se contenta de lui prendre la main et de la serrer dans la sienne.

— Il ne l'a jamais dit, mais je sais que ma froideur le remplit de frustration. Je devrais me montrer plus ardente, plus passionnée, mais je n'y arrive pas. Je sais que tu as été avec des femmes auparavant. Devrais-je…

— Ce n'est pas une chose dont j'ai envie de discuter, l'interrompit-il sèchement. Parles-en à Styr. Lui seul peut t'aider.

— C'est le problème, justement. Je n'ai jamais pu lui parler comme je te parle maintenant. Il est tellement farouche, tellement intimidant…

Alors que lui, il était son ami. Un ami qui l'écoutait et auquel elle pouvait se confier sans crainte. Il ne savait pas s'il devait se sentir blessé ou honoré.

— Que pourrais-je faire pour sauver mon mariage ?

— Te montrer tendre avec lui, le cajoler, suggéra-t-il machinalement. Lui prodiguer des caresses intimes…

— Je ne pourrais pas ! s'exclama-t-elle, l'air profondément choqué. Il n'aimerait pas cela du tout !

Ragnar se força à se tourner vers elle et à lui faire face.

— Tous les hommes aiment être caressés. Si une femme aussi belle que toi venait me rejoindre dans mon lit, je me laisserais faire sans protester, ajouta-t-il sur un ton léger, afin de ne pas trahir la violence du désir qui flambait en lui.

— Je ne suis pas assez forte, objecta-t-elle. Je suis trop timide pour faire une chose pareille.

— Tu as capturé un serpent vivant et l'as laissé s'enrouler autour de ton cou, lui fit-il observer. La plupart des femmes n'en auraient pas le courage.

— C'était une question de vie ou de mort, murmura-t-elle en frissonnant. Jamais je n'ai eu aussi peur.

— Mais tu l'as fait. Et tu feras ce qu'il faut aussi quand il s'agira de sauver ton mariage. Pour ton enfant, afin qu'il ait un père, un foyer au sein duquel il pourra grandir et s'épanouir.

— Je suppose que tu as raison.

Ses doigts enlacèrent les siens, lui rappelant que cette nuit était unique et que ce serait sans doute la dernière qu'ils passeraient ensemble.

— Cela fait tellement longtemps que j'ai envie de cet enfant ! Et je sais que Styr sera heureux, lui aussi, d'avoir enfin un fils ou une fille pour continuer sa lignée.

Et s'il ne l'est pas ? La question lui brûla la langue, mais il s'abstint de la poser, car il savait qu'une femme comme Elena ne pourrait jamais accepter de l'épouser.

Huit ans plus tôt

— Ragnar ?

C'était la voix d'Elena. Elle entra dans la maison qu'il partageait avec son père et se figea en découvrant le spectacle qui s'offrait à elle.

— Je suis ici.

Il sortit du coin où il s'était réfugié, à côté de la cheminée, et eut honte du désordre et de la saleté qui régnaient dans la pièce au sol en terre battue. Depuis que sa mère avait été tuée par des pillards, son père, Olaf, noyait son chagrin dans l'alcool. Il partait tous les matins à l'aube et ne revenait qu'à la nuit tombée, ivre le plus souvent.

— Je t'ai apporté de la nourriture, dit-elle en lui tendant un panier.

Il resta planté face à elle pendant un long moment, ne sachant que dire, à part la remercier. Elle hocha la tête et regarda de nouveau autour d'elle.

— Il fait bien sombre, ici. Puis-je ouvrir la porte un peu plus ?

Il hocha la tête et cligna des yeux quand la lumière du soleil l'atteignit.

— C'est déjà mieux. Au moins, je peux te voir, reprit-elle avec un sourire hésitant.

En voyant l'état dans lequel se trouvait la pièce, elle ne put s'empêcher de grimacer. Ragnar sentit ses joues s'enflammer, mais ne chercha pas à s'excuser. La dernière fois qu'il avait essayé de mettre de l'ordre, son père l'avait battu.

— Ne touche plus jamais à ses affaires ! avait hurlé Olaf.

Puis sa colère avait laissé la place au chagrin et il avait pleuré. Depuis ce jour, Ragnar n'avait plus rien fait, de peur de déplacer les objets qui avaient appartenu à sa mère et que son père conservait comme des reliques sacrées. Grâce aux dieux, ses sœurs s'étaient mariées et avaient quitté la maison pour fonder leur propre foyer. Ainsi, au moins, la vue de la lente déchéance de leur père leur avait-elle été épargnée.

Elena ouvrit son panier et lui tendit un morceau de pain.

— Ton père n'est pas souvent là, n'est-ce pas ?

Ragnar secoua la tête.

— Non, pas souvent.

Quand il eut le morceau de pain en main, il dut faire un effort pour ne pas le mettre tout entier dans sa bouche et le dévorer gloutonnement. Il allait presque chaque jour à la pêche, mais cela faisait bien longtemps qu'il n'avait pas mangé de pain et plus longtemps encore qu'il n'avait pas eu un vrai repas.

Elena lui servit un gobelet de bière et, lorsqu'il le prit, leurs doigts s'effleurèrent. Il avait quinze ans et elle seulement treize, mais on distinguait dans ses traits une beauté prête à s'épanouir. Ses cheveux blonds, parsemés de mèches rousses, étaient tressés à la mode viking et elle portait une robe brodée de dessins floraux avec, par-dessus, un long tablier blanc.

Son regard plongea dans le sien, comme si elle cherchait à deviner ce qu'il pensait. Embarrassé, il rougit et détourna la tête.

— Quand ton père doit-il revenir ?

Il haussa les épaules.

— Au coucher du soleil, peut-être. Mais il lui arrive de rester dehors toute la nuit. Mais je n'ai pas peur d'être seul, ajouta-t-il en voyant son air effaré.

Il en avait l'habitude, maintenant. Parfois, il se disait qu'un jour ou l'autre son père ne reviendrait pas. Quoi qu'il en soit, il était assez âgé pour se débrouiller seul. Olaf avait peut-être oublié qu'il avait un fils, mais Ragnar s'en moquait et n'avait pas l'intention de le lui rappeler. Il n'était plus un enfant.

Elena lui sourit timidement, comme si elle voulait essayer de le rassurer.

— Si tu veux, tu peux venir dîner chez nous. Ma mère te recevra volontiers.

Le père d'Elena était le chef de leur clan. Il avait dix enfants, et elle était la deuxième de ses filles. Ragnar savait qu'il n'accepterait pas de bon gré un garçon comme lui à leur table familiale.

— Il vaut mieux que je reste ici, répondit-il après une brève hésitation, car la perspective d'un repas chaud le tentait.

— Ils ne te remarqueront même pas, lui fit observer Elena avec un sourire complice.

C'était peut-être vrai, mais l'idée d'aller chez elle sans son père ne lui semblait pas convenable.

Il commença à manger son morceau de pain. Pendant ce temps, Elena traversa la pièce, prit un seau de bois, et entreprit de ramasser les arêtes de poisson et les os qui jonchaient le sol.

Elle l'interrompit dès qu'il ouvrit la bouche pour protester.

— Ça te plaît de vivre au milieu de toute cette saleté ?

Bien sûr que non. Et même si son père devait le battre de nouveau, il pouvait difficilement refuser de mettre un peu d'ordre.

Malgré tout, son initiative le gênait. Il avança vers elle afin de lui prendre le seau.

— Ce n'est pas à toi de faire ce travail.

— Ça ne m'ennuie pas. A la maison, j'ai l'habitude, et j'aime pouvoir me rendre utile.

Elle le laissa néanmoins récupérer le seau. Saisissant un balai, elle commença à balayer, tandis qu'il ramassait les détritus. Quand ce fut fait, elle lava les écuelles de bois et les cuillers qui traînaient et rangea le tout sur une étagère.

— Voilà. C'est beaucoup mieux ainsi, n'est-ce pas ?

Sans doute, même s'il était certain que son père allait le battre. Personne ne devait toucher aux objets qui avaient appartenu à sa mère, et le balai et le seau en faisaient partie. En voyant le sol débarrassé de ses déchets de nourriture, il se souvint de la façon dont sa mère entretenait la maison, grattant la table soigneusement chaque soir et n'oubliant jamais de mettre un bouquet de fleurs odorantes sur son oreiller. Ses yeux le piquèrent et il dut se mordre la lèvre pour ne pas pleurer.

— Tu veux bien venir te promener avec moi ? demanda Elena en lui tendant la main. Tu ne devrais pas rester à l'intérieur, quand il fait aussi beau dehors.

Son geste était innocent, comme si le fait de lui tenir la main était sans conséquence. Cependant, quand il la rejoignit, il sentit sa gorge se serrer et ne trouva rien à dire. Ses cheveux avaient le même parfum que les fleurs dont sa mère aimait à faire des bouquets, et il se sentit affreusement gêné.

Au lieu de prendre la main qu'elle lui tendait, il passa à côté d'elle en faisant comme s'il n'avait pas vu son geste. Dehors, le soleil étincelait de tous ses feux dans un ciel sans nuages. C'était le milieu de l'été, et les jours étaient encore longs.

— Où allons-nous ? dit-il.

— Chez mes parents.

Il essaya de nouveau de protester, mais elle l'en empêcha en levant la main.

— Tu as beaucoup trop maigri depuis la mort de ta mère. Tu as besoin de manger, de faire un vrai repas.

— Je ne peux pas aller chez toi, Elena. Pas comme cela.

Il vivait dans la saleté depuis des semaines, et la seule idée d'entrer dans la maison de ses parents dans l'état où il était lui faisait horreur. Et même s'il se lavait et se changeait, il serait mal à l'aise. Certes, son père était un homme libre, mais c'était un pauvre paysan sans terre, qui louait ses bras aux riches propriétaires tels que le père d'Elena.

— Sommes-nous amis, oui ou non ? répliqua-t-elle. Si nous le sommes, j'ai toujours pensé qu'on devait s'entraider, entre amis.

Il ne sut comment réfuter son argument sans la blesser. Il voulait bien être son ami, mais il avait trop honte de lui-même pour ne pas être embarrassé par sa proposition.

— Viens avec moi, insista-t-elle. Quelqu'un d'autre nous accompagnera, ainsi tu ne seras pas seul.

Elle lui sourit, et la chaleur qui irradiait de ses yeux lui causa un véritable choc. Jusqu'à présent, aucune fille ne lui avait jamais prêté la moindre attention. C'était la première fois que l'une d'elles venait le voir et lui montrait de la compassion. Il aurait voulu dire quelque chose, n'importe quoi, mais il ne trouva pas les mots pour exprimer sa gratitude.

Alors, impulsivement, il prit sa main dans la sienne. Le contact de sa peau douce et satinée fit battre son cœur plus vite. Elle lui serra la main et, en voyant qu'elle continuait de sourire, il sentit un fol espoir naître en lui.

Elena était venue vers lui, lui apportant de la nourriture. Et maintenant, elle voulait l'inviter à la table de ses parents. Cela signifiait-il qu'elle ne voyait pas en lui un être inférieur, indigne d'elle ? Il se redressa, en se demandant si son invitation avait une autre signification que celle qu'il imaginait.

Il lui serra la main en retour, en regrettant de ne pas oser faire plus.

Il n'avait jamais embrassé une fille et, de toutes celles qu'il connaissait, Elena était la plus belle. Il en avait souvent rêvé, persuadé qu'elle ne daignerait jamais baisser les yeux vers lui.

Tout à coup, il s'arrêta et se tourna vers elle.

— Pourquoi as-tu envie que je vienne chez tes parents, Elena ?

Elle haussa les épaules.

— Je me suis dit que cela te ferait plaisir de partager un repas avec nous, c'est tout.

Il scruta son visage, en continuant à se demander s'il n'y avait pas une autre raison. Elle inspira profondément et soutint son regard, tout en remettant derrière son oreille une mèche qui s'était échappée de sa tresse.

— Je ne suis pas trop ébouriffée ?

— Tu ne l'es jamais.

Aussitôt, il se mordit la langue. Il aurait dû lui dire qu'elle était belle, la plus jolie fille qu'il ait jamais vue.

N'importe quoi, mais pas ces mots gauches et maladroits qui lui avaient échappé involontairement.

Elle n'eut pas l'air de le remarquer.

— Bien. Attends-moi ici.

Intrigué, il obéit et la regarda se diriger vers la maison de Styr. Elle frappa à la porte, en se dandinant d'un pied sur l'autre, puis elle toucha de nouveau nerveusement ses cheveux.

Quand le meilleur ami de Ragnar sortit, il la vit rougir. Un sourire illumina son visage, comme si elle avait envie que Styr la remarque.

Les émotions qui se reflétaient sur ses traits le ramenèrent brutalement sur terre. Elle éprouvait de l'amitié pour lui, rien de plus.

Styr le rejoignit à grands pas, en laissant Elena le suivre, apparemment indifférent à ses efforts pour attirer son attention.

— Comment vas-tu ? demanda-t-il en lui donnant une bourrade amicale.

Ragnar haussa les épaules, car il n'avait pas grand-chose à dire.

— Il faudrait que je recommence à m'entraîner, répondit-il en posant la main sur la poignée de son épée. Mais, pour cela, il me faut un partenaire.

Styr lui donna une nouvelle bourrade.

— Tu t'encroûtes, ça se voit !

— Je peux encore te battre.

Son ami fit jouer ses muscles et s'esclaffa.

— C'est à voir, Olafsson !

Elena s'éclaircit la voix, afin d'attirer leur attention.

— J'ai pensé que vous pourriez venir dîner tous les deux chez mes parents.

Styr tira sur sa tresse gentiment — le geste d'un frère qui s'amuse à taquiner sa petite sœur.

— C'est gentil de ta part, dit-il en n'ayant pas remarqué, apparemment, que son manque d'intérêt pour elle la décevait.

Ils continuèrent de marcher, et Ragnar se rendit compte que Styr excluait Elena de leur conversation en parlant uniquement de leurs combats à venir et des armes qu'ils préféraient. Quand ils parvinrent à la maison de ses parents, elle s'esquiva, en prétextant avoir des choses à dire à sa mère, et les laissa tous les deux seuls.

— Pourquoi n'as-tu parlé que de haches de guerre et d'épées ? demanda-t-il à son ami. N'as-tu pas vu la façon dont elle te regarde ?

Cela l'ennuyait d'en parler, mais il voulait savoir si Styr avait des vues sérieuses sur Elena.

Styr haussa les épaules.

— C'est encore presque une enfant.

— C'est aussi la fille d'un homme riche et puissant, lui fit observer Ragnar. Elle ferait un bon parti pour toi.

Son ami soupira.

— Je le sais. Mon père et le sien ont déjà parlé de nous fiancer. Je suppose que cela arrivera un jour, quand elle sera en âge de se marier.

L'idée n'avait pas du tout l'air de l'enthousiasmer.

— Mais toi, tu n'en as pas envie ?

Une petite bouffée d'espoir était montée en Ragnar, même s'il savait que le refus de son ami ne changerait pas grand-chose pour lui.

Styr resta impassible.

— Je n'ai rien contre elle. Et puis, de toute façon, j'ai encore plusieurs années devant moi, avant de me marier.

Alors que Ragnar ouvrait la bouche pour lui répondre,

Elena les rejoignit. Elle avait les joues rouges et l'air embarrassé.

— Styr, mon père veut bien que tu viennes dîner avec nous, dit-elle en lui indiquant la porte ouverte.

— Entrons ensemble, alors, suggéra Styr.

— Non, vas-y sans moi. Il faut d'abord que je parle avec Ragnar.

Quand il fut entré, Elena se tourna vers Ragnar, la mine déconfite.

— Je… je m'étais trompée, bredouilla-t-elle. J'aurais voulu que tu viennes dîner avec nous, mais…

— Ton père a refusé, n'est-ce pas ? l'interrompit Ragnar d'un ton léger, comme si cela n'avait pas d'importance.

— Il m'a dit que je pouvais t'apporter à manger, mais dehors, dit-elle, les yeux brillants de larmes. Ce n'est pas juste. Tu devrais être le bienvenu à notre table, comme n'importe quel autre homme de notre clan.

— Ce n'est pas grave.

Il savait où était sa place, même s'il comptait bien ne pas y rester toute sa vie.

— Va rejoindre Styr. Je retourne chez moi.

Il fit demi-tour, mais Elena courut derrière lui et le retint par le bras.

— Si, c'est grave ! s'exclama-t-elle d'une voix tremblante de colère. Un jour, tu seras un guerrier fort et respecté. L'un des meilleurs de notre clan. A ce moment-là, mon père sera bien obligé de te recevoir chez lui.

La confiance qu'elle avait en lui renforça sa détermination. Le père d'Elena n'accepterait sans doute jamais de lui donner sa fille, mais s'il devenait un guerrier redoutable et redouté, les autres hommes importants de leur clan n'auraient plus les mêmes préventions à son égard.

— Je viendrai un jour à sa table, assura-t-il. Mais seulement si tu y es.

Il lui prit la main et la serra dans la sienne, avant de lui tourner le dos et de s'en aller.

Un jour, se jura-t-il, tout changerait.

Chapitre 7

Retour au présent

La tempête de la nuit n'était plus qu'un souvenir et le soleil brillait sur une eau verte et calme lorsque Elena, inquiète et mal à l'aise, descendit vers le rivage.

Mettant sa main en visière, elle scruta la mer et vit un bateau. Un petit bateau de pêche, qui voguait vers le sud, à quelques encablures de la côte. Aussitôt, son cœur se mit à battre plus vite, mais elle n'aurait su dire pourquoi. Ce n'était pas le bateau de Styr. Le drakkar était beaucoup plus grand, et les Danois s'en étaient emparés.

Mais c'était le premier bateau qu'elle voyait et, malgré elle, elle reprit espoir.

Elle plissa les yeux, essayant de voir les hommes qui se trouvaient à bord, mais la lumière du soleil l'aveuglait. L'un d'eux portait une cotte de mailles et avait des cheveux blonds, comme Styr.

Etait-ce lui ? Venait-il la chercher ? Son cœur battait à présent la chamade, et elle se mit à courir sur le sable. Hélas ! avant qu'elle n'ait pu atteindre le bord de l'eau, le bateau avait disparu derrière la petite île verte sur laquelle elle avait échoué avec Ragnar quelques jours auparavant. C'était trop tard.

Ce n'était peut-être pas Styr, mais elle aurait dû appeler, crier, faire de grands gestes, au lieu de se contenter de courir.

Tu n'as peut-être pas envie qu'il te retrouve, murmura une petite voix insidieuse au fond d'elle. *Tu préférerais peut-être ne jamais le revoir...*

Non. Pas maintenant, alors qu'elle attendait enfin un enfant. *Son* enfant. C'était lui qui l'avait conçu, et sa naissance changerait tout.

Et si cela ne changeait rien ? répliqua la petite voix. *Si tu restais toujours aussi froide dans ses bras ?*

Elle n'en avait pas l'intention ; elle voulait sincèrement être une épouse tendre et affectionnée, mais Styr n'avait pas eu envie de l'épouser. Il avait obéi à son père et accepté un mariage de convenance. Et, malgré toutes les années qu'ils avaient passées ensemble, il ne lui avait jamais dit qu'il l'aimait. Elle avait fait beaucoup d'efforts, tenu sa maison d'une façon irréprochable, préparé tous les plats qu'il aimait, mais cela n'avait pas suffi.

Une bouffée de colère l'envahit. Elle avait essayé de s'amender, d'être la femme dont il avait envie. Une femme docile, dure à la peine et toujours disponible. Mais était-ce vraiment cela qu'il voulait ? Elle ne le savait toujours pas et était lasse de jouer un rôle par trop contraire à sa nature.

Elle regarda derrière elle et vit Ragnar, appuyé à un gros rocher pour soulager sa jambe bandée. Son expression était indéchiffrable, mais la vue de son corps musclé fit jaillir une vague de chaleur dans le creux de ses reins. Il avait toujours été un guerrier redoutable, pas plus fort, mais plus rapide et plus souple que Styr. Et bien qu'il ne soit pas d'une aussi haute lignée, il était devenu, sans conteste, l'un des meilleurs guerriers de leur clan.

Un frisson la parcourut au souvenir du prix terrible qu'il avait payé pour gagner l'estime de ses pairs.

— Qu'y a-t-il, *sotnos* ? dit-il. Tu es toute pâle, comme si tu avais vu un monstre ou un fantôme.

Elle chassa les souvenirs qui avaient surgi du fond de mémoire.

— Je viens juste de voir un bateau, répondit-elle en pointant le doigt vers la mer.

Ce faisant, elle se demanda ce qu'elle avait réellement vu. Après toutes les années passées auprès de lui, elle connaissait la silhouette de son mari. Elle n'en était pas totalement sûre, mais il y avait de grandes chances que ce soit lui qu'elle avait aperçu à bord du bateau de pêche.

— Etait-ce notre drakkar ? demanda Ragnar, son intérêt brusquement éveillé. Nos hommes auraient-ils réussi à échapper aux Danois ?

— Non. C'était un bateau de pêche. Mais l'un des hommes ressemblait à Styr, ajouta-t-elle après avoir hésité brièvement.

Ragnar regarda vers la mer, mais elle secoua la tête.

— C'est trop tard. Il a disparu derrière l'île.

— Tu as envie de partir à la recherche de Styr ?

— Non.

Elle soupira puis alla le rejoindre.

— J'aurais dû crier. J'aurais dû courir dans l'eau et faire du bruit pour attirer leur attention… Au lieu de cela, je les ai regardés s'en aller sans rien faire. Je ne sais pas pourquoi.

Ce n'était pas vrai. Elle savait pourquoi elle n'avait pas crié : parce qu'elle avait été trop surprise. Il lui avait semblé impossible qu'il puisse s'agir de son mari… Pourtant, elle ne parvenait pas à chasser de son esprit la vision de l'homme blond en cotte de mailles qu'elle avait aperçu à bord de ce bateau de pêche. Styr n'était pas du genre à l'abandonner. Il ferait tout son possible pour la retrouver.

Ce qu'elle ne comprenait pas, c'était le mauvais pressentiment qu'elle avait eu en voyant ce bateau. Une peur étrange l'avait paralysée, l'empêchant de crier et de faire de grands gestes. Si c'était bien son mari qu'elle avait vu, elle aurait dû être folle de joie…

Elle posa la main sur son ventre, et ses vieilles craintes revinrent la hanter.

— Penses-tu, comme Styr, que je suis une femme froide ?

— Il ne pense pas que tu es froide, répondit Ragnar. Il savait que le fait de ne pas avoir d'enfant te tourmentait profondément et ignorait ce qu'il pourrait faire pour t'apaiser et te rendre ta joie de vivre.

Elle inspira profondément et s'efforça de chasser les doutes qui continuaient de la ronger.

— J'espère que cet enfant nous aidera à surmonter les problèmes que nous avons eus ces dernières années.

— C'est beaucoup demander à un enfant, fit observer Ragnar en se redressant et en s'appuyant sur son bâton.

— Peut-être. Mais si cette naissance ne change rien…

N'osant même pas imaginer quel serait son avenir si cet enfant ne lui permettait pas de renouer les liens distendus de son mariage, elle ne finit pas sa phrase. Cela faisait trop longtemps qu'elle avait mis tous ses espoirs en lui. Et maintenant qu'elle était enfin enceinte, elle aurait dû se sentir plus heureuse qu'elle ne l'était.

Parfois, elle avait l'impression que c'était un rêve, comme si elle était victime d'une illusion. Cependant, elle ne pouvait nier qu'elle n'avait pas eu ses saignements depuis deux lunes et qu'elle ne les aurait sans doute pas non plus lors de la prochaine.

Le regard de Ragnar se posa de nouveau sur elle, mais elle ne réussit pas à deviner ce qu'il pensait. Néanmoins, à son expression, elle eut l'impression qu'il savait quelque chose, et qu'il préférait le garder pour lui.

— Allons manger, suggéra-t-il. Quand tu y auras réfléchi, tu me diras si tu préfères rester ici ou partir à la recherche de Styr.

Elle n'avait nul besoin de réfléchir. Sa décision était déjà prise.

— Il vaut mieux rester encore un peu. Tant que tu ne seras pas complètement guéri.

Les Gaëls n'avaient pas de chevaux et elle ne pouvait pas lui demander de faire une aussi longue route à pied.

— Dans quelques jours, ma blessure ne sera plus qu'un souvenir, affirma-t-il. Si tu veux la regarder, la plaie est déjà presque refermée. Et comme la guérisseuse a enlevé tout l'ail que tu avais mis dessus, l'odeur est supportable, ajouta-t-il avec un petit sourire amusé.

Elle fit un pas vers lui, puis une brusque timidité l'envahit à l'idée de l'examiner d'aussi près.

Tu es stupide, se dit-elle. *C'est une plaie, rien de plus.*

Quand elle s'accroupit devant lui, elle ressentit néanmoins avec force sa présence physique. Les muscles de son torse et de ses bras se gonflaient et frémissaient sous l'étoffe de sa tunique. Lorsqu'elle toucha le pansement autour de sa cuisse, il retint brièvement sa respiration. Ses doigts n'étaient pas au contact de sa peau nue mais, soudain, des pensées qu'elle n'aurait pas dû avoir lui vinrent. Elle le touchait, le caressait… A cette seule évocation, elle sentit le bout de ses seins se tendre et une vague de chaleur monta en elle.

Elle commença à défaire le pansement, enflammée malgré elle par les senteurs qui émanaient de son corps. Un mélange de cuir et de sel, avec une touche boisée. Des odeurs qui lui donnèrent envie de poser sa joue sur son torse, de…

Arrête ! lui ordonna la voix de sa raison.

Elle avait de la peine à respirer et, en dépit de tous ses

efforts, elle ne parvint pas à calmer les battements désordonnés de son cœur.

Une fois le pansement retiré, elle put constater que Ragnar avait raison. Les bords de la plaie s'étaient rejoints et, même si elle était encore rouge violacé, elle ne doutait pas qu'il pourrait bientôt recouvrer pleinement l'usage de sa jambe.

— C'est beaucoup mieux, admit-elle. Encore quelques jours de repos, et tu pourras marcher normalement.

Les yeux de Ragnar s'étrécirent.

— Tu penses que c'est raisonnable ?

Elle rougit. Se pouvait-il qu'il ait deviné ses pensées ? Non, bien sûr, ce n'était pas raisonnable de rester avec lui aussi longtemps. Pendant des années, il avait été seulement son meilleur ami, et elle sentait que leur relation était en train de changer. La barrière qui les séparait était de moins en moins solide ; un rien suffirait à la briser.

— Les Gaëls pourraient nous guider jusqu'au village où Styr a été fait prisonnier, reprit-il.

Son embarras s'accrut lorsqu'elle se rendit compte qu'elle s'était méprise sur le sens de sa question.

Elle respira profondément et se reprit.

— Je suis presque sûre que c'était Styr que j'ai aperçu sur ce bateau de pêche, répondit-elle. Il est possible qu'il se soit mis à nous chercher le long de la côte. Il nous trouvera plus facilement si nous restons ici.

— Et s'il ne revient pas ? Ou si ce n'était pas lui ? Tu as pu te tromper…

Elle secoua la tête et haussa les épaules.

— Nous y réfléchirons plus tard. Dans quelques jours, tu seras complètement guéri et nous saurons alors à quoi nous en tenir.

Après qu'elle eut remis le pansement en place, ils décidèrent de retourner auprès de leurs amis gaëls. Elle lui passa le bras autour de la taille pour l'aider à se mettre en marche. Il s'appuya sur elle et, de nouveau, le contact de son corps la fit frissonner. Il agissait ainsi seulement pour ne pas perdre l'équilibre, mais leur proximité lui fit venir des images bien trop évocatrices à l'esprit. Pis, elle se souvint de la façon dont elle s'était réveillée quelques heures plus tôt, couchée entre ses bras. Elle avait senti son sexe dur et tendu contre son dos et, même en sachant que c'était normal chez un homme le matin, cela l'avait mise mal à l'aise.

Parce que son corps avait réagi lui aussi. Elle avait fondu littéralement et avait eu envie d'être caressée, de…

Elle rougit et se mordit la lèvre.

Puis elle se dit que sa réaction avait été naturelle. Si Styr avait été à la place de Ragnar, il l'aurait retournée sur le dos et lui aurait fait l'amour. Cela faisait maintenant plusieurs semaines, plusieurs mois même, qu'elle n'avait pas couché avec son mari et elle commençait sans doute à en avoir envie. Au fil des années, son désir forcené d'un enfant et les échecs répétés lui avaient gâché tout le plaisir qu'une femme peut trouver dans les bras d'un homme. C'était ce dont elle avait besoin à présent — retrouver son mari, afin qu'il puisse satisfaire ses envies.

Mais Ragnar n'était pas son mari, et elle allait devoir passer encore plusieurs jours seule avec lui. Il lui faudrait trouver un moyen de s'occuper, afin de chasser de son esprit les désirs qui la tourmentaient.

Quand ils eurent rejoint les Gaëls, Ragnar s'immobilisa, mais ne s'écarta pas d'elle. Ses yeux gris foncé se rivèrent sur son visage, comme s'il avait envie de graver à jamais ses traits dans sa mémoire. Elle en fut profondément troublée et se demanda si elle n'était pas le jouet de son imagination.

— Les Gaëls vont nous laisser des provisions, dit-il,

et une de leurs tentes. Nous devrions pouvoir dormir plus confortablement.

Il avait parlé d'un air détaché, mais l'idée de dormir une nuit de plus à côté de lui était embarrassante. Elle n'aurait su dire pourquoi au juste. Probablement était-ce parce qu'elle avait dormi dans ses bras la nuit précédente et que son contact ne l'avait pas laissée indifférente.

Il n'y avait en soi rien de mal à partager une tente avec un vieil ami. Dans leur cas, cependant, elle commençait à trouver que ce n'était pas du tout raisonnable. Cela revenait à se soumettre à une tentation de tous les instants, une tentation qui, en elle-même, était déjà une trahison envers son mari.

— Je vais aller chercher la tente et, ensuite, je travaillerai à améliorer notre abri, lui dit-elle. Pendant ce temps, tu devrais rester ici et te reposer.

Elle avait besoin de prendre un peu de distance, afin de chasser de son esprit les images qui n'arrêtaient pas de lui venir. Travailler, occuper ses mains, c'était encore le meilleur remède pour ne plus penser à lui.

Quelque chose l'avait rendue nerveuse. Ragnar n'aurait su dire quoi mais, depuis le départ des Gaëls, Elena s'était ingéniée à rester à l'écart de lui. Elle avait ramassé assez de bois pour entretenir leur feu pendant plusieurs semaines, en entassant soigneusement les morceaux selon leur longueur et leur grosseur.

— Tu ne crois pas que nous en avons largement assez pour alimenter notre feu ? demanda-t-il en la voyant revenir avec un nouveau chargement.

— Ce n'est pas pour le feu, répondit-elle. C'est pour renforcer notre abri.

Elle déposa son fardeau et commença à trier les morceaux.

Ses cheveux s'étaient défaits et, d'un mouvement irrité, elle chassa une mèche qui lui barrait le visage et l'empêchait de voir ce qu'elle faisait.

— Nous ne devons rester ici que quelques jours, lui rappela-t-il. Nous surveillerons la mer, et si le bateau que tu as aperçu ne revient pas, nous partirons à la recherche de Styr.

Elle le savait, mais continuait d'agir comme s'ils devaient s'installer là et y rester de façon permanente.

Après avoir fini de trier les branches, elle alla chercher une petite hache et entreprit de faire des encoches dans les plus grosses.

— Je préférerais ne plus devoir dormir dans l'humidité, lui dit-elle simplement. Le sol est encore détrempé, après la pluie que nous avons eue la nuit dernière.

De toute évidence, elle était tendue, et s'acharnait à travailler, sans doute pour chasser de son esprit des pensées qui la tourmentaient.

— Où as-tu trouvé cette hache ?

— C'est un cadeau des Gaëls, lui apprit-elle. Ils me l'ont donnée pour me remercier de t'avoir aidé à les débarrasser des pillards.

Elle la posa un instant et leva les yeux vers lui.

— Tu crois qu'ils vont revenir ?

Ragnar secoua la tête.

— Non. Ils ont eu trop peur que tu leur jettes un sort.

Quoi qu'il en soit, il serait peut-être bon de surveiller les alentours, se dit-il. A tout hasard…

Il se leva et s'avança vers elle en boitillant.

— Je n'ai pas besoin de ton aide, protesta-t-elle.

Ce n'était pas son intention.

Il choisit deux longues branches, bien droites, puis deux plus petites, afin de fabriquer une paire de béquilles.

Lorsqu'elle comprit ce qu'il voulait faire, Elena lui tendit sa hache.

— Attends, j'ai quelque chose qui devrait t'aider.

Ragnar coupa les branches à une longueur convenable et entreprit d'y faire des encoches pour assembler les petites et les grandes. Puis il les attacha avec des lanières en cuir que les Gaëls leur avaient données. Quelques instants plus tard, Elena revint avec des peaux de lapin et d'autres lanières.

— Avec ce rembourrage, ce sera plus confortable, expliqua-t-elle en enroulant une peau autour de la partie horizontale de l'une des béquilles et en l'attachant solidement avec une lanière.

— Comment te sens-tu ? se hasarda-t-il à demander pendant qu'elle l'aidait. Tu n'as toujours pas de nausées ?

Elle finit d'attacher la deuxième peau et haussa les épaules.

— Toujours pareil. Parfois, il m'arrive même d'oublier que j'attends un enfant. Sans doute parce qu'il est encore trop tôt pour qu'il commence à bouger.

Machinalement, elle posa la main sur son ventre.

— J'ai hâte de pouvoir le tenir enfin dans mes bras.

Elle sourit et son visage s'illumina. Par le sang de Freya ! Elle était d'une beauté à couper le souffle. Ses yeux vert émeraude l'hypnotisèrent et les rayons du soleil firent chatoyer ses cheveux blonds, en formant une auréole dorée autour de l'ovale parfait de son visage. Il regretta de nouveau qu'elle attende l'enfant de Styr et non le sien, mais cet enfant lui rappela qu'elle ne lui appartenait pas et ne lui appartiendrait jamais.

Il commençait néanmoins à trouver étrange qu'elle n'éprouve aucun désagrément. Ses sœurs n'avaient jamais été très malades quand elles attendaient des enfants, mais elles avaient été parfois fatiguées, irritables ou mal à l'aise. Elena était-elle vraiment enceinte ?

Elle le croyait et il ne dirait rien pour ne pas gâcher son bonheur. De toute façon, il était encore bien tôt pour dire quoi que ce soit. Les femmes faisaient souvent des fausses couches ou leurs saignements revenaient sans qu'elles sachent pourquoi ils s'étaient interrompus.

Sa conscience lui reprocha ces pensées. Elena et Styr attendaient depuis longtemps cet enfant. Elle le voulait désespérément et, malgré sa jalousie, il espérait que sa grossesse irait jusqu'à son terme.

— Je vais aller jusqu'au rivage, au cas où il y aurait un bateau en vue, dit-il en testant ses béquilles.

Il avait besoin d'être un peu seul, afin de se rappeler qu'Elena était mariée et qu'il ne servait à rien de rêver à des choses qui n'arriveraient jamais.

— Bien. A tout à l'heure, acquiesça Elena en se remettant à son travail avec une étrange ardeur, comme si leur existence en dépendait.

Chapitre 8

Elena rêva de lui cette nuit-là.

Dans son rêve, la bataille faisait rage autour d'elle et l'odeur de la mort flottait dans l'air. Des cadavres jonchaient le sol, et des oiseaux charognards tournoyaient dans le ciel. Le guerrier viking chevauchait vers elle, le regard aux aguets. Un heaume recouvrait son visage, et sa cotte de mailles était maculée du sang de ses victimes.

Le dieu de la Guerre, descendu du Walhalla, pour venir la chercher.

Les yeux du guerrier se posèrent sur elle, alors qu'il trottait à travers le carnage. Il se pencha et elle se laissa emporter sans résister, sachant qu'elle était sa prise de guerre.

Son cœur se mit à battre la chamade quand il l'installa devant lui, sur son cheval. Derrière elle, elle sentit les muscles d'airain de son torse et ses bras puissants l'entourèrent, comme si elle se trouvait dans une cage. Un prédateur… Son destrier prit le galop, l'emportant au bout du monde, très loin du champ de bataille.

Jusqu'à ce qu'ils soient seuls.

Nichée au fond d'un vallon, la petite chaumière n'avait rien d'un palais, mais quand elle entra dans son unique pièce, un feu de bois pétillait joyeusement dans la cheminée.

L'atmosphère était chaude, accueillante, et les yeux du guerrier la regardèrent fixement, brillants de désir.

— Déshabille-toi !

La peur lui noua la gorge et elle eut envie de refuser. Avant qu'elle ait pu dire un mot, il lui tourna le dos et enleva son heaume, puis sa cotte de mailles et ses gants.

En voyant sa peau nue, son cœur se mit à battre plus vite, car elle savait pourquoi il l'avait amenée ici et ce qu'il voulait d'elle.

Elle se rapprocha du feu, toute frissonnante. De froid ? D'impatience ? Elle n'aurait su le dire.

— Obéis-moi ! ordonna-t-il d'une voix rauque.

Dans cette chaumière, elle lui appartenait corps et âme. Il était son maître et elle éprouva un plaisir étrange à l'idée d'être conquise, de se livrer à lui comme une esclave soumise et consentante. Elle défit les lourdes broches en or de son tablier, puis dénoua les attaches de sa robe. Dessous, elle ne portait aucun autre vêtement.

Les mains du guerrier se posèrent sur ses épaules par-derrière et firent glisser la robe le long de son corps. Ses reins étaient en feu, car elle savait qui était ce guerrier. Elle avait envie de lui, envie qu'il la touche. Une envie presque douloureuse. Il lui donnerait du plaisir, un plaisir coupable auquel elle brûlait de s'abandonner.

Sa robe tomba par terre autour de ses pieds. Elle était nue, offerte à sa concupiscence. Il ne dit rien, mais elle sentit la caresse d'un baiser sur son épaule, tandis que ses mains glissaient sur la peau satinée de ses hanches.

Elle ferma les yeux, s'enivrant des sensations qu'il faisait naître dans son corps. Une vague de chaleur lui embrasa le ventre et elle devint moite, prête à l'accueillir.

Elle sentit derrière elle son souffle caresser sa nuque, puis il prit ses seins dans ses paumes et pressa son membre viril contre le bas de son dos. Il n'avait pas quitté ses braies et elle osa lui dire de les enlever.

En réponse, ses mains se crispèrent sur ses seins et, avec de ses doigts, il pinça ses tétons durcis.

— Tu n'as pas d'ordres à me donner, *sotnos*.

Son bras gauche la maintint plaquée contre lui, tandis que sa main droite tourmentait le bout de ses seins, jusqu'à ce qu'elle se mette à trembler de désir. Puis, sa main glissa sur son ventre.

— Ne t'avise jamais de me dire ce que je dois faire.

Quand sa main s'insinua entre ses cuisses, elle se rendit compte qu'il voulait la punir. Ses doigts pénétrèrent dans le cœur de sa féminité, tandis que la paume de sa main allait et venait, frottant contre son petit bouton.

S'abandonnant totalement à ses caresses, elle écarta instinctivement les jambes. Elle avait tellement envie de lui, si envie… Il pinça de nouveau un téton et elle se cambra tandis que de petits cris inarticulés s'échappaient de ses lèvres.

— Oh oui, oui… Viens… maintenant…

Brusquement, il s'écarta, la laissant pantelante et toute tremblante de désir.

— N'as-tu pas quelque chose à me dire ? demanda-t-il d'une voix dure et impitoyable.

— Je… Pa… pardonne-moi, bredouilla-t-elle.

Elle avait trop besoin de sa bouche et de ses mains sur son corps, de le sentir la pénétrer, aller et venir à grands coups, et répandre sa semence en elle.

Mais, soudain, il disparut, la laissant seule et désorientée, en proie à la frustration.

Arrachée à son rêve érotique, elle entrouvrit les yeux et, se retournant, s'aperçut que Ragnar la regardait, le visage penché sur elle.

*
**

— Elena ! Réveille-toi !

Ragnar avait entendu Elena crier dans son sommeil. Elle tremblait et s'agitait.

Il n'aurait pu dire si elle était en train de faire un cauchemar ou si c'était son bébé qui la tourmentait, mais il se rapprocha et essaya de l'apaiser.

A l'instant où il posa la main sur son épaule, elle laissa échapper un gémissement.

— S'il te plaît…

Sa respiration était saccadée, haletante, et il fut pris de court lorsqu'elle agrippa sa main et la posa sur son sein.

Elle continuait de rêver, mais lorsqu'elle sentit sa main sur sa peau nue, elle se mit à frissonner et à pousser de petits cris inarticulés, comme si elle éprouvait une intense jouissance.

Il ignorait à quoi elle rêvait, mais l'entendre crier de plaisir suffit à lui mettre les reins en feu.

Il jura entre ses dents. C'était mal, pourtant il ne put s'empêcher de caresser son sein et de savourer brièvement un plaisir auquel il n'aurait jamais dû goûter.

Il avait tellement envie d'elle qu'il dut faire un effort surhumain pour ne pas la retourner sur le dos et relever sa robe. A l'entendre gémir ainsi, il ne doutait pas qu'elle était prête à l'accueillir. Il pénétrerait dans le nid moite et chaud de sa féminité, et…

Non !

Comme s'il venait de la poser sur un fer chauffé au rouge, il retira sa main brusquement en priant tous les dieux du Walhalla pour qu'elle ne se soit pas rendu compte qu'il avait caressé son sein. Par le sang de Thor ! Où avait-il la tête ? Elle rêvait sans doute de son mari, quand elle lui avait pris la main.

Il s'écarta doucement, en faisant attention à ne pas la réveiller, et sortit de leur abri, afin de calmer le feu qui flambait en lui. Comme la fraîcheur nocturne ne suffisait pas, il posa la main sur sa jambe, ravivant intentionnellement la douleur. Tout était bon pour lutter contre les envies qui le taraudaient.

Il avait eu tort de rester couché auprès d'elle. Elle était et resterait toujours la femme de ses rêves. Il fit quelques pas en boitant et posa les mains à plat sur le tronc d'un arbre. Peu à peu sa respiration se fit moins saccadée et les battements de son cœur s'apaisèrent.

Plus jamais !

Il ne trahirait pas son meilleur ami. Son sens de l'honneur le lui interdisait. Elena ne pourrait jamais lui appartenir ; elle était mariée et attendait un enfant de son mari.

Comme un idiot, il avait continué à se consumer pour elle. En espérant quoi ? Qu'elle se séparerait de Styr pour l'épouser ? Absurde ! Jamais elle ne le quitterait pour lui. Sa stérilité l'avait profondément tourmentée, mettant en péril son mariage, mais Styr continuait de faire tout son possible pour rendre sa femme heureuse. Avant leur départ de Hordafylke, il lui avait acheté un présent, une jolie brosse en ivoire qu'il lui avait montrée. Il comptait lui en faire la surprise et la lui offrir quand il aurait trouvé un endroit où s'établir et bâtir leur nouvelle maison.

Il appuya son front contre l'écorce rugueuse de l'arbre, en sachant que le moment était venu de prendre ses distances avec Elena. Elle lui avait été envoyée par la déesse Freya afin de tester ses limites et l'obliger à prouver qu'il était un homme d'honneur.

Mieux valait s'éloigner d'elle, s'en aller le plus loin possible. Et trouver une autre femme à aimer.

Pendant les deux jours suivants, Elena évita Ragnar. Il ne lui avait pas parlé de la nuit où il l'avait touchée et mieux valait faire comme si rien ne s'était passé. Chaque fois qu'elle se souvenait de son rêve, ses joues s'enflammaient.

Car elle se rappelait fort bien lui avoir agrippé la main et l'avoir posée d'une façon éhontée sur sa poitrine. Elle avait fait semblant de dormir, en sachant parfaitement ce qu'elle faisait. L'intensité de ses désirs l'avait submergée, la poussant à agir impulsivement, sans réfléchir aux conséquences. Son rêve avait été révélateur. Au fond d'elle-même, quelque chose la poussait vers Ragnar. Une envie qu'elle ne parvenait pas à maîtriser.

Elle ne comprenait pas ce qui lui arrivait. Normalement, elle aurait dû rêver de Styr, surtout maintenant qu'elle attendait son enfant.

Elle posa la main sur son ventre et se dirigea vers le rivage afin de scruter la mer, avec l'espoir de voir enfin apparaître un bateau. Il n'y en avait eu aucun depuis le jour où elle avait aperçu le bateau de pêche, et elle commençait à se demander si elle n'avait pas été le jouet de son imagination.

Ses chaussures en cuir s'enfonçaient dans le sable et le vent frais du matin faisait voleter ses cheveux autour de son visage. Contrairement à son habitude, elle ne les avait pas tressés, car elle aimait les sentir se gonfler sous la caresse de la brise. Un grand soleil brillait dans le ciel et elle mit sa main en visière, afin de parcourir du regard les eaux vertes de la mer d'Eireann.

Elle avait emporté sa hache, au cas où elle trouverait des branches ou du bois mort pour alimenter leur feu. Après avoir passé de longues heures à consolider leur abri, elle n'avait plus eu grand-chose à faire et s'était efforcée de trouver de quoi s'occuper les mains et l'esprit. Elle avait posé des collets pour attraper des lapins, cueilli des baies et parcouru les alentours à la recherche de carottes et d'oignons sauvages. Tout était bon pour garder ses distances avec Ragnar et résister aux pulsions de son corps.

Depuis cette nuit où elle avait rêvé de lui, elle s'efforçait de combattre les désirs qu'il lui inspirait, en espérant qu'il ne les devinerait jamais. Lorsque Styr serait de nouveau auprès d'elle, ils disparaîtraient, elle en était sûre. Du moins voulait-elle s'en convaincre.

Quand elle se fut assurée qu'il n'y avait aucun bateau à l'horizon, elle fit demi-tour et commença à gravir la dune, afin de retourner à leur abri. Soudain, un bruit attira son attention. Elle tendit l'oreille mais n'entendit plus rien, hormis le ressac de la mer et les cris des mouettes et des cormorans. Néanmoins, elle agrippa solidement le manche de sa hache, tout en avançant prudemment. Au moment où elle était partie, Ragnar dormait encore, mais il avait dû se réveiller, car leur feu, qu'elle avait recouvert de cendres la veille au soir, avait été ravivé et pétillait joyeusement.

Alors qu'elle approchait du petit bois auprès duquel se trouvait leur abri, des voix d'hommes lui parvinrent.

Immédiatement, elle devina à qui elles appartenaient et son cœur manqua un battement. Les pillards étaient de retour, comme elle l'avait craint et, cette fois, aucune ruse ne parviendrait à les chasser. Elle aurait voulu appeler Ragnar, le prévenir, mais ses cris ne pourraient qu'attirer l'attention des pillards sur elle.

Elle resta figée et essaya de calmer la peur qui menaçait de la submerger. Courir ? Non, surtout pas. Elle regarda autour d'elle, cherchant un endroit où se cacher.

Trop tard ! Avant qu'elle ait pu faire un seul pas, une voix résonna derrière elle.

— Ici ! Je l'ai trouvée !

La terreur lui glaça le sang. Elle n'ignorait rien du sort

qui l'attendait. Ils la violeraient, l'un après l'autre, puis ils la tueraient. Sans la moindre pitié.

Elle ne pouvait pas rester plantée là sans rien faire. Elle ne savait pas où était Ragnar, mais elle disposait d'une arme pour se défendre.

C'était sa seule chance.

Elle mourrait peut-être, mais pas sans se battre.

L'homme était déjà sur elle. Elle se retourna brusquement, en brandissant sa hache. La lame s'abattit sur la gorge de son agresseur, en faisant jaillir un flot de sang. Elle dégagea sa hache, tandis que le pillard s'effondrait à terre, tué net. Elle le regarda, les yeux exorbités et les jambes tremblantes. Jamais elle n'avait tué un homme auparavant ; elle n'en avait jamais eu besoin.

Ne regarde pas ! l'exhorta la voix de sa raison, mais elle ne put empêcher son estomac de se nouer. Tout ce sang… c'était horrible !

Au même moment, un autre homme émergea du petit bois. En voyant son camarade gisant dans une mare de sang, il se mit à courir vers elle, l'épée à la main.

Il était encore loin, mais elle savait qu'elle n'avait aucune chance de lui échapper. Néanmoins, elle prit ses jambes à son cou, tout en gardant fermement en main sa hache ensanglantée. Où était Ragnar ? L'avaient-ils déjà tué ?

Ses poumons furent bientôt en feu, mais elle ne ralentit pas. Derrière elle, l'homme hurlait et jurait. S'il n'avait pas été alourdi par son bouclier et sa cotte de mailles, il l'aurait sans doute déjà rattrapée.

Elle atteignit l'endroit ou l'herbe de la prairie cédait la place au sable du rivage. Son pied glissa et elle faillit tomber, mais elle réussit à reprendre son équilibre et continua de courir. Risquant un coup d'œil derrière elle, elle constata que son poursuivant n'était plus qu'à une vingtaine de pas. Il allait la rejoindre et les tuerait, elle et son enfant.

Ce fut la pensée qui la fit s'arrêter. Elle avait attendu cet enfant trop longtemps, en priant les dieux chaque nuit. Si elle continuait de fuir, elle n'aurait aucun espoir de vaincre son poursuivant. Un coup d'épée dans le dos, et tout serait fini. Elle se retourna, sa hache à la main. Elle devait se battre, pour elle et pour son enfant. Personne ne pouvait la sauver, maintenant.

Malgré sa cotte de mailles et son bouclier, l'homme avait gagné du terrain et n'était plus qu'à quelques pas. En la voyant faire face, il s'arrêta à son tour et ajusta son bouclier, prêt au combat.

— Tu croyais peut-être que tu allais pouvoir m'échapper, sorcière ? s'exclama-t-il, les yeux fixés sur elle.

— Et toi, tu croyais peut-être échapper à mes malédictions ? répliqua-t-elle en tenant solidement le manche de sa hache. Tes compagnons sont déjà morts. C'est le même sort qui t'attend, car ce sont les dieux qui guideront ma main.

Elle n'avait presque aucune chance de pouvoir tuer cet homme mais, si jamais elle se présentait, elle devait la saisir. Trouver un point faible. A la gorge, peut-être… C'était le seul endroit où la lame de sa hache pourrait pénétrer. Mais il avait son bouclier et pourrait parer le coup facilement car, cette fois, elle ne bénéficierait pas de l'effet de surprise.

De nouveau, la terreur lui noua l'estomac. Elle avala avec peine la boule qui s'était formée au fond de sa gorge, tandis que l'homme faisait des moulinets avec son épée afin de l'impressionner.

— Vais-je te couper la tête, sorcière ? Non, ce serait une mort trop rapide…

Elle aperçut vaguement une ombre derrière un rocher, mais garda les yeux fixés sur le pillard. Elle ne devait surtout pas détourner son attention de lui. La moindre distraction, et il en profiterait pour la transpercer avec son épée.

— Je vais t'étriper et te laisser répandre ton sang sur le sable, poursuivit-il avec un rictus cruel. Tu vas souffrir, sorcière, je te le jure…

Elle inspira profondément et attendit, tandis qu'il pointait son arme vers elle.

Juste au moment où il allait frapper, elle se laissa tomber sur le sable et, d'un mouvement circulaire, lui entailla le haut de la jambe avec sa hache. Il resta la bouche ouverte, sans émettre le moindre son. Ce n'est qu'alors qu'elle vit la lance qui le transperçait de part en part. Elle roula sur le côté juste avant qu'il ne s'effondre sur elle et, lorsqu'elle se releva, elle découvrit Ragnar, debout à côté d'un gros rocher, une épée ensanglantée à la main.

Ses genoux flageolèrent et ses oreilles se mirent à bourdonner. Elle essaya de respirer, mais elle avait la gorge trop nouée et son cœur battait à tout rompre dans sa poitrine. Très vite, il la rejoignit et la prit dans ses bras.

— C'est fini. Ils sont tous morts. Plus personne ne te fera de mal.

— Com… combien étaient-ils ? bredouilla-t-elle.

— Cinq. J'en ai tué quatre et tu as tué le cinquième.

Comme il la serrait contre lui en lui caressant doucement les cheveux, elle ferma les yeux et laissa échapper un soupir de soulagement. Elle avait vraiment cru sa dernière heure arrivée. Son coup de hache avait blessé son agresseur, mais si la lance de Ragnar ne lui avait pas transpercé le cœur, il aurait eu le temps de la tuer avant de mourir.

— Tout va bien, assura-t-il. Tu es blessée ?

Les jambes encore toutes tremblantes, elle se blottit davantage contre lui.

— N… non. Et toi ? demanda-t-elle en se souvenant tout à coup de sa blessure. Tu arrives à marcher, sans tes béquilles ?

— J'ai encore un peu mal, mais c'est supportable, maintenant. J'ai réussi à capturer l'un des chevaux des pillards. Nous passerons une dernière nuit ici et, demain matin, nous nous mettrons en route.

Elle hocha la tête. Ils avaient assez attendu. Styr ne reviendrait pas. Soit elle s'était trompée quand elle avait cru l'apercevoir, soit il avait décidé d'aller la chercher à Dubh Linn ou ailleurs.

— D'accord.

Ragnar garda son bras autour de sa taille, mais elle continuait de trembler et ne parvenait pas à reprendre ses esprits, tellement elle avait eu peur. Jamais elle n'avait été aussi près de mourir.

Quand ils arrivèrent à leur abri, il la fit asseoir et remit du bois sur le feu. Puis il s'assit à côté d'elle et elle se serra contre lui, les yeux fermés. Elle avait terriblement besoin de sa présence, du contact de son corps.

— Merci, réussit-elle à murmurer au bout d'un moment. Jamais je n'ai eu aussi peur. J'ai cru qu'ils t'avaient tué.

Il lui caressa la joue et enfouit les doigts dans ses boucles blondes.

— J'ai juré de te protéger Elena. Tant que je serai auprès de toi, il ne t'arrivera rien. Tu peux me faire confiance.

La douceur de ses mains l'apaisa et, peu à peu, elle sentit sa peur se dissiper.

— Pardonne-moi de t'avoir évité ces derniers jours, dit-elle à voix basse en appuyant sa tête contre son épaule.

— Pourquoi tenais-tu à m'éviter ? demanda-t-il, les yeux fixés sur les flammes, comme s'il ne connaissait pas la réponse.

Son cœur se mit à battre plus vite, mais elle trouva le courage d'être honnête avec lui.

— Je… parce que j'ai eu peur de ne pas pouvoir résister à mes envies, si je restais trop près de toi.

Depuis qu'elle avait rêvé qu'elle couchait avec lui, elle n'avait plus confiance en elle. Elle avait peur de la femme qu'elle était devenue ; une femme incapable de maîtriser ses pulsions. Elle était mariée et ne voulait pas risquer de se déshonorer. Pour cela, il fallait qu'il sache la vérité. Ainsi, au moins, il garderait ses distances.

Ses joues s'enflammèrent et elle poursuivit, embarrassée.

— Tu m'as fait ressentir des choses que je n'avais pas ressenties depuis longtemps.

Ragnar resta silencieux pendant quelques instants, puis un soupir s'échappa de ses lèvres.

— Jamais tu n'aurais trahi Styr, et moi non plus.

Il se leva et ajouta un morceau de bois sur le feu.

— Autrefois, j'ai eu envie de t'épouser, dit-il sans la regarder. Mais je n'ai jamais osé te le dire, car tes parents et ceux de Styr avaient déjà arrangé votre mariage.

Son aveu la prit de court, car elle ne s'y attendait pas, surtout maintenant. Quand il tourna la tête vers elle, elle fut profondément troublée par la flamme qui brûlait dans ses yeux.

— Je n'ai pas dit cela pour te mettre mal à l'aise, poursuivit-il. Et je ne ferai rien non plus pour t'enlever à Styr. C'est un bon mari, et vous méritez d'être heureux tous les deux ensemble.

— J'ai rêvé de toi, confessa-t-elle. L'autre nuit, dans notre abri, quand je t'ai pris la main. Cela n'aurait pas dû arriver. J'en suis désolée…

Ses yeux vert sombre la regardèrent fixement, comme s'il se demandait s'il avait bien entendu, et elle crut un instant qu'il allait prendre un air dégoûté et lui tourner le dos. Au lieu de cela, il prit son visage entre ses mains et l'observa sans rien dire. Elle sut, alors, que lui aussi avait eu envie d'elle.

Elle couvrit ses mains avec les siennes, s'enivrant du contact de sa peau rude. Une vague de chaleur l'envahit et, malgré elle, elle se souvint de la douceur de ses lèvres sur les siennes, quand elle l'avait embrassé pour lui faire reprendre connaissance.

C'était comme si une partie d'elle-même était revenue à la vie, ressuscitée par ce baiser volé. Elle n'avait pas l'habitude d'éprouver des sentiments aussi violents, et encore moins de désirer aussi ardemment quelque chose qui lui était à jamais interdit.

Finalement, il écarta ses mains et la regarda au fond des yeux, la mine grave et sérieuse.

— Je crois fermement que Styr est vivant et que vous serez bientôt réunis. J'ai tenu ma promesse. Je t'ai protégée et je continuerai à te protéger, jusqu'au jour où il faudra que je te quitte.

Ses paroles lui rappelèrent que rien ne serait jamais possible entre eux. Ils avaient envie l'un de l'autre, mais ils se déshonoreraient s'ils cédaient à la tentation.

Les mains de Ragnar n'étaient plus sur ses joues, mais son regard était toujours aussi brûlant de désir.

— Si tu étais ma femme, murmura-t-il d'une voix sourde, je t'embrasserais et m'enivrerais de la douceur de tes lèvres.

Ses paroles l'émurent et ravivèrent les désirs enfouis au fond de son cœur.

Elle ferma les yeux et s'efforça de chasser les images qui lui venaient.

— Je ferais pleuvoir mille baisers sur tes épaules, sur

ton cou, sur ta poitrine nue… Puis ma main glisserait sur ton ventre et te caresserait dans tes parties les plus intimes, poursuivit-il d'une voix rauque. Jusqu'à ce que tu cries de plaisir et me supplies de te prendre.

Elle sentit ses reins s'embraser, comme la nuit où elle avait rêvé de lui. Il ne devrait pas lui parler ainsi, la tenter de cette façon… Ses joues étaient en feu et jamais elle n'avait été aussi embarrassée.

Peu importait ce qui leur était arrivé ces derniers jours. Ils avaient dû s'entraider et devenir encore plus proches que par le passé, mais elle était une femme d'honneur et elle resterait toujours fidèle à son mari.

— Je ne peux pas t'appartenir, Ragnar, murmura-t-elle. J'appartiens à Styr et à lui seul.

— N'aie pas peur, Elena, la rassura-t-il. Je ne te toucherai plus jamais. Quel que soit le désir que j'éprouve pour toi, je ne chercherai jamais à profiter de tes moments de faiblesse.

Elena lui sourit. Un sourire un peu contraint.

— Merci. Styr est mon mari et je lui resterai toujours fidèle.

— Moi aussi. Il est mon meilleur ami et je m'en voudrais à mort si je venais à trahir sa confiance.

Il se leva et ouvrit le panneau de branchages qui servait de porte à leur abri de fortune.

— Quand tu auras moins froid, entre et couche-toi. Tu as besoin de dormir. Je vais aller inspecter les alentours, puis je resterai dehors et monterai la garde, afin de prévenir une attaque éventuelle.

Il se pencha vers elle et déposa un baiser fraternel sur son front.

— Repose-toi.

Elle le suivit des yeux et ne put s'empêcher de se dire que Styr n'avait jamais affecté ses sens de cette façon. Et Ragnar ne l'avait encore jamais caressée ni même seulement touchée…

Chapitre 9

Le bateau arriva cette nuit-là.

Ragnar avait laissé Elena dormir et était allé marcher le long du rivage, afin d'éteindre le feu qui dévorait son corps et recouvrer sa maîtrise de soi. Il avait l'esprit tranquille et n'était pas sur ses gardes car, à part les pillards vikings, il n'avait rencontré personne au cours des derniers jours. Quand il entendit soudain des voix, il fronça les sourcils, se retourna et scruta la mer, la main sur la poignée de son épée. Non loin, il aperçut des flammes de torches, révélant la présence d'un bateau en train de jeter l'ancre à quelques encablures de la côte.

L'épée à la main, il se tapit derrière un rocher. Ils avaient eu la chance de survivre à une première attaque, et il n'avait aucune envie d'affronter une deuxième bande de pillards. Il décida néanmoins d'attendre un peu pour voir de qui il s'agissait avant d'aller prévenir Elena.

La lune était masquée par un nuage et, quand elle apparut, il se rendit compte que c'était *leur* bateau. La girouette en bronze qui ornait son mât prouvait que c'était le drakkar qui les avait amenés de Hordafylke. Et, au bout d'un moment, il discerna la silhouette et le visage de son meilleur ami, Styr Hardrata.

Sa vue aurait dû le remplir de soulagement et il aurait

dû courir réveiller Elena et lui dire que son mari était enfin arrivé, mais Styr s'était mis à l'eau et portait une femme dans ses bras.

Et, à en juger par la façon dont il la regardait, il éprouvait des sentiments profonds à son égard. S'il la portait dans ses bras, ce n'était pas seulement pour lui éviter d'être mouillée et de prendre froid. Il la dévorait littéralement des yeux, comme si elle était son amante, et quand il la déposa sur le sable, ses bras s'attardèrent autour de son corps.

Le bâtard !

En les voyant ainsi enlacés, Ragnar sentit une bouffée de colère l'envahir. Comment son meilleur ami pouvait-il faire cela à Elena ? Elle avait failli mourir noyée et s'était battue pour survivre, avec un courage dont peu de femmes auraient été capables. Malgré sa peur de la mer, elle avait accepté de quitter son village natal et de le suivre en Eireann. Elle avait été prête à partir à sa recherche et se faisait une joie à l'idée de le retrouver sain et sauf. Et, pour la récompenser de sa fidélité, son mari s'était amouraché d'une autre femme — une Gaël, apparemment, d'après ses longs cheveux noirs. Une ennemie, comme la femme qui l'avait assommé et fait prisonnier. Il se pouvait même que ce soit elle…

Il resta immobile, tapi derrière son rocher, tandis que Styr et ses hommes dressaient des tentes et allumaient un feu. Il aperçut Onund et plusieurs de leurs compagnons qui avaient été capturés par les Danois, lors de l'attaque de leur drakkar. Il attendit, afin de voir si Styr allait emmener la femme sous sa tente.

Bien qu'il n'en ait pas envie, il se força à regarder. Il espérait encore s'être trompé, car si Styr emmenait cette femme sous sa tente, Elena en aurait le cœur brisé. Il l'aimait trop pour que cela ne lui soit pas insupportable.

Ce ne serait pas juste, surtout maintenant, alors qu'elle attendait un enfant. Quelle serait la réaction de Styr quand il l'apprendrait ? Cette nouvelle le ferait-elle rompre avec cette femme et garder Elena ? Avait-elle assez d'emprise sur lui pour qu'il décide de répudier Elena malgré tout ?

La femme s'installa seule dans une tente à l'écart des autres et Ragnar respira un peu plus librement. Cependant, il ne pouvait pas oublier ce qu'il avait vu.

Il quitta sa cachette et retourna à l'abri qu'Elena avait bâti, pendant qu'il était blessé, presque mourant. C'était sa dernière nuit avec elle, et il craignait que le jour à venir ne lui apporte rien, hormis une immense détresse. Quoi qu'il en soit, il était là, lui, et il resterait auprès d'elle. Même si son mari venait à l'abandonner.

Il écarta le panneau de branchage qui faisait office de porte et entendit sa respiration calme et régulière. Elle dormait, recroquevillée dans un coin. Quand il s'allongea près d'elle, elle ne se réveilla pas, mais se blottit contre lui. Alors il l'enlaça.

Il avait juré de ne plus jamais la toucher, mais la trahison de Styr le déliait de son serment. Si son ami avait trouvé une autre femme à aimer, Elena avait le droit de se consoler dans les bras d'un autre homme. Les siens, si elle voulait bien de lui.

Le parfum de sa peau et la tiédeur de son corps l'enivrèrent et il éprouva presque une douleur physique à la sentir aussi près de lui. Peu lui importait, désormais. Cette nuit, il dormirait avec la femme qu'il aimait dans ses bras, et au diable les conséquences.

A l'aube, Elena se réveilla, blottie dans les bras de Ragnar. Elle cligna des yeux et se dit qu'elle devrait le repousser et se lever… mais elle avait trop envie de rester où elle était.

Ses bras puissants l'enlaçaient et elle avait la tête nichée dans le creux de son cou. La chaleur de son corps l'enveloppait, lui donnant une merveilleuse sensation de sécurité.

Il avait dû revenir tard dans la nuit, car elle ne l'avait pas entendu. Elle n'aurait su dire pourquoi il s'était couché contre elle. Peut-être avaient-ils, l'un ou l'autre, bougé dans leur sommeil sans s'en rendre compte.

— Ragnar ? fit-elle à voix basse.

— *Ja ?*

Elle n'avait pas remarqué qu'il était réveillé. Elle attendit qu'il enlève ses bras et se retire dans la partie de l'abri qui lui était réservée. Au lieu de cela, il la serra plus fort contre lui.

— J'ai quelque chose à te dire…

Au timbre de sa voix et à la façon dont il la tenait contre lui, elle pressentit une mauvaise nouvelle.

— Qu'y a-t-il ?

Elle se retourna vers lui et essaya de se dégager, mais il la maintint emprisonnée dans ses bras.

— Le bateau de Styr a accosté la nuit dernière.

C'était à mille lieues de ce qu'elle craignait — l'arrivée d'une autre bande de pillards. Son mari était de retour ? Elle poussa un soupir de soulagement et un sourire illumina son visage.

— Il est vivant ! Les dieux soient loués !

— Mais il est…

Ragnar s'interrompit, comme s'il se ravisait tout à coup.

— Il est quoi ?

Elle s'assit et, cette fois, il consentit à desserrer son étreinte. Quand elle se tourna vers lui, son visage était sombre et fermé.

— Est-il blessé ? demanda-t-elle d'une voix angoissée.

Ragnar secoua la tête. Il la regarda un instant en silence, puis il haussa les épaules.

— Je suppose que si c'est important, il te le dira lui-même.

Sur cette réponse sibylline, il se leva et ouvrit le panneau de branchages.

— Je vais aller raviver le feu, en attendant qu'il arrive.

— Est-il descendu à terre ?

— Oui. Il campe sur le rivage, avec quelques-uns de nos hommes.

— Alors, nous devrions aller tout de suite à leur rencontre ! Tu aurais dû venir me réveiller tout de suite.

Elle ne comprenait pas pourquoi il les avait laissés installer leur camp sur le rivage, alors qu'ils auraient pu les rejoindre et dresser leurs tentes à côté de leur abri.

— Il vaut mieux les attendre ici, répondit Ragnar. Laissons-les se reposer. Leur voyage les a sans doute fatigués. Ils ont besoin de dormir.

Sa réponse n'avait pas de sens. Cela faisait plusieurs semaines qu'elle était séparée de son mari, et il voulait le laisser dormir ? Il lui cachait quelque chose, c'était évident. Si elle en jugeait à son visage sombre et fermé, c'était quelque chose au sujet de Styr. Néanmoins, elle n'insista pas. Quoi que ce soit, elle l'apprendrait tôt ou tard.

Elle le rejoignit dehors, à côté du feu. Au bout d'un moment, voyant que personne ne venait, elle rentra chercher de la nourriture dans leur abri. Il lui restait de la viande de la veille. Ce ne serait pas suffisant pour nourrir Styr et ses hommes, mais c'était déjà ça.

Lorsqu'elle ressortit, elle aperçut Styr au loin, suivi par plusieurs de ses compagnons. Il avait les bras croisés sur son torse et ne paraissait pas content de les voir.

Etait-il en colère contre Ragnar ? Pour quelle raison ?

Elle l'examina, pendant qu'il approchait, soulagée de le

voir sain et sauf. Ses cheveux blond foncé étaient attachés derrière sa tête, et il n'avait aucune blessure apparente.

Elle alla à sa rencontre, en se demandant s'il allait la prendre dans ses bras. Ce serait un geste naturel, après une aussi longue séparation. Au lieu de cela, il garda les bras croisés et resta froid et distant. Une lueur de regret brillait dans ses yeux. Pourquoi ? N'était-il pas content de l'avoir retrouvée ?

Sa répugnance à l'accueillir la mit mal à l'aise.

Comme il restait silencieux, elle se décida à parler la première.

— Je suis contente de te voir sain et sauf. Quand ils t'ont fait prisonnier, j'ai eu peur de ne plus jamais te revoir vivant.

Elle lui adressa un sourire hésitant, en espérant qu'il suffirait à briser le mur invisible qui s'était érigé entre eux.

— Je vois que Ragnar t'a protégée, répondit Styr.

Sa voix était restée neutre, impersonnelle et il ne prononça aucun des mots qu'elle attendait comme : *Les dieux soient loués, tu es vivante !* Ou : *Je suis tellement content de te revoir !*

Sa conduite était anormale, bizarre. Elle se força à hocher la tête, mais quand elle risqua un coup d'œil vers Ragnar, elle vit que ses yeux étincelaient de fureur. Visiblement, il savait pourquoi Styr l'accueillait d'une manière aussi froide.

Elle aurait voulu supplier Styr. *Dis-moi quelque chose ! Dis-moi que tu m'aimes. Dis-moi que tout va redevenir comme avant, maintenant que nous sommes réunis.*

Hélas ! il resta silencieux, comme s'il était embarrassé et avait envie d'être ailleurs. Elle chercha quelque chose à dire et pensa qu'il y avait une nouvelle, au moins, qui devrait le remplir de joie.

— Nous allons avoir notre premier enfant, Styr, dit-elle,

en posant les mains sur son ventre. Je l'ai su il y a quelques jours seulement.

Un coup de poing dans l'estomac ne l'aurait sûrement pas fait pâlir davantage. Il ne manifestait aucune joie, aucune allégresse, comme s'il s'agissait d'une mauvaise nouvelle. Son manque de réaction désorienta Elena et elle dut faire un effort surhumain pour ne pas montrer sa déception.

— N'es-tu pas… heureux ? demanda-t-elle finalement. Cela fait tellement d'années que nous en avons envie…

Il ne dit rien et ne fit pas le moindre mouvement vers elle. Elle se figea, en proie à une peur atroce.

Quelque chose s'était rompu entre eux pendant les semaines où ils avaient été séparés, mais elle n'aurait su dire quoi. Ragnar vint se mettre derrière elle, comme s'il voulait lui apporter son soutien.

— C'est bien, dit finalement Styr.

Il fit un pas vers elle et la prit dans ses bras. Cependant, il ne la serra pas contre lui et, de toute évidence, il n'était pas du tout enchanté d'apprendre qu'elle attendait un enfant. Sentant confusément que quelque chose de terrible était arrivé, elle cligna des yeux afin de retenir ses larmes.

Son mari avait l'air d'un étranger. Elle avait cru que cet enfant à naître suffirait à renouer les liens entre eux, mais elle s'était trompée. Au lieu de le réjouir, la nouvelle le consternait.

Elle se mordit la lèvre jusqu'au sang. Par tous les dieux, elle ne pleurerait pas ! Elle ne savait pas pourquoi il avait réagi ainsi, mais ils étaient mariés et, d'une façon ou d'une autre, il fallait qu'ils se retrouvent, qu'elle trouve un moyen de raviver son amour. Pour leur enfant.

Un bruit derrière eux la fit se retourner. Styr se retourna également. Au loin, à l'orée du petit bois, un homme et une femme les regardaient. La femme avait de longs cheveux noirs et son visage… Soudain, elle la reconnut. C'était la Gaël qui avait assommé Styr et l'avait fait prisonnier.

Elle jeta un coup d'œil à Ragnar dont son visage resta sombre et fermé.

— Attends-moi ici, dit Styr. Je n'en aurai pas pour longtemps.

— Que…

Déjà il courait à la poursuite de l'inconnue, qui avait fait demi-tour et s'enfuyait vers le rivage à toutes jambes, comme si quelque chose l'avait effrayée.

— Non, n'y va pas ! s'écria Ragnar en lui saisissant le poignet alors qu'elle s'apprêtait à les suivre.

Mais il fallait qu'elle sache. Son cœur s'était figé, comme enserré dans une chape de plomb, et elle avait l'impression d'avoir déjà perdu son mari.

— C'est ce que tu as vu la nuit dernière, n'est-ce pas ? dit-elle d'une voix blanche. Cette femme… et Styr ?

— Oui. Je l'ai vue, admit-il.

— Que faisaient-ils ensemble ?

La seule idée que son mari ait pu être avec une autre femme la remplit de ressentiment.

— Ils parlaient. C'est tout.

Non, ce n'était pas tout. Il y avait autre chose. Il n'osait pas le dire, mais elle en était sûre.

— Je ne te crois pas.

Styr avait vécu avec cette femme depuis le moment où elle l'avait assommé et fait prisonnier. S'il l'avait emmenée avec lui, quelque chose avait dû se passer entre eux. Elle n'en doutait pas, sinon son mari ne se serait pas précipité à sa poursuite de cette façon.

Une bouffée de colère l'envahit.

— Il ne veut pas de notre enfant, dit-elle, en proie à un immense découragement.

Ou de moi, ajouta-t-elle en son for intérieur.

Ragnar se rapprocha et l'enlaça.

— Je n'en sais pas plus que toi. Laisse-lui le temps de te dire lui-même ce qui est arrivé et ce qu'il a l'intention de faire.

Ses paroles étaient raisonnables et pleines de sagesse, mais une colère mal contenue avait vibré dans sa voix. Une colère égale à la sienne. Elle se dégagea impulsivement de son étreinte.

— Il faut que je sache la vérité, Ragnar. Laisse-moi y aller.

Il fit un pas en arrière.

— Vas-y, puisque tu le veux. Je t'attendrai ici, si tu as besoin de moi.

Elle hocha la tête et, prenant son courage à deux mains, courut vers le rivage. En arrivant en haut de la dune, elle vit un bateau de pêche qui s'approchait de la côte, à force de rames. Puis elle regarda en direction de son mari et de la femme gaël.

Epier Styr ainsi aurait dû la mettre mal à l'aise, mais elle était trop en colère pour faire demi-tour. Il l'avait trahie et il fallait qu'elle sache quels étaient exactement ses sentiments à l'égard de cette femme.

Il venait de poser les mains sur les épaules de la Gaël qu'il avait rejointe. La douceur de son geste lui fit l'effet d'un coup de poignard dans le cœur. Elle les voyait de profil, et si le visage de la femme exprimait un mélange de colère et de détresse, celui de Styr était plein de regret et de nostalgie.

Il aimait cette femme. Elle le voyait dans son attitude et dans la façon dont il la fit se tourner vers lui et dont il la serra dans ses bras. Ils restèrent ainsi pendant un long moment, comme si le monde autour d'eux n'existait plus.

Elena tomba à genoux, avec l'impression d'être une intruse dans un moment intime. Mais Styr était *son* mari. Pas le mari de cette femme ! Ils s'étaient juré fidélité et avaient vécu ensemble pendant des années.

Des années qui auraient dû compter plus que les quelques jours où ils avaient été séparés.

Pourtant, elle n'avait jamais vu son mari la regarder de cette façon. En le voyant aussi tourmenté, elle eut un goût amer dans la bouche.

Pourquoi ne pouvait-il pas l'aimer ainsi ? N'était-elle pas assez belle pour lui ? Avait-elle été une mauvaise épouse ? Etait-ce pour cela qu'il s'était tourné vers une autre ?

La femme pleurait et elle vit Styr essuyer ses larmes et la serrer de nouveau dans ses bras.

Puis, quand elle entra dans l'eau et attendit que le bateau de pêche se rapproche, Elena se rendit compte qu'elle n'allait pas rester. Elle s'en allait, et Styr avait décidé de rester avec elle.

Mais jamais auparavant elle n'avait vu le visage de son mari aussi ravagé de douleur et de désolation.

Ragnar n'avait pas eu envie de les voir ensemble. Pas après ce qui venait de se passer. Ayant besoin d'être seul et de se calmer, il avait marché un long moment. Il était à près d'un mile de leur abri, quand il s'aperçut que Styr l'avait suivi.

— Alors, tu l'as de nouveau abandonnée ? lança-t-il sur un ton agressif en se retournant brusquement vers l'homme qui avait été son meilleur ami.

— J'ai été prisonnier, répliqua Styr. Cela fait seulement quelques jours que j'ai recouvré ma liberté.

— D'elle, n'est-ce pas ? fit Ragnar. Cette femme que tu as amenée avec toi.

Styr ne répondit pas, mais ses traits se contractèrent.

— Je voulais te remercier de t'être occupé d'Elena.

— Pendant que tu la trahissais avec cette putain gaël ?

Ses paroles provoquèrent la réaction qu'il attendait. Styr s'empourpra et sa voix se fit dure et glaciale.

— Ne l'appelle pas ainsi !

— Tu es un bâtard, indigne d'avoir une femme comme Elena !

Il saisit Styr au revers de sa tunique et le plaqua brutalement contre le tronc d'un arbre. Après avoir vu Elena pleurer en pensant au sort qui avait peut-être été réservé à son mari, après la façon dont elle l'avait soigné et dont elle s'était battue pour survivre, elle ne méritait pas un tel affront.

— C'est ma femme et je sais quelles sont mes obligations à son égard, répliqua Styr en se dégageant et en le repoussant brutalement.

Ils tournèrent autour l'un de l'autre, les poings en avant.

— Elle mérite un homme meilleur que toi, rétorqua Ragnar. Tu as pris une maîtresse, et si tu as décidé de rester avec Elena, c'est seulement parce qu'elle attend un enfant. Sinon, tu serais déjà reparti avec cette putain.

En voyant que Styr ne le niait pas, une nouvelle bouffée de colère l'envahit. Il se jeta sur lui et le fit tomber à terre.

— As-tu seulement pensé à elle, quand elle luttait pour survivre ? Quand elle s'est jetée à la mer, afin d'échapper à l'esclavage, et a failli se noyer ? Ou quand elle a failli être tuée, hier, par une bande de pillards vikings ?

Poussé par le besoin de venger Elena, il secoua Styr, jusqu'à ce que sa tête heurte violemment le sol. Elle avait pleuré pour cet homme et n'avait pas cessé de chercher ce qu'elle avait bien pu faire pour lui déplaire et mettre en danger leur mariage.

Le poing de Styr l'atteignit à la mâchoire et il roula sur le côté, avant qu'il puisse le frapper de nouveau.

— Que le diable t'emporte ! s'exclama Styr en se remettant debout et en essuyant sa lèvre ensanglantée. Je reste avec elle et je n'ai jamais couché avec Kiera.

— Mais tu l'aimes.

Il l'avait vu à la façon dont il l'avait portée dans ses bras la nuit précédente.

Le silence de Styr lui apporta la réponse qu'il craignait.

— Je ne répudierai pas Elena. Plus maintenant. Elle a attendu cet enfant depuis trop longtemps.

Ragnar reprit sa respiration. Il ne s'était même pas rendu compte qu'il l'avait retenue.

— Ne lui fais pas de mal, Styr. Tu ne sais pas ce qu'elle a enduré ces derniers jours. Si jamais tu l'abandonnes…

— Je ne l'abandonnerai pas, affirma Styr en croisant les bras sur son torse. Ce qui est arrivé entre Kiera et moi est terminé. Je vais ramener Elena à Dubh Linn et nous nous installerons là-bas, dans le quartier viking. Je lui bâtirai une maison. Tout ira bien, ajouta-t-il, mais une ombre passa sur son visage, comme s'il cherchait à s'en persuader mais n'y croyait pas vraiment.

Ragnar le regarda fixement, le visage dur et fermé.

— Ne la rends pas malheureuse.

Sinon, je te la prendrai, ajouta-t-il en son for intérieur.

A la tombée de la nuit, Elena et Styr allèrent marcher le long du rivage, main dans la main. Quand il était revenu avec Ragnar, elle avait vu qu'ils s'étaient battus, car Styr avait la lèvre fendue et Ragnar un bleu au menton. Elle ne savait pas ce qu'ils s'étaient dit et n'avait pas posé de questions. Toutes ses pensées étaient accaparées par la femme qui était repartie avec le bateau de pêche.

Styr l'avait laissée partir, mais elle voulait savoir quels étaient ses sentiments à son égard. Elle avait envie de croire qu'ils avaient été seulement amis et que ses soupçons étaient infondés, mais ce qu'elle avait vu lui laissait craindre le pire.

— J'ai déjà vu cette femme avec qui tu es venu, dit-elle en essayant de garder une voix neutre et indifférente, comme si sa réponse n'avait pas d'importance.

— C'était Kiera O'Brannon, dit-il. La sœur de Brendan.

Elena se souvenait parfaitement du jeune Gaël qui l'avait capturée et emmenée à bord de leur drakkar, avec Ragnar et ses compagnons. Elle avait compris pourquoi il avait agi d'une façon aussi téméraire ; il avait voulu protéger sa sœur et les autres membres de son clan.

Ce qu'elle ne savait pas, c'était ce qui était arrivé à Styr, après qu'il eut été assommé par Kiera.

— Elle t'a fait prisonnier, n'est-ce pas ?

Il hocha la tête. A sa grande surprise, il ne semblait pas furieux d'avoir été fait prisonnier par une femme. Mille questions se bousculèrent dans sa tête. Avait-il été blessé ? Torturé ? Pourquoi l'avait-elle gardé prisonnier ? Comment avait-il réussi à se libérer ?

En voyant une lueur coupable dans son regard, elle préféra garder ses questions pour elle.

Non. Elle n'avait pas envie d'apprendre qu'il aimait une autre femme. Pas après une aussi brève séparation. Mais son esprit ne parvenait pas à trouver une autre bonne raison pour expliquer la façon dont il avait embrassé cette Kiera.

Il est resté avec toi, lui rappela la voix de sa raison. *Il l'a laissée partir.*

Etait-ce suffisant ? Elle savait qu'il était resté à cause de l'enfant. L'aurait-il répudiée, si elle n'avait pas été enceinte ? A cette pensée, un froid glacial lui figea le cœur.

Elle avait quitté sa maison à Hordafylke et accepté de suivre Styr sur la mer, cette mer qui lui faisait si peur. Il avait toujours rêvé de parcourir le monde, alors qu'elle n'aspirait qu'à rester dans son village et à y fonder une famille. Leurs divergences avaient créé des tensions dans leur couple, mais il n'allait sûrement pas l'abandonner maintenant, dans ce pays étranger dont elle ne connaissait même pas la langue.

— As-tu… des sentiments pour elle ?

Elle avait essayé de ne pas prendre un ton accusateur ; Styr détourna néanmoins le regard. Une réaction qui en disait plus long qu'un aveu.

— Pourquoi me demandes-tu cela ? Je la connais seulement depuis quelques jours.

De nouveau, il se conduisait comme si ses relations avec Kiera étaient sans importance.

— J'ai des yeux, Styr. Je t'ai vu avec elle.

Je t'ai vu la serrer dans tes bras, comme si tu n'avais pas envie de la laisser partir.

— Elle est partie avec ses frères, répondit-il en haussant les épaules. Je lui ai dit adieu.

Une bouffée de colère l'envahit, car elle savait qu'il ne lui disait pas toute la vérité. Comment pouvait-il agir comme si rien ne s'était passé entre lui et cette femme ?

— Tu l'as embrassée.

Il se retourna pour la première fois et ses yeux rencontrèrent les siens.

— Il n'y a rien eu entre nous, dit-il sèchement.

Son mouvement d'humeur ne fit que renforcer la frustration d'Elena.

— Alors, pourquoi es-tu aussi en colère ? rétorqua-t-elle.

Elle n'était ni stupide ni aveugle, et ses dénégations ne pouvaient rien changer à ce qu'elle avait vu.

— Si elle n'était rien pour toi, tu ne réagirais pas de cette façon.

Il lui fallut faire un effort sur elle-même, mais elle réussit à rester calme et à refouler sa colère. Son refus de répondre à ses questions la blessait profondément, et elle n'avait plus confiance en ce qu'il lui disait.

Il soupira et changea de sujet.

— Onund m'a dit que tu t'étais jetée à la mer.

Elle comprit qu'il n'avait pas envie de se quereller avec elle et qu'il préférait parler d'autre chose. C'était peut-être mieux ainsi.

Elle hocha la tête.

— Nous avions été attaqués par les Danois et c'était ma seule chance de leur échapper. Ragnar m'a aidée à atteindre la côte.

Il l'avait sauvée de la noyade, alors qu'il était blessé. Son courage l'avait soutenue. Sans lui, jamais elle n'aurait pu endurer les épreuves des derniers jours.

— Vous auriez pu mourir tous les deux, fit observer Styr.

C'était vrai. En pensant à ce qui avait failli lui arriver, des larmes lui embuèrent les yeux. Pas seulement parce qu'elle aurait pu mourir, ainsi que Ragnar, mais aussi… à cause de l'enfant qu'elle portait. Cet enfant auquel elle avait tant rêvé.

— Je préférais mourir, plutôt que de devoir subir le sort que m'auraient réservé les Danois. Ils m'auraient vendue sur le marché aux esclaves — moi et mon enfant. Le seul que j'aurai peut-être jamais.

Le visage de Styr s'allongea et il laissa échapper un soupir. Il ne dit rien pendant quelques instants, et ses yeux se tournèrent vers la mer, dans la direction où le bateau de pêche avait disparu.

Il n'y avait rien de pire que de savoir qu'il ne l'aimait plus. Si jamais il l'avait aimée…

Finalement, il se retourna vers elle.

— Sais-tu pendant combien de temps je t'ai cherchée ? Je te croyais morte.

Il ne l'aimait peut-être plus, mais il s'était inquiété pour elle. Elle en fut un peu réconfortée et posa impulsivement la main sur son bras.

— Moi aussi, j'ai eu peur de ne jamais te revoir. Je suis contente que tu sois de retour, sain et sauf.

Elle se rendit compte qu'il essayait de faire la paix, de tirer un trait sur le passé. Si elle continuait de le presser de questions, cela ne pourrait que mettre en danger la trêve fragile qui s'était instaurée entre eux. Elle marcha à côté de lui lentement, en essayant de faire taire ses appréhensions.

— Depuis combien de temps es-tu ici ? demanda-t-il au bout d'un moment.

— Une dizaine de jours, environ. Les Danois avaient blessé Ragnar à la jambe, et il ne pouvait pas marcher. Malgré cela, c'est grâce à lui si je suis encore en vie. Je l'ai soigné et il m'a protégée contre des pillards vikings.

Ses joues s'enflammèrent au souvenir de ses bras autour d'elle ce matin, à son réveil.

Un souvenir qui apaisa un peu sa colère, car elle n'était pas sans reproches, elle non plus. Elle n'avait pas trahi son mari, mais elle avait embrassé Ragnar et avait eu maintes fois des pensées coupables.

— Nous avons réussi à trouver de la nourriture et à bâtir un abri de fortune, ajouta-t-elle.

Elle tourna les yeux vers la mer, en se demandant s'il avait vu la rougeur coupable qui avait enflammé ses joues. Du coin de l'œil, elle le vit tendre le bras vers elle et, sans réfléchir, elle eut un mouvement de recul.

— Que veux-tu…

Oh ! Il avait seulement voulu la prendre dans ses bras… Comment avait-elle pu se méprendre à ce point sur ses intentions ?

— Pardonne-moi, j'ai été surprise.

Elle fit un pas vers lui et l'enlaça, mais il ne l'étreignit pas comme un mari aurait dû le faire après une aussi longue séparation.

Elle se dressa sur la pointe des pieds et déposa un baiser sur sa joue. Cette fois encore, il n'eut aucune réaction et ne lui rendit pas son baiser. Ce manque de tendresse la mit mal à l'aise.

— Comment te sens-tu ? fit-il en se dégageant et en faisant un pas en arrière.

— Toujours pareil, admit-elle. Je n'ai pas eu mes saignements depuis deux lunes mais, sans cela, je ne saurais pas que j'attends un enfant.

Elle posa les mains sur son ventre, en se demandant quand elle commencerait à le sentir bouger.

— Cela me semble tellement étrange de penser qu'un enfant est en train de grandir dans mon ventre. Jusqu'à présent, je n'ai pas éprouvé la moindre nausée. Mais Ragnar m'a dit que cela ne voulait rien dire. Ses sœurs n'en ont jamais eu et ont mis au monde plusieurs enfants.

Le visage de Styr s'était de nouveau fermé. Il regarda vers la mer, comme s'il espérait encore apercevoir le bateau qui avait emmené Kiera.

— Si j'ai bien compté, ajouta-t-elle précipitamment, notre enfant naîtra au début du printemps, l'an prochain.

Il resta silencieux et elle le soupçonna de ne pas l'avoir écoutée. Son esprit était occupé par la femme qu'il avait dû quitter.

— Nous serons de nouveau heureux, tous les deux, n'est-ce pas, Styr ? murmura-t-elle, le cœur plein d'espoir.

En constatant qu'il ne répondait rien, elle craignit le pire.

Chapitre 10

Dubh Linn — trois semaines plus tard

Ragnar s'efforçait de rester à l'écart mais, malgré tous les efforts d'Elena pour renouer les liens distendus de son mariage avec Styr, il voyait qu'elle était triste et avait de la peine à sourire et à faire bonne figure. Elle était malheureuse et il souffrait de ne rien pouvoir faire pour lui rendre sa joie de vivre.

Il avait aidé Styr à bâtir une petite maison et mettait à présent toute son énergie à en construire une autre pour lui-même et les hommes qui les avaient accompagnés en Eireann. Grâce aux dieux, plus aucun d'entre eux n'était esclave. Styr était allé à Dubh Linn avec ses amis gaëls et, tout en recherchant Elena, il les avait trouvés. Lors d'une bataille farouche contre les Danois, Onund et ses compagnons s'étaient battus vaillamment et avaient gagné leur liberté.

Un peu plus tôt, Elena était venue lui proposer de l'aider, et il avait été surpris et amusé de la voir aussi intéressée par son travail.

— Ces planches ont besoin d'être mieux rabotées sur la tranche, dit-elle en indiquant une pile posée par terre. Elles joindront mieux et éviteront ainsi les courants d'air.

— Au travail, alors, répondit Ragnar en lui indiquant la plane droite dont il se servait pour raboter.

Elle le regarda comme s'il avait perdu la tête.

— Je n'ai pas assez de force pour raboter ! Tu le sais bien.

— Ce n'est pas difficile. Viens et essaye.

Il avait envie de lui faire oublier ses problèmes de couple et il espérait qu'en occupant ses mains, elle y parviendrait. Ses longs cheveux blonds retombaient en cascade sur ses épaules, à l'exception d'une fine tresse qu'elle avait enroulée autour de sa tête.

— J'ai encore des tas de choses à faire à la maison, objecta-t-elle. Je n'ai pas encore balayé le sol, ni lavé…

— Tu as déjà lavé et balayé hier. Et le jour d'avant. Tu peux bien prendre une heure ou deux pour faire autre chose que ton ménage. Cela te changera les idées.

Il la fit asseoir sur un tabouret, tira l'une des planches et lui tendit la plane.

— Tiens. Tu prends une poignée dans chaque main et tu tires la lame vers toi sur l'endroit que tu veux aplanir.

Elle essaya mais, quand elle tira, la lame s'enfonça trop profondément et se coinça.

— Ça ne marche pas.

— Il faut garder la lame presque à plat, expliqua-t-il. Afin d'enlever seulement des copeaux.

Il joignit le geste à la parole et les copeaux s'enroulèrent autour de la lame et tombèrent par terre.

— Comme cela.

Un sourire éclaira le visage d'Elena.

— Continue, Ragnar. Tu fais du bon travail.

Ses yeux verts brillaient et, malgré ses objections initiales, elle semblait avoir envie d'apprendre à se servir de la plane.

Il s'arrêta et posa la main sur la planche.

— Tu ne crois tout de même pas que je vais faire tout le travail à ta place ?

Un éclat de rire s'échappa de ses lèvres.

— N'est-ce pas ce que tu es en train de faire ?

— C'est toi qui as dit qu'il fallait les raboter, répliqua-t-il en lui rendant la plane.

— Tu préfères quand c'est rugueux, je suppose ? dit-elle, une lueur provocante dans le regard.

Ses paroles firent jaillir des images brûlantes dans l'esprit de Ragnar. A cent lieues de ce qu'Elena avait voulu dire.

Il s'imagina lui faisant l'amour contre la paroi de bois, ses longues jambes passées autour de sa taille, pendant qu'il la pénétrait. Il se souvint de la façon dont elle lui avait pris la main sous la tente et comment son corps s'était cambré quand il avait touché sa poitrine.

Rugueux, oui. Il ne détesterait pas faire l'amour de cette façon.

— Tu veux bien m'apprendre à me servir de cette plane ? demanda-t-elle d'une voix douce.

Ragnar hésita car, pour cela, il faudrait qu'elle s'asseye devant lui, entre ses jambes. Etre aussi près d'elle serait une erreur, surtout maintenant, alors qu'elle essayait de se réconcilier avec Styr. Il n'avait pas envie de sentir ses fesses contre son membre viril ni de sentir le parfum qui émanait de son corps. La tentation serait trop grande.

— Non, dit-il en se levant et en se penchant vers elle, afin que personne d'autre ne puisse l'entendre. Je n'ai pas envie de te sentir aussi près de moi.

Elle hocha la tête, mais ses yeux restèrent voilés.

— Il ne se passera rien, Ragnar.

Le croyait-elle vraiment ? Etait-elle persuadée qu'il serait capable de se contenir, après tout le temps qu'ils avaient passé ensemble ? Au cours des dernières semaines, il était devenu presque fou, tellement il avait rêvé d'elle ! Chaque nuit il l'imaginait faisant l'amour avec Styr, et la jalousie lui rongeait le cœur.

S'il était resté à Dubh Linn, c'était seulement parce qu'il était persuadé qu'Elena ne tarderait pas à apprendre qu'elle n'était pas enceinte.

Il avait des sœurs qui avaient toutes eu des enfants. Elles n'avaient pas été très malades, mais souvent, le matin, elles avaient eu des nausées ou des envies inexplicables. Jorga, l'une d'elles, n'avait pas arrêté de se plaindre de la grosseur de son ventre et fondait en larmes à la moindre contrariété. Il y avait eu souvent des femmes enceintes autour de lui et Elena n'avait éprouvé aucun de leurs symptômes.

Son ventre était toujours aussi plat, et il craignait sa réaction quand elle se rendrait compte qu'elle n'attendait pas d'enfant.

Mais ce qui l'inquiétait plus encore, c'était l'attitude de Styr. Il la traitait comme si elle était un fantôme. Il ne lui parlait pour ainsi dire pas et, malgré tous les efforts qu'elle faisait pour lui plaire, il était évident qu'il n'éprouvait que de l'indifférence à son égard.

— Retourne auprès de ton mari, Elena, lui conseilla-t-il. Ici, tu ne peux pas beaucoup nous aider, et je ne voudrais pas que tu te blesses. Les outils que nous utilisons sont dangereux, quand on n'en a pas l'habitude.

Elena regarda fixement le mur de bois de leur maison, pendant que Styr s'asseyait à table devant le ragoût de mouton qu'elle lui avait préparé — l'un de ses plats favoris. Il était midi, et mille pensées troublantes se bousculaient dans sa tête. Styr avait eu l'esprit ailleurs pendant les trois dernières semaines et, de toute évidence, la perspective d'avoir un enfant ne l'enchantait guère.

La nuit, il dormait auprès d'elle, mais ne la prenait jamais dans ses bras. Depuis leur départ de Hordafylke, il n'avait pas cherché une seule fois à lui faire l'amour. Il ne l'aimait plus et n'avait pas envie de leur enfant.

Il avait envie de cette femme gaël, Kiera O'Brannon.

Elle le savait et en souffrait profondément. Quoi qu'elle dise et quoi qu'elle fasse, son mari en aimait une autre et ne s'intéressait plus à elle.

Elle mangea une cuillerée de ragoût. Il était bon, mais son estomac se révulsa. C'était peut-être à cause de l'enfant dans son ventre… ou de l'angoisse qui lui étreignait le cœur, jour et nuit.

Son mariage avec Styr avait été arrangé par leurs parents. Ils avaient essayé d'être heureux ensemble. Hélas ! il ne l'avait jamais aimée vraiment, malgré tous les efforts qu'elle avait faits pour lui plaire.

— Tu n'aimes pas mon ragoût ? demanda-t-elle d'une voix hésitante.

— Si, il est bon.

Bien qu'il essayât de sourire, elle sentit qu'il aurait dit la même chose si elle lui avait servi le plus infâme des brouets.

— Il y a quelque chose que je peux faire pour toi ? Ce matin, j'ai nettoyé ta cotte de mailles.

Elle n'aimait pas le ton presque larmoyant avec lequel elle s'était exprimée, mais elle avait envie qu'il lui parle, qu'il dise quelque chose.

— Non, rien.

Comme il se levait et commençait à débarrasser la table, elle l'arrêta.

— Ce n'est pas la peine. Je m'en occupe.

En voyant sa mine sombre et fermée, elle reposa l'assiette qu'elle venait de lui prendre des mains. Elle avait besoin de savoir si le gouffre qui s'était creusé entre eux pourrait se combler. Avait-elle une chance de reconquérir son mari ou était-il perdu à jamais pour elle, maintenant qu'il en aimait une autre ?

Alors qu'il se dirigeait vers la porte, elle le rappela.

— Attends. Avant que tu t'en ailles…

Il se retourna vers elle et elle décida de prendre son courage à deux mains. S'il ne voulait pas faire le premier geste pour alléger la tension qui s'était installée entre eux, elle le ferait.

Elle s'avança vers lui, les bras tendus, en espérant qu'il ne la repousserait pas. Il y avait eu un temps où il la serrait souvent dans ses bras. Sans véritable passion, mais tendrement, affectueusement.

Il se laissa enlacer sans toutefois lui rendre son étreinte. Comme s'il s'agissait d'une étrangère, et non de sa femme.

— A plus tard.

Sans un mot de plus, il sortit. Pas même un baiser, pas le moindre geste de tendresse… C'était cela. Il se conduisait avec elle comme si elle était une étrangère. Poliment, mais avec une froideur glaciale.

Elle regarda fixement les restes de nourriture et son gobelet de bière à demi plein. Sa colère contre lui et contre elle-même était telle qu'elle avait de la peine à respirer. Quand était-elle devenue une femme aussi effacée, aussi insignifiante ? Pourquoi s'ingéniait-elle à essayer de lui plaire, alors qu'il ne faisait même pas l'effort de lui parler ?

Il ne t'aime pas, murmura une petite voix au fond de son cœur. *Il ne t'a jamais aimée.*

Alors, pourquoi rester ? Pourquoi s'entêter à vouloir rester ensemble, après toutes les blessures qu'ils s'étaient infligées l'un à l'autre ?

Des larmes brûlantes lui montèrent aux yeux et, dans sa fureur, elle jeta par terre le reste de ragoût et retourna la table. Elle avait envie de tout casser, afin d'apaiser la colère qui bouillait dans ses veines. Détruire leur maison ne la mènerait cependant à rien. Son instinct de ménagère l'incita à tout remettre en ordre, mais elle se força à sortir. Mieux valait qu'elle aille prendre l'air pour se calmer, qu'elle se change les idées.

Dehors, le soleil était haut dans le ciel et ses rayons mordorés se reflétaient sur les façades de bois du village viking. Leur maison était bâtie au milieu des autres, et l'air résonnait de bruits familiers. Des femmes bavardaient sur le pas de leur porte ; au milieu d'une petite place, des hommes ferraillaient et s'entraînaient au combat. Partout des enfants jouaient et se poursuivaient en riant et en criant. Elle s'arrêta pour les regarder et, en les voyant si pleins de vie, elle sentit son cœur se serrer.

C'était la raison pour laquelle elle restait avec un homme qui ne l'aimait pas : pour donner un père à son enfant. L'idée de l'élever seule dans un pays étranger la terrifiait. Si elle n'était pas sur le point de devenir mère, elle se séparerait de Styr sans la moindre hésitation.

Cela n'avait rien de compliqué. Selon la coutume viking, il lui suffisait de déclarer ses intentions devant témoins. Elle posa les mains sur son ventre en se demandant quand elle commencerait à sentir en elle les frémissements d'une vie nouvelle, et si cela changerait quelque chose dans son couple.

Même si sa fierté de femme était blessée à l'idée de rester mariée avec un homme qui ne voulait plus d'elle, elle ferait le nécessaire pour préserver l'avenir de son enfant à naître. Elle ignorait comment reconquérir le cœur de Styr, mais elle ferait tout son possible pour y parvenir. Elle n'avait pas le choix.

Elle pensa à Ragnar. Comme il était l'ami de Styr depuis

presque toujours, il saurait peut-être la conseiller. Puis, sans qu'elle le veuille, le souvenir de la nuit qu'elle avait passée dans ses bras surgit du fond de sa mémoire. Il avait été un tel réconfort pour elle ! Il l'avait aidée et protégée, en lui redonnant courage lorsqu'elle avait été sur le point d'abandonner, de se laisser mourir.

Mais il y avait autre chose entre eux, des pensées coupables qui revenaient inlassablement, malgré tous ses efforts pour les chasser. Elle n'avait pas oublié la douceur de sa bouche, quand elle lui avait volé un baiser, ni le contact de sa main sur sa poitrine. Consciente que c'était mal, elle ferma les yeux. Elle devrait oublier, ne plus y penser, mais… son mari la négligeait et se consumait d'amour pour une autre femme !

Elle s'obligea à diriger ses pas vers la maison que Ragnar et ses compagnons étaient en train de bâtir. Elle avait besoin de le revoir, de lui demander conseil.

Il avait toujours été auprès d'elle dans les moments difficiles ; il saurait peut-être lui dire ce qu'elle devait faire pour sauver son mariage.

Tu as seulement envie de le revoir, lui reprocha la voix de sa raison.

Non. Ragnar n'était qu'un ami, son plus fidèle ami. Cependant, tout en continuant de marcher, elle sentit qu'il était peu probable qu'elle aime les réponses qu'il pourrait lui donner.

Ragnar avait passé tout l'après-midi à travailler comme une brute, afin de finir les murs de bois de leur maison. Une activité physique bienvenue, car elle lui permettait de ne plus penser à Elena. Mais, alors qu'il mettait en place une dernière planche de bardage, il la vit réapparaître et, d'un seul coup, elle occupa de nouveau toutes ses pensées.

— Je ne te dérange pas, j'espère ? dit-elle en venant s'asseoir près de lui.

Il ne répondit pas et continua de frapper avec son marteau. Son humeur était de plus en plus noire, et il en connaissait la raison : la femme qu'il aimait était mariée à un homme qui ne voulait plus d'elle. Si Styr restait avec elle, c'était uniquement à cause de l'enfant qu'elle croyait attendre. Et il était de plus en plus persuadé que l'enfant en question n'existait que dans l'imagination d'Elena.

— Tu dois avoir soif, à travailler ainsi, reprit-elle. Tu veux un peu d'eau ?

Elle alla remplir un gobelet et revint vers lui. Il ne savait pas pour quelle raison elle était là, mais il n'avait aucune envie qu'elle commence à s'occuper de lui.

En voyant qu'il l'ignorait, elle se rapprocha un peu plus et attendit. Comme il ne bougeait pas, elle lui tendit le gobelet. Il jeta alors son marteau et repoussa sa main d'un geste sec.

— Reste à l'écart de moi, Elena.

Retourne auprès de Styr. Retourne auprès de ton mari et laisse-moi tranquille !

Elle pâlit et parut complètement abasourdie. Il se rendit compte qu'elle n'avait aucune idée de la raison pour laquelle il était en colère. Elle ignorait à quel point elle le tentait et le rendait presque fou de désir.

— Je suis désolé, s'excusa-t-il d'une voix radoucie. Je ne suis pas d'humeur aujourd'hui pour parler avec quiconque.

— J'étais venue te demander ton aide, marmonna-t-elle, la mine défaite. Mais si ce n'est pas le moment, je vais m'en aller.

Ce ne serait jamais le moment, songea-t-il. Plus elle restait auprès de lui, plus il avait envie d'elle.

Il posa les mains à plat sur le mur et inspira profondément, afin de maîtriser sa colère. Elle avait besoin de son aide…

— A quel sujet ? demanda-t-il en se retournant lentement vers elle.

— C'est Styr…, avoua-t-elle en rougissant. Depuis son retour, je ne sais pas quoi faire pour lui plaire.

Venait-elle vraiment lui demander ce qu'elle pourrait faire pour plaire à son mari… dans leur lit ? Non ! Parler de ces choses-là avec elle n'était même pas envisageable.

Il secoua la tête.

— C'est hors de question ! Je n'ai aucune envie de parler de *ça* avec toi.

Cette fois, elle devint écarlate.

— Ce n'est pas ce que je voulais dire. Je… Nous n'avons pas… depuis que j'attends un enfant…

Il en fut soulagé, même s'il savait que c'était absurde. Depuis qu'il l'avait tenue dans ses bras, la seule idée que Styr puisse la toucher suffisait à le mettre en fureur. Il était tellement jaloux qu'il ne dormait plus la nuit, et se rongeait en les imaginant ensemble dans le même lit.

— Il ne veut même plus me parler, poursuivit-elle. Il est si froid, si distant… Je ne sais plus quoi faire.

— Alors, pourquoi restes-tu mariée avec lui ? lança-t-il. Si vous n'avez plus aucun sentiment l'un pour l'autre, il vaut mieux vous séparer.

— Il a été bon avec moi, objecta-t-elle. Et puis, il y a l'enfant…

— Tu n'attends pas d'enfant, Elena.

Ç'avait été plus fort que lui. Il n'avait pas pu s'empêcher de le lui dire. Elle se faisait des illusions depuis bien trop longtemps, et cet enfant était la seule chose qui la retenait auprès de Styr.

Elle posa impulsivement les mains sur son ventre.

— Si ! Cela fait plusieurs mois maintenant que je n'ai pas eu mes saignements.

Elle avait pâli et sa voix tremblait légèrement. Bien qu'il regrettât de devoir la détromper, il ne pouvait la laisser continuer ainsi.

— Mes sœurs ont eu des enfants. Si tu étais vraiment enceinte depuis trois lunes, ton ventre commencerait à s'arrondir. Va voir la sage-femme. Elle te le confirmera, ajouta-t-il, en ramassant son marteau.

C'était cruel de briser son rêve, mais il le fallait. Il valait mieux qu'elle l'apprenne maintenant. Plus tard, le choc serait encore plus rude.

Quand il se retourna vers elle, il vit qu'elle avait les yeux pleins de larmes. Il sentit qu'il lui avait brisé le cœur, mais il ne revint pas sur ses paroles.

Elle le regarda, les bras croisés sur son ventre.

— S'il n'y a pas d'enfant…

— Tu n'as plus aucune raison de rester mariée avec lui, termina-t-il à sa place. Laisse-le s'en aller, Elena. Vous en serez plus heureux tous les deux.

Elle le dévisagea comme s'il lui avait assené un coup de massue sur la tête, et il regretta d'avoir dû se montrer aussi dur. Mais Styr aimait une autre femme, désespérément. Elena n'avait aucune chance de pouvoir le reconquérir. Plus maintenant.

— Viens, dit-il en l'attirant dans ses bras.

Il la serra contre lui, sans se soucier que quelqu'un puisse les voir.

— Je l'ai déjà perdu, n'est-ce pas ? murmura-t-elle dans un sanglot.

— Tu ne m'as pas perdu, moi, assura-t-il. Je serai toujours là pour t'aider et te soutenir.

Il ne l'abandonnerait jamais, même après cela. Il refusait

de se sentir coupable. Après tout, il était son plus vieil ami et avait le droit de la réconforter.

Quand, finalement, elle s'en alla, il était persuadé qu'elle irait voir la sage-femme. Malheureusement, quelle que soit la réponse, cela ne changerait rien au fait qu'elle était toujours amoureuse de Styr.

Elle n'était pas allée voir la sage-femme ; elle n'en avait pas eu besoin.

Quand elle s'était mise à saigner, en fin d'après-midi, elle avait su que Ragnar avait raison. Elle n'attendait pas d'enfant et n'en avait jamais attendu. Un chagrin immense l'avait submergée et elle était restée couchée le reste de la journée, les yeux rivés au plafond de chaume de leur maison.

Elle avait redressé la table, ramassé les débris de vaisselle et nettoyé la nourriture qu'elle avait jetée par terre dans un mouvement de colère, mais elle n'avait rien préparé pour le dîner.

Quand Styr rentra, la maison était plongée dans la pénombre, hormis quelques braises qui continuaient de rougeoyer dans l'âtre. En la voyant couchée, il sut tout de suite qu'un malheur était arrivé.

— Qu'y a-t-il ? demanda-t-il en s'approchant du lit.

Elle secoua la tête et laissa échapper un soupir.

— L'enfant…

L'enfant qui n'avait jamais existé. Le seul fait d'en parler était déjà une souffrance. Son rêve le plus cher s'était envolé, et elle en avait le cœur brisé. Elle était toujours stérile et n'aurait peut-être jamais le bonheur d'être mère.

Styr la regardait avec une telle angoisse au fond des yeux qu'elle se força à lui dire la vérité.

— Je me suis trompée, avoua-t-elle. Il n'y a jamais eu

d'enfant. Mes saignements sont revenus tout à l'heure, en fin d'après-midi.

Elle ne put réprimer un sanglot et un flot de larmes noya ses yeux.

— Il arrive parfois qu'une femme n'ait pas ses saignements pendant plusieurs lunes… quand elle se trouve exposée à un danger ou quand elle se fait trop de soucis.

Et, depuis son départ de Hordafylke, elle n'avait cessé de se faire du souci. La tempête, sa peur maladive de la mer, sans parler de tout le reste. Son mari assommé et prisonnier, l'attaque des Danois… Pourtant, elle avait toujours eu ses saignements auparavant, et elle avait donc eu toutes les raisons de croire qu'elle attendait un enfant. Avait-elle offensé les dieux ou fait quelque chose de mal pour mériter un tel châtiment ?

Styr la prit dans ses bras et elle s'agrippa à lui, en continuant de pleurer à chaudes larmes.

— J'en avais tellement envie…

— Je sais.

Il avait parlé d'une voix sourde et elle sut qu'il était sincèrement désolé pour elle. Il ne l'aimait peut-être pas, mais son désespoir le touchait profondément. Elle se raccrocha à lui en regrettant, à cet instant, toutes les fois où elle avait repoussé ses gestes d'affection. Surtout quand il avait eu envie de faire l'amour avec elle et qu'elle avait refusé.

Elle n'avait pensé qu'à son désir d'enfant et, comme malgré tous leurs efforts il ne s'était pas réalisé, elle n'avait plus eu aucun plaisir dans ses bras. C'était sa faute à elle, pas de la sienne.

— Je n'ai pas été une bonne épouse, ajouta-t-elle d'un ton plein de regrets.

Elle avait honte des tentations éprouvées auprès de

Ragnar, mais il ne s'agissait pas de cela. C'était pour tout le reste qu'elle se sentait coupable.

— J'ai essayé d'être une bonne ménagère, mais ce n'était pas suffisant, poursuivit-elle.

Elle comprenait maintenant qu'il n'avait jamais éprouvé le moindre intérêt pour leur maison. Peu lui importait qu'elle soit en ordre ou en désordre. Il ne s'était pas rendu compte que, pour elle, c'était une façon de rester maîtresse d'un aspect de sa vie, de compenser son incapacité à mettre au monde un enfant. Sa manie de tout ranger, de vouloir que tout soit toujours en ordre, l'avait agacé, même s'il ne l'avait jamais dit.

Elle l'observa attentivement. Ses cheveux blonds, son visage, si fort, si viril, la tristesse qui assombrissait ses yeux… Styr était un homme bon et loyal ; il méritait d'être heureux. Elle avait vu la façon dont il regardait la femme gaël. Quand elle était partie rejoindre ses frères, c'était comme s'il avait perdu une partie de lui-même. Cela lui avait fait mal, car il ne l'avait jamais aimée ainsi. Même pas au début de leur mariage.

— Je ne me suis jamais beaucoup soucié de notre maison, avoua-t-il.

Il lui caressa doucement le dos, un geste de réconfort qui ajouta encore à sa frustration. Elle n'avait pas envie de sa gentillesse. Plus maintenant. Elle aurait préféré qu'il se mette en colère ou se moque de ses illusions.

— Tu avais envie de voyager, d'aller voir le monde. Mais je ne t'ai jamais laissé partir.

Si elle avait accepté, finalement, de quitter Hordafylke, c'était à cause des dissensions nées au sein de leur clan. Le frère aîné de Styr devait, normalement, succéder à leur père et devenir le *jarl* du clan. Or, une partie du clan aurait voulu que ce soit Styr qui devienne leur chef. Styr avait préféré partir, car il ne voulait pas se battre avec son frère.

Les voyages lui faisaient peur, à elle, car elle avait trop souvent entendu parler de marins ayant péri en mer. La seule idée de risquer de mourir noyée suffisait à l'angoisser. Malgré cela, elle avait consenti à le suivre en Eireann, dans un dernier effort pour essayer de lui rendre sa joie de vivre. Si elle l'avait laissé vivre ses rêves, partir seul dans les pays lointains, il aurait peut-être mieux accepté de devoir rester ensuite pendant de longs mois à la maison.

— Je savais que tu n'avais pas envie de voyager avec moi, dit-il. Et si je n'avais plus été là, tu n'aurais eu aucune chance de réaliser ton rêve et d'avoir un enfant.

Il haussa les épaules, comme si cela n'avait plus d'importance.

— C'était ton rêve de voyager, pas le mien, admit-elle. J'aurais dû te donner ma bénédiction et te laisser partir, mais j'avais trop peur de rester seule.

Rester seule… Une perspective qui la fit frissonner et mit son courage à rude épreuve. Elle ne voulait plus de cette vie ; elle ne voulait plus vivre dans l'ombre. Il ne la répudierait pas, car son sens de l'honneur le lui interdisait, mais il ne l'aimait pas et ne l'aimerait jamais.

Elle avait envie d'un homme qui la regarde comme il avait regardé Kiera.

Se redressant, elle lui fit face. Ils avaient passé cinq longues années ensemble, et leur mariage avait scellé l'union de leurs familles. Cependant, il ne l'avait jamais vraiment aimée ; un mariage arrangé, dépourvu de sentiments…

C'était la vérité. Une vérité douloureuse, mais à laquelle elle ne pouvait se soustraire et qu'il serait inutile de chercher à nier. Il n'avait pas eu envie de revenir auprès d'elle.

Il avait été heureux avec cette autre femme, plus heureux qu'il ne l'avait jamais été avec elle.

Elle devait le laisser partir.

Elle leva la main et lui caressa la joue en soupirant.

— Je t'aime toujours, Styr.

Son cœur était lourd et elle aurait aimé trouver un moyen de réparer les erreurs qu'elle avait commises pendant les cinq dernières années. Hélas ! il était trop tard, elle en était consciente.

Styr ne répondit pas, mais elle préférait le silence à des mensonges ou à des mots de réconfort.

— Tu as raison, ne dis rien. Je te connais depuis trop longtemps et je sais que tu ne m'aimes pas… du moins, pas comme j'aurais voulu que tu m'aimes.

Cette fois, elle ne put retenir ses larmes, car elle savait tout ce qu'elle allait perdre. Cinq années de vie commune avec Styr l'avaient profondément marquée, et elle ignorait ce qu'elle deviendrait lorsqu'ils ne seraient plus ensemble.

Elle n'avait pas menti. Elle l'aimait — assez pour prendre la décision qu'elle estimait nécessaire, pour elle comme pour lui : mettre un terme à leur mariage et lui rendre sa liberté. Il serait furieux contre elle, mais c'était leur seule chance de connaître un peu de bonheur.

— Nous avons eu de bonnes années ensemble, reprit-elle avec un sourire contraint.

— Oui, acquiesça-t-il en lui caressant les cheveux. Et nous en aurons d'autres, ajouta-t-il d'une voix un peu altérée, comme s'il s'efforçait de le croire sans y parvenir.

Non, c'était trop tard. Il était malheureux, peut-être un peu à cause de la perte de l'enfant qu'elle n'avait jamais attendu, mais surtout parce qu'il avait dû renoncer à Kiera, la femme qui occupait ses pensées.

L'espace d'un instant, elle sentit sa détermination vaciller, puis elle prit son courage à deux mains. Elle devait agir maintenant, avant de changer d'avis. C'était la meilleure chose à faire, pour elle aussi bien que pour lui.

— J'ai envie de sortir un peu, de prendre l'air. Tu veux bien venir te promener avec moi ? proposa-t-elle en espérant qu'il n'avait pas deviné ce qu'elle projetait de faire.

Il hocha la tête, se leva et lui prit la main.

Une fois dehors, elle dirigea ses pas vers la maison que Ragnar et ses compagnons finissaient de construire. Là-bas, elle trouverait tous les témoins qu'il lui fallait pour mener à bien son projet.

Elle pouvait seulement prier les dieux pour que, quand tout serait terminé, Styr ne la méprise pas.

Il regarda la maison de son ami d'un œil appréciateur.

— Ragnar et ses amis ont vraiment fait du bon travail, remarqua-t-il. Encore quelques finitions, et ils pourront s'y installer complètement.

Sans répondre, le cœur battant à grands coups, Elena ouvrit la porte.

Ragnar et ses compagnons dînaient, assis autour d'une longue table de bois massif.

En entendant la porte s'ouvrir, il tourna la tête et elle vit une lueur de désir et de frustration briller dans ses yeux. Saisie par l'intensité de son regard, elle se figea, mais, presque aussitôt, il se retourna pour répondre à une question de l'un de ses voisins, la laissant se demander si elle n'avait pas été victime de son imagination.

La table était couverte de plats de venaison, de poissons grillés et de pichets de bière. Avant leur arrivée, Ragnar et ses compagnons riaient et se racontaient des histoires. Quand elle entra avec Styr, les conversations cessèrent instantanément.

Elle avait les oreilles qui tintaient, tellement son cœur

battait fort. Styr devait se demander pourquoi elle l'avait amené là. Sans doute pensait-il qu'elle souhaitait se changer les idées en passant un moment avec leurs amis, mais elle avait une tout autre idée en tête.

Il le faut, insista une petite voix au fond d'elle. *Ce n'est pas le moment de reculer. C'est ton bonheur et le sien qui sont en jeu.*

— J'ai quelque chose à vous demander, dit-elle en s'adressant à toute la tablée.

Aussitôt, tous les yeux se tournèrent vers elle, y compris ceux de Styr. Il haussa les sourcils, mais elle continua d'une voix ferme, en soutenant bravement son regard.

— J'ai besoin de vous comme témoins. Je suis mariée avec Styr depuis cinq ans, maintenant. Au cours de ces années, j'ai été incapable de lui donner des enfants, et je pense que c'est une raison suffisante pour rompre les liens qui nous unissent.

Elle lâcha la main de Styr et s'interrompit brièvement, avant de poursuivre, le dos très droit et la tête haute.

— En présence de ces témoins, je déclare ne plus être unie avec vous, Styr Hardrata.

Puis, selon la coutume, elle répéta trois fois la formule consacrée.

Chapitre 11

Styr parut abasourdi par sa déclaration et personne, autour de la table, ne dit mot. Elena jeta un coup d'œil vers Ragnar, afin d'essayer de voir sa réaction, mais son visage était resté impassible. Elle aurait été incapable de dire s'il se sentait ou non concerné par sa décision.

Mieux valait partir maintenant et les laisser croire ce qu'ils voulaient… Elle sortit et reprit le chemin de la maison qu'elle partageait avec Styr, en proie à une étrange sensation de légèreté, comme si un poids venait d'être enlevé de ses épaules. Voilà, c'était fait.

Styr n'aurait jamais eu le cœur de la répudier, mais elle l'aimait assez pour le laisser partir. Il ne servait à rien de s'accrocher à un mariage qui les rendait l'un et l'autre malheureux.

Ses pas résonnèrent derrière elle.

— Tu as décidé de te séparer de moi ! dit-il en la rejoignant. Comme cela, sans un mot d'explication ?

Avant qu'elle ait eu le temps de répondre, il poursuivit, d'une voix dure et sèche.

— Pourquoi ? Je croyais que tu avais envie de faire un nouvel essai ?

Un nouvel essai n'aurait aucun sens, alors que son cœur appartenait à une autre. Il ne voulait peut-être pas l'admettre, mais elle n'était pas aveugle et savait qu'elle ne pourrait jamais le reconquérir.

— Nous ne sommes pas faits l'un pour l'autre, Styr. Nous ne l'avons jamais été ; d'ailleurs, les dieux ont refusé de nous donner des enfants.

C'était une explication plausible, même si elle n'y croyait pas vraiment. Dans son cœur, elle était persuadée que c'était sa faute. Elle était stérile et n'aurait jamais le bonheur de donner le jour à un enfant.

— T'ai-je donc rendue tellement malheureuse ?

— Oui ! Et ne me dis pas que tu n'as pas été malheureux, toi aussi.

Les yeux brillant de colère, elle lui fit face. Volontairement ou non, il l'avait rendue malheureuse chaque fois qu'il l'avait regardée avec un air déçu. Chaque fois qu'il était resté silencieux alors qu'elle faisait tout son possible pour conquérir son amour. Elle ne pouvait pas l'obliger à éprouver des sentiments à son égard, et elle voulait pouvoir être enfin elle-même, ne plus faire sans cesse des efforts pour être la femme dont il avait envie.

Elle crispa les poings pour empêcher ses mains de trembler.

— Tu as essayé. Nous avons tous les deux essayé, mais tu n'as jamais été heureux avec moi. Il serait absurde de vouloir continuer ainsi.

Pour lui, du moins. Il aimait une autre femme à la folie. Une femme dont il avait envie… et elle n'oublierait jamais la façon dont il l'avait embrassée.

— J'ai vu comment tu la regardais, Styr. Comment elle s'est agrippée à toi. Elle t'aime. Et tu l'aimes, comme tu ne m'as jamais aimée.

Son cœur se serra douloureusement et elle eut de nouveau envie de pleurer. Il la prit dans ses bras, mais pas comme un homme qui lui reprochait la décision qu'elle avait prise. Au contraire, il lui en était de toute évidence reconnaissant.

Jamais il ne l'aurait répudiée ; son honneur l'en aurait empêché. Il aurait vécu le reste de sa vie en rêvant à une femme qu'il n'aurait jamais et, pour cette raison, elle avait fait le bon choix. L'un d'entre eux, au moins, pourrait être heureux, désormais.

— Je veux que tu ailles la retrouver, reprit-elle d'une voix radoucie. Epouse-la, si c'est ce dont tu as envie. Et elle te donnera peut-être les enfants que j'ai été incapable de te donner.

— Et toi ? Que vas-tu devenir ? demanda-t-il d'une voix empreinte de compassion.

— Pour le moment, je vais rester ici. Ensuite, je ne sais pas où j'irai. Je retournerai peut-être à Hordafylke…

Il sécha ses larmes, prit sa main dans la sienne, la fit entrer dans la maison et la fit asseoir.

— Je suis désolé de n'avoir pas pu être le mari dont tu avais besoin, dit-il en s'asseyant à côté d'elle.

Elena ne put s'empêcher d'être surprise. Ils avaient commis des erreurs tous les deux, mais elle n'avait jamais imaginé qu'il accepterait de reconnaître les siennes.

— Ça n'a pas été aussi terrible, répondit-elle en parvenant à sourire au milieu de ses larmes. Nous avons eu de bons moments ensemble.

Les premières années de leur mariage avaient manqué de passion. Cependant, il s'était montré gentil avec elle. Il lui avait bâti une maison et elle n'avait jamais manqué de rien. Une vie confortable, mais sans amour.

— Est-ce vraiment ce que tu veux ? insista-t-il. Rompre notre mariage ?

— C'est déjà fait, Styr, lui fit-elle remarquer en se forçant à sourire. Je n'ai pas besoin de ton autorisation pour mettre fin à notre union. Je l'ai fait devant témoins, selon nos coutumes.

Elle appuya sa tête sur son épaule et soupira. Un long silence s'installa entre eux, mais un silence dépourvu de colère ou de regret. Un moment de désenchantement, la fin du mariage de deux êtres qui n'auraient jamais dû être mariés.

Finalement, Styr se leva et alla fouiller dans ses affaires. Il revint peu après avec quelque chose à la main.

— J'ai acheté ceci pour toi, avant notre départ de Hordafylke.

Il lui tendit ce qu'il tenait, et elle vit que c'était une brosse à cheveux en ivoire avec, sur le dos, une gravure de la déesse Freya.

Elle la prit et admira la finesse de la gravure.

— Elle est très belle, murmura-t-elle, en la passant dans ses cheveux. Et si douce…

C'était un présent inattendu, et elle savait que ce serait le dernier. Ce serait un souvenir de leur mariage. Un souvenir des bons moments qu'ils avaient vécus ensemble.

— Tu sais, j'ai eu très peur le jour de notre mariage, ajouta-t-elle avec un sourire timide. Mes sœurs et ma mère m'avaient dit qu'une femme avait souvent mal la première fois où elle couchait avec son mari. Tu étais si grand, si fort… J'aurais dû savoir que tu étais gentil et que tu étais incapable de te montrer brutal avec une femme.

— Je comprends ton appréhension. C'était naturel. Mais, tu peux me croire, je n'ai jamais eu l'intention de te faire de mal. Je te suis toujours resté fidèle, même après avoir rencontré Kiera.

— Mais elle sait te rendre heureux, alors que moi je n'ai jamais su.

Elle posa la main sur son torse, à l'emplacement de son

cœur, en sachant qu'il n'avait jamais battu pour elle. Elle ne savait pas comment l'exprimer, mais elle souhaitait qu'il s'en aille sans éprouver le moindre sentiment de culpabilité. Il fallait que ce soit un nouveau commencement, pour lui aussi bien que pour elle.

— Tu m'as rendu heureux également. D'une façon différente.

Il la serra contre lui et lui caressa les cheveux.

— J'espère que tu te remarieras. Pas un mariage arrangé, cette fois, mais avec un homme que tu auras choisi.

Il pensait sans doute la réconforter, lui donner raison d'espérer en un avenir meilleur. Pour sa part, elle ne doutait pas qu'il irait retrouver Kiera O'Brannon et qu'il l'épouserait. En ce qui la concernait, elle devait encore décider de ce qu'elle voulait faire de sa propre vie.

A vrai dire, elle n'avait aucune envie de retourner à Hordafylke. Là-bas, il lui faudrait expliquer à sa famille pourquoi elle avait décidé de rompre son mariage avec Styr. Bien que la décision soit venue d'elle, tout le monde la regarderait avec pitié. Des regards qui lui seraient insupportables et qui lui rappelleraient ceux qu'elle avait dû affronter quand, année après année, son ventre refusait de s'arrondir.

Styr commença à parler des souvenirs heureux de leur mariage, de l'époque où ils étaient plus jeunes et s'initiaient à leur vie en couple. Mais s'il parlait, c'était pour la réconforter, afin d'apaiser sa fierté blessée.

Elle le laissa évoquer ces moments, et lui en rappela d'autres, tout aussi heureux qu'ils avaient connus ensemble. Néanmoins, au fond d'elle, elle se sentait profondément humiliée. Il l'avait rejetée, n'avait pas voulu d'elle, et elle éprouvait le besoin de faire une folie. Trouver un autre homme qui, lui, ne la dédaignerait pas et saurait l'aimer comme elle le souhaitait. Comme Styr aimait Kiera.

Elle ne pouvait pas rester plus longtemps dans cette maison avec un homme dont elle venait de se séparer. Elle devait s'en aller. Tout de suite. Errer dans les rues n'était pas envisageable, mais elle savait où trouver refuge. Ragnar était son ami. Il l'accueillerait et accepterait de l'héberger pour la nuit.

Une vague de chaleur l'envahit au souvenir des nuits passées blottie dans ses bras, des caresses coupables qu'ils avaient échangées — caresses qui, néanmoins, l'avaient laissée brûlante de désir.

Comme Styr commençait à bâiller, elle lui suggéra de se coucher. Il acquiesça, mais elle resta assise, les yeux fixés sur les braises qui rougeoyaient dans l'âtre. Dès qu'il fut endormi, elle se leva et sortit. Bien qu'il soit plus de minuit, elle ne se sentait pas fatiguée. Elle ignorait encore ce qu'elle allait dire à Ragnar, mais elle avait envie d'être dans ses bras, de goûter de nouveau à la douceur de ses lèvres. Et elle était libre, maintenant...

Ragnar était son plus vieil et plus fidèle ami. Il lui avait promis de ne jamais l'abandonner et elle avait une confiance totale en lui.

Il ne la repousserait pas. Du moins l'espérait-elle...

En sentant les lèvres d'une femme sur sa bouche, Ragnar se réveilla en sursaut. C'était Elena. Elle s'était glissée dans son lit, à côté de lui. Il le sut tout de suite, à son parfum et à la timidité de son baiser.

— Que fais-tu ici ? demanda-t-il à voix basse.

C'était le milieu de la nuit, et plusieurs de ses compagnons dormaient autour d'eux.

Pour toute réponse, elle se blottit contre lui, et ses mains lui caressèrent le visage.

— Je t'en prie, ne me renvoie pas… Je ne peux pas dormir chez moi cette nuit.

Il fut surpris qu'elle n'ait pas renvoyé Styr. Après qu'elle eut annoncé devant témoins son intention de rompre son mariage, Ragnar avait cru que son ami viendrait les rejoindre. Puis, en ne le voyant pas venir, il s'était dit que Styr était peut-être parvenu à la convaincre de revenir sur sa décision.

— Il va partir rejoindre la femme gaël, poursuivit Elena. Avec ma bénédiction.

Il y avait eu une pointe d'amertume dans sa voix et, quand elle enfouit son visage dans son cou, Ragnar sut qu'il n'aurait pas le cœur de la renvoyer. Elle avait besoin d'un endroit où se réfugier, et lui seul pouvait le lui offrir.

— Je vais te trouver un lit, murmura-t-il en se redressant.

— Non.

Elle le tira en arrière et rapprocha son visage du sien.

— Je veux rester avec toi cette nuit.

Ses intentions devinrent claires quand elle joignit ses lèvres aux siennes pour un deuxième baiser. Cette fois, une émotion très différente le submergea. Elle cherchait à le séduire, à l'enjôler.

Un désir brutal lui embrasa les reins. Pendant des années, il avait rêvé de la tenir dans ses bras, de la couvrir de baisers, de sentir son corps nu et souple sous le sien, de…

Mais il savait pourquoi elle était là, et ce n'était pas par amour pour lui. Ses motivations étaient par trop évidentes. Son mari l'avait dédaignée et trompée avec une autre femme. A présent, elle voulait se venger en couchant avec un autre homme. Et comme il était le seul en qui elle avait confiance, elle était venue le rejoindre dans son lit.

Il lui rendit son baiser, mais pas comme un amant doux et attentionné. Il s'empara de sa bouche et la ravagea brutalement. Elle se méprit sur ses intentions et crut qu'il allait lui donner ce qu'elle attendait. Or, il n'avait aucune envie de jouer le rôle qu'elle lui avait assigné. Jamais il n'accepterait d'être simplement une doublure de son mari.

Il avait pensé que sa brutalité lui ferait peur… Au lieu de cela, elle frissonna et sa langue jouta avec la sienne avec une ardeur dont il ne l'aurait pas crue capable. Sa violence l'excitait. Il le sentit à la façon dont elle se cambrait et s'arquait vers lui.

Elle glissa les doigts dans ses cheveux et pressa son visage contre le sien, tandis que sa langue lui rendait coup pour coup. Son membre viril était tendu presque douloureusement. Il pouvait la prendre là, maintenant, sans que personne ne le sache. Il lui suffisait de relever sa robe et de se glisser entre ses jambes. Elle le laisserait faire, parce que c'était pour cela qu'elle était venue. Il étoufferait ses gémissements de plaisir en gardant sa bouche rivée à la sienne. L'idée de faire l'amour avec la seule femme qu'il ait jamais aimée était par trop tentante…

Mais ce n'est pas de toi, Ragnar, qu'elle a envie, lui rappela la voix de sa raison. *Si elle est là, c'est par dépit. Elle veut se servir de toi, pour apaiser ses frustrations de femme humiliée et bafouée.*

Plus il y pensait, plus il était en colère. Il refusait d'être pour elle un simple d'exutoire.

Il la repoussa brusquement.

— Tu n'as pas envie de ça, Elena.

Le corps frissonnant de désir et la respiration haletante, elle lui caressa la joue.

— Si, j'en ai envie, murmura-t-elle. Tu es mon meilleur ami, mon seul ami. J'ai enduré une journée et une soirée horribles et, si je t'ai rejoint, c'est parce que je ne me sens bien que dans tes bras.

Par tous les dieux ! Il avait tellement envie de la croire ! Il lui prit les mains et la fit asseoir.

— Viens avec moi.

Onund et ses autres compagnons ronflaient autour d'eux. Il avait besoin de lui parler et ne voulait pas prendre le risque de les réveiller.

Il l'entraîna à l'extérieur, puis dans le petit appentis où il stockait du grain et du foin pour les animaux. L'endroit était sombre et intime, avec personne pour les surprendre.

Dès qu'il eut refermé la porte sur eux, elle lui mit les bras autour du cou et se plaqua contre lui.

— Fais-moi oublier tout cela…, dit-elle d'une voix suppliante.

Il percevait à quel point elle se sentait seule et désespérée. S'il avait été un homme cruel, il aurait pris ce qu'elle lui offrait et, cette nuit, il goûterait enfin aux plaisirs auxquels il avait si souvent rêvé.

Mais il n'était pas un homme cruel, et il ne voulait pas que sa première nuit avec Elena se passe ainsi.

— Non.

Il s'écarta d'elle, et un courant d'air froid s'insinua entre eux.

— Tu es trop bouleversée par ta rupture avec Styr. Tu n'es pas en état de penser clairement, pour le moment.

— Je n'ai pas envie de penser du tout.

— Je ne te laisserai pas nous comparer, répliqua-t-il sèchement, sans se préoccuper de la brutalité de ses paroles. Je ne veux pas que tu te serves de moi pour oublier tes désillusions et apaiser tes frustrations de femme bafouée. Ce n'est pas digne de toi, Elena.

Elle poussa un profond soupir et lui prit les mains.

— Je ne suis pas venue pour cela, Ragnar.

— Si, et tu le sais.

Il la poussa contre la paroi de bois et se pressa contre elle pour lui faire sentir à quel point il avait envie d'elle.

— Je ne veux pas que tu te donnes à moi seulement pour oublier ton chagrin et te venger de l'homme que tu as aimé et que tu aimes encore. Surtout quand cet homme est mon ami.

— Pardonne-moi, murmura-t-elle en appuyant sa joue contre son torse. Il… il n'a jamais eu réellement envie de moi. Si nous avons fait l'amour, c'était par devoir, uniquement pour concevoir un enfant. Jamais par plaisir.

Elle baissa la tête.

— Je pensais que c'était ma faute, qu'aucun homme ne pouvait m'aimer comme je voulais être aimée.

Le parfum de sa peau et les courbes si tentantes de son corps commençaient à saper sa volonté.

— Regarde-moi, ordonna-t-il. Tu n'as aucune raison de te sentir coupable. Vous n'étiez pas fait l'un pour l'autre, voilà tout.

— Alors pour qui suis-je faite ? demanda-t-elle d'un ton plein de frustration. Je ne ressens rien de ce que devrait ressentir une femme normale. Je n'ai éprouvé aucun plaisir pendant les cinq années où j'ai été mariée, et les dieux m'ont refusé le bonheur de mettre au monde un enfant.

Il lui caressa la joue et sentit une larme rouler sur ses doigts. Freya lui pardonne, mais il détestait la voir pleurer.

— Arrête, *kjoere.* Pas avec moi.

Il se pencha pour l'embrasser, avec pour seule intention de la réconforter. Elle passa alors les mains sous sa tunique et les fit glisser sur sa peau nue, autour de ses hanches, puis jusque sur le bas de son dos. Des caresses qui lui firent perdre toute velléité de résistance.

Elle l'aida à enlever sa tunique et ses doigts coururent sur les muscles de son torse et de ses épaules.

— Pourquoi ne t'es-tu jamais marié, Ragnar ? Tu es beau et fort. Il y a sûrement beaucoup de femmes qui auraient aimé t'avoir pour mari.

Parce qu'il n'avait pas pu l'avoir, *elle*. Elena était la seule femme qu'il ait eu envie d'épouser. Son corps brûlait de la faire sienne maintenant, mais il craignait de détruire tout ce qu'il y avait entre eux, s'il cédait à ses pulsions.

— Veux-tu que je te ramène ? demanda-t-il en ignorant sa question.

Il n'avait pas l'intention de se dévoiler. C'était trop tôt. Beaucoup trop tôt.

— Pas encore, dit-elle.

Ses mains s'écartèrent de lui et elle fit un pas en arrière. Il y eut un bruissement d'étoffe.

— Tu sais, je n'ai jamais eu l'intention de me servir de toi, Ragnar.

— Si j'avais cédé, tu l'aurais regretté avant que l'aube se lève.

— Peut-être. Mais je veux que tu saches… quand tu m'embrasses, je me sens aimée.

Elle l'enlaça de nouveau et il sursauta quand sa poitrine nue toucha son torse. Par tous les dieux ! Elle avait rabattu sa robe jusqu'à la taille ! Au contact du bout de ses seins rigides, il perdit en un instant le peu de sens de l'honneur qui lui restait encore.

Elle avait décidé de le séduire, il n'y avait plus aucun doute. Cependant, cette nuit, il n'avait pas l'intention de lui laisser l'initiative.

— C'est ta dernière chance de t'en aller, dit-il d'une voix calme en posant les mains sur son dos nu. Si tu restes, ton corps m'appartiendra, et tu feras tout ce que je t'ordonnerai de faire, que tu le veuilles ou non.

Les dieux soient loués ! Son corps vibrait de désir, comme jamais il n'avait vibré pendant ses cinq années de mariage avec Styr. Elle n'ignorait rien de ce qui pouvait se passer entre un homme et une femme, et cela ne l'effrayait pas. Styr ne lui avait jamais fait mal et, parfois, elle avait même éprouvé des sensations agréables dans ses bras.

Cependant, au cours des deux dernières années, elle n'avait pensé qu'à son envie d'avoir un enfant et n'avait plus pris aucun plaisir à leurs ébats amoureux.

Cette nuit, ce serait différent. Le contact du corps dur et viril de Ragnar avait suffi à réveiller les désirs si longtemps refoulés au tréfonds de son être. Il l'avait embrassée brutalement, prenant possession de sa bouche comme s'il exigeait qu'elle se donne à lui corps et âme.

Mais au lieu de céder, de s'abandonner à son étreinte, elle lui avait rendu son baiser avec toute la passion dont elle était capable, car elle voulait lui faire comprendre la raison pour laquelle elle était venue le rejoindre dans son lit. Elle en avait assez d'être une ombre, ignorée et dédaignée.

La bouche de Ragnar glissa sur son cou et sur sa gorge, tout près de sa poitrine. Elle avait envie qu'il s'empare de l'un de ses seins, qu'il mordille son téton et mette son corps en feu.

Contrairement à ce qu'elle espérait, il se contenta de faire pleuvoir de petits baisers tout autour de sa poitrine, sans lui donner ce qu'elle voulait. La douceur de ses lèvres était une véritable torture et elle se sentit devenir moite à la jonction de ses cuisses. Elle fit glisser sa robe le long de ses jambes et s'offrit à lui toute nue. Elle voulait qu'il la pénètre tout de suite, afin de ne faire plus qu'un avec lui et d'oublier ainsi ses humiliations de femme bafouée.

— Pas si vite, ordonna-t-il. Nous avons tout notre temps.

Non ! Elle n'avait pas envie qu'il prenne son temps. Elle avait besoin qu'il la prenne brutalement, pour apaiser les tensions et les frustrations de son corps. Elle ouvrit la bouche, mais avant qu'elle ait pu dire un mot, il donna un petit coup de langue sur l'un de ses tétons.

Cela lui fit l'effet d'un coup de fouet. Elle frissonna et se cambra instinctivement. Par tous les dieux, elle n'avait jamais éprouvé de sensations aussi délicieuses.

Il fit passer sa langue sur son autre téton, tandis que ses mains glissaient sur ses fesses et lui écartaient les jambes.

— Je veux te faire crier de plaisir avant de te prendre, murmura-t-il contre son oreille. Je veux que tu sois prête à m'accueillir… Que tu trembles de désir.

Ces paroles achevèrent de lui mettre le corps en feu et, alors qu'il se penchait pour prendre l'un de ses tétons entre ses lèvres, elle sentit ses doigts s'introduire dans le cœur de son intimité. Sous le choc, ses genoux fléchirent et elle planta les ongles dans ses épaules.

— Je ne vais pas m'arrêter là, dit-il en allant et venant en elle avec ses doigts. Tu es venue me chercher. Tu as voulu cela, mais ce sera à mes conditions, pas aux tiennes.

Elle saisit les attaches de ses braies et entreprit de les dénouer, afin de sentir son corps nu contre le sien. Son membre viril était dur et lisse, si long qu'il tenait à peine dans sa main. Quand elle se cambra et se mit à trembler d'impatience, il s'écarta légèrement et sa bouche descendit sur son ventre. Il la pénétrait toujours avec ses doigts et son pouce titillait son petit bouton…

Des sensations enivrantes l'envahirent. Elle prit appui

sur ses épaules, avec l'intention de lui entourer la taille avec ses jambes, mais il l'arrêta et la força à s'écarter.

— Assieds-toi, ordonna-t-il en la poussant vers un sac de grain. Je n'en ai pas encore fini avec toi.

Elle obéit et, tandis qu'elle reculait, elle sentit la fraîcheur de l'air de la nuit sur sa peau. Ses idées devinrent plus claires et, tout à coup, elle se rendit compte qu'elle venait à peine de rompre son mariage avec Styr et qu'elle était déjà prête à se donner à son meilleur ami.

Quelle sorte de femme était-elle devenue ? Une femme sans honneur... Cette pensée la mit mal à l'aise. N'avait-elle pas eu tort de chercher aussi vite à se consoler dans les bras d'un autre homme ?

Avant qu'elle ait eu le temps de se reprendre complètement, la bouche de Ragnar s'empara de l'un de ses seins, tandis que ses doigts s'enfonçaient de nouveau dans son intimité.

Elle eut un sursaut et une nouvelle vague de désir la submergea. Elle avait tellement envie de lui, tellement envie de le sentir en elle, brutalement, sauvagement... Il était maître de son corps et faisait naître en elle des plaisirs qu'elle n'avait même pas imaginés dans ses rêves les plus fous.

— Ragnar, je... Je n'arrive même plus à respirer, murmura-t-elle en frissonnant et en agrippant impulsivement sa tête avec ses mains. Il ralentit le mouvement de va-et-vient de ses doigts et elle pria pour qu'il mette fin à cette trop délicieuse torture.

— Viens, viens maintenant... je t'en prie... J'ai trop envie de toi.

— Non, répliqua-t-il en titillant avec son pouce son petit bouton. Pas de cette façon. Pas encore, du moins.

Sa bouche descendit sur son ventre et elle sentit sa langue s'enrouler autour de son petit bouton. Elle laissa échapper un gémissement et se mit à onduler contre lui. Incapable d'en supporter davantage, elle posa sa main sur la sienne et le força à redresser la tête.

— Maintenant, Ragnar, le supplia-t-elle en l'embrassant. Viens… tu me fais mourir…

Ses yeux brillèrent de malice et, au lieu d'obéir, il arracha ses lèvres des siennes.

— Non.

Elle ne comprit pas tout de suite à quoi exactement il disait non. Puis, quand il se redressa et rajusta ses braies, elle sut qu'il ne lui donnerait pas ce dont elle avait le plus envie. Il lui avait fait goûter aux plaisirs qu'elle éprouverait en partageant son lit, mais il n'irait pas plus loin.

Il ramassa sa robe et l'aida à l'enfiler. Ce faisant, ses mains glissèrent sur sa poitrine, et elle s'embrasa de nouveau.

Complètement désorientée, car il l'avait fait jouir sans chercher à satisfaire ses propres envies, elle le laissa la rhabiller. Quand il eut fini de nouer les attaches de sa robe, il se pencha vers elle et murmura dans le creux de son oreille :

— Je ne laisserai aucune femme se servir de moi, *sotnos*. Pas même toi.

Chapitre 12

Les jours suivants, ayant besoin d'occuper ses mains afin de ne pas constamment penser à Elena, Ragnar continua de travailler dans sa maison. Il se sentait coupable de l'avoir touchée intimement et fait jouir, en dépit du fait qu'elle avait rompu son mariage avec Styr. Il aurait dû la renvoyer, ne pas la laisser se glisser dans son lit.

Cela avait été plus fort que lui ; il avait été incapable de la chasser. Elle avait un tel besoin de réconfort… Quoi qu'il en soit, il n'aurait jamais dû laisser les choses aller aussi loin. Qui plus est, Elena l'évitait, maintenant, comme si elle regrettait ce qu'ils avaient fait. Ils n'avaient pas plus réfléchi l'un que l'autre et, à présent, il ne savait plus que faire.

Au cours des dernières années, il avait maintes fois rêvé au jour où il serait libre de l'aimer ouvertement… Or, les barrières invisibles qui les séparaient étaient toujours là. Il ne se faisait aucune illusion ; elle n'avait pas encore tourné la page de son mariage.

Il lui faudrait du temps pour oublier Styr et les cinq années qu'elle avait passées avec lui. Et même si elle était venue le rejoindre après avoir rompu avec son mari, il n'était pas assez naïf pour croire qu'elle avait vraiment envie de *lui*.

Cinq années plus tôt

Elena se tenait au bord du fjord, les yeux perdus au loin sur la surface argentée de l'eau. Ragnar la regarda tandis que, lentement, l'ombre des montagnes recouvrait l'étroit bras de mer.

Ses longues tresses blondes encadraient le doux ovale de son visage. Noué à la taille et fixé aux épaules par des broches en or, son tablier vert accentuait la finesse de sa silhouette.

— Viens à côté de moi, dit-elle en se tournant vers lui.

Elle essaya de sourire, mais une lueur anxieuse brillait dans ses yeux.

Un jour encore, et elle serait mariée avec Styr. Quand il y pensait, Ragnar avait la gorge nouée.

— Je ne puis m'empêcher d'être un peu nerveuse à l'idée de ce qui va arriver demain, avoua-t-elle. Je sais que c'est stupide, parce que je connais Styr depuis des années et qu'il s'est toujours montré gentil avec moi…

Elle croisa les bras sur sa poitrine et soupira.

Ragnar s'efforça de la rassurer.

— Tu n'as rien à craindre. Il fera un bon mari.

Son ami était le fils cadet du *jarl,* le chef de leur clan, et il y avait de grandes chances qu'il lui succède.

Elle lui prit la main et l'entraîna le long de la rive du fjord. Son geste avait été purement amical, mais le seul contact de sa main sur la sienne suffit à mettre le cœur de Ragnar en émoi.

— Je sais que je devrais être heureuse de me marier avec Styr, dit-elle. Il est beau et je l'aime, mais…

Elle s'interrompit et haussa les épaules.

— Je ne sais pas pourquoi, mais il m'intimide.

Alors qu'elle n'avait jamais semblé intimidée par lui. Il

en éprouva un peu de frustration, car il était un guerrier, lui aussi, tout comme Styr. Il savait se battre maintenant et, l'épée à la main, il ne craignait personne.

— Et moi, je ne t'intimide pas ? la taquina-t-il sans parvenir à dissimuler complètement son dépit.

Elle rougit brusquement et détourna le regard.

— Non, bien sûr, répondit-elle après une brève hésitation. Nous sommes amis depuis longtemps, et je sais que je n'aurai jamais rien à craindre de toi.

Il l'attira devant lui et la dévisagea. Il la dominait de la tête et des épaules.

— Je peux être très intimidant, moi aussi.

Elena rejeta la tête en arrière et lui sourit.

— Pour certains, sans doute, mais pas pour moi.

Elle agrippa sa tunique et se laissa aller en arrière, au point qu'il dut la retenir pour l'empêcher de tomber.

Quand il la remit d'aplomb avec une mimique désapprobatrice, elle éclata de rire.

— Styr prendra soin de toi. Sinon, je le tuerai.

Ils continuèrent de marcher le long de la berge du fjord, jusqu'à un cercle de grandes pierres levées autour d'une mare.

— Je lui répéterai ce que tu viens de me dire, le taquina-t-elle à son tour.

Elle s'adossa à l'une des pierres, l'air de nouveau un peu soucieuse, mal à l'aise.

Ragnar s'adossa à la pierre, lui aussi, et leva les yeux vers le ciel.

— Il y a autre chose qui te tourmente, n'est-ce pas ?

Elle hésita un instant avant de répondre.

— Oui.

— Dis-le-moi, alors.

Il attendit qu'elle parle, même s'il n'était pas sûr d'avoir envie de connaître l'objet de ses tourments.

En l'entendant soupirer, il se tourna vers elle.

— J'ai peur de ne pas lui plaire, dit-elle enfin. Je l'aime, mais je sais qu'il n'éprouve pas les mêmes sentiments à mon égard.

Elle rougit et secoua la tête.

— J'ai eu tort de te le dire, parce que tu ne peux rien faire pour m'aider.

— Tu n'es pas obligée de l'épouser…, lui répondit-il brusquement.

Tu pourrais m'épouser, moi. Les mots étaient sur le bout de sa langue, mais il parvint à les retenir.

— Mon père serait furieux contre moi. Il tient trop à cette alliance avec la famille de Styr.

— Une alliance qui pourrait se faire autrement. Tu as plusieurs sœurs en âge de se marier.

Elena secoua la tête.

— Non, c'est trop tard. Tout est déjà prêt pour la cérémonie. Mon père a versé ma dot et dépensé beaucoup d'argent pour les festivités. Mon mariage aura lieu, que je le veuille ou non.

Dis-lui ! l'exhorta sa conscience. *Donne-lui le choix, au lieu de rester silencieux.*

Mais il n'eut pas le courage de parler et se contenta de lui prendre la main et d'entrelacer ses doigts avec les siens. Il n'avait plus guère de temps ; s'il ne disait rien, demain elle épouserait son meilleur ami. Il était déchiré entre ses propres envies et ce qu'il savait être le mieux pour elle. Elle méritait d'épouser un homme riche et d'un rang social élevé, pas quelqu'un comme lui, seulement bon à manier une épée.

— On a toujours le choix, Elena.

Il lui lâcha la main et plongea son regard dans ses yeux vert émeraude. Il voulait qu'elle sache qu'il serait toujours là pour elle.

Le sang se retira de son visage, mais elle ne détourna pas les yeux. Ses lèvres s'entrouvrirent, et il se demanda si elle allait lui permettre de l'embrasser. Il lui dirait alors les mots qu'il gardait enfouis au fond de son cœur depuis tant d'années.

Il posa ses mains à plat sur la pierre autour de ses épaules, en lui laissant toutefois assez d'espace pour s'écarter, si elle le souhaitait. Son cœur battait à tout rompre et il remarqua que la respiration d'Elena s'était faite plus rapide, comme si elle avait peur de ce qui pourrait arriver entre eux.

Ni l'un ni l'autre ne dit mot et il sentit que le moindre mouvement suffirait à briser la magie du moment.

— Ragnar…, murmura-t-elle.

Elle leva la main et ses doigts effleurèrent sa joue. Leur chaleur l'envahit, en réveillant les désirs qu'il réprimait depuis si longtemps. Il avait tellement envie d'elle… Une envie puissante, irrationnelle, comme si les dieux les avaient, depuis leur naissance, destinés l'un à l'autre.

— Elena ! appela soudain une voix.

Aussitôt la magie fut rompue. Elle le repoussa et sortit du cercle de pierres levées. Ragnar ferma les yeux et se maudit intérieurement pour ne pas avoir eu le courage de parler. Il venait de laisser passer sa chance. Sa dernière chance.

Il la suivit et vit le père d'Elena, Karl, approcher, accompagné par Styr.

— Ah ! Tu es là ! s'exclama le père d'Elena. C'est demain que tu te maries, et je pensais que tu passerais la journée avec ton fiancé.

Le regard noir qu'il décocha à Ragnar en dit plus qu'un long discours.

Styr, en revanche, accueillit son ami chaleureusement.

— Ce soir, il va y avoir une grande fête pour célébrer mon dernier jour de célibataire. Tu viendras, n'est-ce pas ?

Ragnar hocha la tête. Il s'enivrerait afin de noyer ses frustrations et d'oublier que demain Elena serait à jamais perdue pour lui.

— Allez, tous les deux, dit Karl à Styr et à Elena. J'ai besoin de parler avec Ragnar au sujet des préparatifs de demain.

Il attendit qu'ils se soient éloignés avant de se tourner vers Ragnar, l'air mauvais.

— Tâche de rester à l'écart de ma fille, dorénavant, dit-il sèchement. Sinon je te ferai fouetter au sang et te ferai regretter le jour où tu es venu au monde.

Ragnar se redressa de toute sa hauteur et posa la main sur la poignée de son épée.

— Vous ne pouvez rien faire contre moi.

Si Karl osait s'en prendre à lui, il n'hésiterait pas à se défendre, l'épée à la main.

Un sourire sournois incurva les lèvres du père d'Elena.

— Qui croiront-ils ? Je suis un chef respecté et un ami du père de Styr. Le *jarl* ne permettra à personne de perturber ce mariage. Je pourrais prétendre que tu m'as volé de l'argent… ou t'accuser d'avoir déshonoré l'une de mes filles. Mes paroles auront toujours plus de poids que les tiennes.

Karl cracha par terre et lui décocha un regard plein de mépris.

— Ta vie ne vaut pas plus que ce crachat, Ragnar Olafsson. Si jamais tu t'avises de nouveau de t'approcher de l'une de mes filles, il t'en cuira, je te le promets.

Une bouffée de rage envahit Ragnar, et il eut envie de lui faire rentrer ses insultes dans la gorge à coups de poing.

Mais il s'agissait du père d'Elena, et il ne pouvait pas lever la main sur lui sans risquer qu'elle le déteste.

Les poings serrés, il lutta pour contenir sa fureur. Quand le vieil homme fut parti, il courut le long du fjord afin de libérer le trop plein de violence qui était en lui. Il courut comme un fou puis revint, longea la rue principale, toujours en courant, et ne s'arrêta qu'en arrivant à la maison de son père, tout au bout du village.

Il était hors d'haleine, mais rien ne semblait pouvoir faire disparaître sa haine pour tous ceux qui le méprisaient. Il en avait assez, plus qu'assez, d'être traité comme un moins que rien ! Il s'était entraîné durement et avait appris à manier et à maîtriser toutes les armes.

Une hache était posée à côté du tas de bois. Il s'en saisit et entreprit de refendre rageusement des bûches. Cependant, plus il frappait, plus il bouillait intérieurement. Rien ne semblait pouvoir calmer la tempête qui faisait rage en lui.

Pas assez bien ! Pas assez bien ! paraissait répéter le bois à chacun de ses coups de hache. Il avait le front couvert de sueur et tous ses muscles étaient tendus à se rompre.

La porte de la maison s'ouvrit tout à coup et il vit son père sortir en titubant, un gobelet de bière à la main.

— Je t'ai vu t'en aller avec Elena, dit-il d'une voix pâteuse et goguenarde. Mais elle est fiancée avec Styr, et jamais elle ne le quittera pour un minable comme toi.

Ragnar planta violemment sa hache dans le billot avant de se tourner vers son père.

— Nous sommes seulement des amis.

— Vraiment ?

Olaf s'approcha de lui et le regarda, une lueur dure au fond des yeux.

— N'avais-tu pas plutôt l'intention de l'enlever, parce que tu crois être amoureux d'elle ?

L'haleine de son père empestait la bière. Il leva la main pour le frapper mais, cette fois, Ragnar para le coup avec son avant-bras. Puis son poing jaillit et atteignit Olaf au menton.

Olaf explosa de fureur et, dans l'état où il était, Ragnar n'avait que trop envie de se battre. Les années où il avait été trop jeune pour se défendre, trop faible pour se protéger contre les coups qui lui avaient brisé les côtes et le nez étaient révolues.

Il lui rendit coup pour coup, laissant libre cours à la rage qu'il avait dû contenir pendant bien trop longtemps. Il pouvait enfin venger le petit garçon qui avait souffert en silence, en sachant que personne ne viendrait à son secours.

Le sang de son père était sur ses mains, mais il ne pensait plus qu'aux coups qu'il avait reçus sans jamais pouvoir les rendre. Il n'entendait plus rien, ne voyait plus rien, hormis l'homme qui avait fait de son enfance un véritable enfer.

— Ragnar ! Non, Ragnar !

Elena courait vers lui, mais ses cris d'effroi ne l'arrêtèrent pas.

Peu lui importait ce qui lui arriverait désormais. Son propre père le détestait, et il tenait enfin sa vengeance. Ses poings s'abattaient sans répit, brisant les os et faisant éclater les arcades sourcilières de l'homme qui l'avait pendant si longtemps martyrisé. Son bourreau gisait à terre, inconscient, mais il ne s'en rendait même pas compte.

Lorsque Styr le saisit à bras-le-corps et le tira en arrière, il se débattit rageusement.

— Laisse-moi ! Laisse-moi !

— Arrête ! Il est peut-être déjà mort.

Mort. Le mot eut l'effet d'un coup de fouet. Le voile de fureur qui l'aveuglait se déchira et il se rendit compte qu'Elena le regardait comme s'il était un monstre. Il baissa les yeux et s'aperçut que le visage de son père était couvert de sang, puis il regarda fixement ses mains avec incrédulité.

Par tous les dieux ! Qu'est-ce qui lui avait pris ? Il ne se reconnaissait pas et, quand Elena se rapprocha de lui, il fit un pas en arrière.

— Ça va ? demanda-t-elle d'une voix tremblante.

— Ne t'approche pas.

Il n'avait plus confiance en lui-même. Jamais auparavant il ne s'était laissé aller à un accès de fureur aussi incontrôlable. Ses mains tremblaient tandis que l'horrible vérité s'imposait à lui.

Il était devenu comme son père.

Un homme violent. Incapable de se maîtriser.

— Va chercher le guérisseur, ordonna Styr à Elena.

Ragnar était resté immobile, comme tétanisé. Quand son ami l'entraîna à l'écart, il entendit à peine ce qu'il lui disait.

— Je jurerai devant tout le monde que c'est lui qui a levé la main sur toi le premier. Il a mérité cela, après la façon dont il t'a battu pendant toute ton enfance.

Il put seulement secouer la tête. C'était la rage et la frustration qui l'avaient poussé à frapper son père aussi violemment. Lui seul était responsable, et il craignait de devoir affronter le regard du *jarl* quand il apprendrait ce qu'il avait fait.

— Je vais partir. Quitter le village, dit-il d'une voix sombre.

Tous ses amis s'étaient ligués pour l'en dissuader.

Olaf était mort quelques jours plus tard. Peu importait si c'était des coups qu'il avait reçus ou de la maladie qui le rongeait depuis plusieurs mois. A partir de ce moment, Ragnar avait su qu'il portait une violence sourde en lui, une violence qu'il était incapable de maîtriser si elle se déchaînait.

C'était pour cette raison qu'il ne pouvait pas demander à Elena de l'épouser. Il en avait envie, mais il avait peur de lui-même, de la part sombre enfouie au tréfonds de son être. Elena ignorait tout de l'homme qu'il était. Elle le croyait honnête et bon, un ami fidèle vers qui elle pouvait se tourner, maintenant que sa vie était brisée.

Or, il n'était pas un homme honnête. S'il l'avait été, il ne l'aurait pas touchée aussi intimement, en profitant de sa faiblesse et de son désarroi.

Lorsque Styr s'en alla avec une poignée de ses hommes pour retourner à Gall Tir, il poussa un soupir de soulagement. Au moins, maintenant, n'aurait-il plus à croiser le regard de son ami, après ce qu'il avait fait à Elena.

L'esprit en ébullition, Elena allait et venait sur la place du marché. Elle pensait à tous les instants de la nuit où elle avait essayé de séduire Ragnar. Jamais, même dans ses rêves les plus fous, elle n'avait imaginé qu'il pourrait y avoir une telle passion entre eux.

Il lui avait fait connaître des jouissances ineffables, et elle devait bien admettre qu'elle n'avait jamais ressenti de sensations aussi merveilleuses pendant les cinq années de son mariage avec Styr.

Les caresses de Ragnar avaient mis son corps en feu et elle n'avait plus eu qu'une envie, se donner à lui complètement, totalement. Elle ne savait plus où elle en était, car elle se croyait froide et n'avait jamais pensé pouvoir s'enflammer ainsi dans les bras d'un homme. Surtout dans ceux de son plus proche ami.

Mais était-il encore seulement un ami ? Grâce à Freya, il avait su la faire se sentir désirable. Il avait réveillé sa sensualité endormie, et ce bouleversement la plongeait dans la confusion. Elle avait été aveugle. Ragnar avait été auprès d'elle pendant des années, sans qu'elle voie jamais en lui plus qu'un ami fidèle et toujours plein de prévenances. Elle ignorait ce qui était en train de se passer entre eux, mais la ligne de l'amitié avait été franchie, et rien ne pourrait plus être comme avant.

Ses joues s'empourprèrent de honte, car elle avait voulu coucher avec lui, jouir dans ses bras, alors qu'elle venait à peine de rompre son mariage avec Styr. Avait-elle agi ainsi pour se venger d'avoir été bafouée ? Elle s'était montrée injuste avec Ragnar. Il le lui avait fait comprendre en la repoussant et en lui disant qu'il n'accepterait jamais qu'elle se serve de lui pour apaiser sa colère et ses frustrations.

Et maintenant, il l'évitait.

Elle savait pourquoi. Néanmoins, elle n'avait pas envie de rester à l'écart, de faire comme si rien ne s'était passé entre eux. Elle voulait renouer des relations normales avec Ragnar, essayer de donner un sens aux pensées confuses qui se bousculaient dans sa tête. Quand ils s'étaient retrouvés seuls, échoués et désemparés sur la côte hostile d'Eireann, ils avaient été très proches l'un de l'autre et elle savait qu'elle pouvait compter sur lui. Maintenant qu'elle était de nouveau seule, elle ne voulait pas que leur amitié soit brisée à cause d'un moment de folie.

Elle finit de faire ses achats, suivie comme son ombre par Hring, l'un des hommes de son clan. Elle aurait préféré demander à Ragnar de l'accompagner, mais elle ne l'avait pour ainsi dire pas vu au cours des derniers jours.

Autour d'elle, le vacarme était indescriptible. Les bêlements des moutons se mêlaient aux meuglements des vaches, aux hennissements des chevaux, aux piaillements des volailles et aux cris des marchands qui interpellaient bruyamment les chalands. Elle aperçut deux petits garçons qui se poursuivaient en jouant et qui lui rappelèrent douloureusement l'envie qui lui tenaillait le cœur. Malgré les années, son rêve de donner le jour à un enfant ne s'était pas estompé. Pouvoir tenir un enfant dans ses bras, le bercer…

Elle parcourut ce qui l'entourait du regard et, dans l'ombre des maisons et dans les ruelles, elle vit de nombreux enfants maigres, aux yeux brillants et qui paraissaient affamés. Certains étaient des enfants d'esclaves, mal nourris et mal traités par leurs maîtres ; d'autres des orphelins ayant perdu leurs parents au cours des raids danois.

Elle dirigea ses pas vers l'intérieur de la ville et parvint dans un quartier où l'odeur de brûlé flottait encore dans l'air. Des incendies avaient été allumés par les Danois quelques semaines auparavant, peu après son retour avec Styr. En voyant les maisons en ruine, noircies par le feu, elle fut contente de ne pas s'être trouvée à Dub Linn pendant l'attaque. Les hommes massacrés, les femmes violées…

Elle fronça les sourcils, en songeant tout à coup que de nombreux enfants avaient dû se retrouver orphelins au cours de cette horrible nuit. Ils avaient sans doute besoin de quelqu'un pour s'occuper d'eux…

Une idée germa dans sa tête.

— Où est Ragnar ? demanda-t-elle brusquement à Hring.

Peut-être pourrait-elle adopter quelques-uns de ces enfants. Cela donnerait un sens à sa vie, et l'aiderait à occuper les heures interminables de ses journées.

— Il passe son temps à se battre. A côté du champ de foire, il y a un enclos où les hommes se défient. Les spectateurs font des paris, et le vainqueur du combat touche une partie de ces paris. C'est un bon moyen pour gagner de l'argent.

Elena fronça les sourcils. Ce que Hring venait de lui apprendre lui déplaisait. Ragnar était un guerrier valeureux, capable de battre n'importe quel adversaire, mais ces combats pourraient lui valoir de nombreux ennemis — des ennemis qui n'hésiteraient pas à l'attaquer traîtreusement, afin de se venger ou de lui reprendre l'argent qu'ils avaient perdu.

— Tu veux bien m'emmener auprès de lui ?

Hring hocha la tête. Ils revinrent sur leurs pas et il l'entraîna à travers le champ de foire jusqu'à l'espace autour duquel se pressait une foule dense, composée presque exclusivement d'hommes. Hring lui fraya un chemin jusqu'au premier rang et elle vit Ragnar, debout torse nu dans un coin de l'enclos où les combattants s'affrontaient. Sa peau était huilée, et le sang qui coulait sur sa lèvre prouvait à l'évidence qu'il avait déjà combattu.

Elle croisa son regard et n'y vit aucune trace de remords. Il était venu là pour se battre et, si elle en jugeait d'après la grosseur de la bourse accrochée à son ceinturon, il avait vaincu plusieurs adversaires.

Ignorant les gens autour d'elle, elle s'avança vers lui avec l'intention de lui parler. Avait-il déjà oublié sa blessure à la jambe ? Pourquoi faisait-il cela ? Elle était en colère, mais elle fit un effort pour se maîtriser.

Quand elle se trouva devant lui, elle se sentit brusquement toute petite, tant il était grand et fort. Les muscles de ses bras étaient si gros qu'elle n'aurait pu en faire le tour avec ses deux mains. Elle savait que les lutteurs se huilaient le corps pour que leurs adversaires n'aient pas de prise sur eux, mais elle ne put s'empêcher de se demander si c'était une femme qui lui avait frictionné la peau.

Une pointe de jalousie lui transperça le cœur, et elle s'interrogea de nouveau sur ses sentiments à son égard. Elle n'avait aucune raison d'être jalouse ; Ragnar n'était qu'un ami, rien de plus.

Elle ne pouvait néanmoins nier les liens invisibles qui

s'étaient noués entre eux, surtout après la nuit où elle était allée le rejoindre dans son lit.

— Si tu en as fini ici, j'aimerais te parler, dit-elle à voix basse.

— Et si je n'ai pas fini ?

Il croisa les bras et elle vit tous les muscles de son torse frémir et se gonfler.

Sa gorge se serra et elle ressentit de nouveau une bouffée de jalousie, mais elle posa la main sur son torse, à l'emplacement du cœur, et fit glisser lentement ses doigts sur sa peau huilée.

— S'il te plaît…

Les yeux vert sombre de Ragnar étincelèrent et un grognement s'échappa de ses lèvres. Autour d'eux des éclats de rire fusèrent, accompagnés de remarques grivoises. Un seul regard de Ragnar suffit à les faire taire. Il posa la main sur l'épaule d'Elena — dans un geste dépourvu de tendresse — et l'entraîna à l'écart de l'enclos.

Hring les avait suivis mais, dès qu'ils se furent un peu éloignés de la foule, Ragnar lui ordonna de rentrer chez lui.

— Tu ne voudrais pas remettre ta tunique ? suggéra Elena, en se sentant soudain gênée d'être accompagnée par un homme à demi nu.

— Ce que je veux, c'est savoir pourquoi tu es venue me déranger.

Sa colère prouvait à l'évidence qu'il n'avait pas apprécié qu'elle vienne interrompre ses combats. Elle fut prise de court et sa première impulsion fut de s'excuser et de s'en aller.

C'est ce qu'elle aurait fait avec Styr. Elle se serait retirée dans l'ombre sans insister et se serait abstenue d'exprimer son opinion.

Mais elle n'était plus une femme docile et soumise. Elle allait donner son avis à Ragnar, que cela plaise ou non.

— Tu ne devrais pas te battre avec ces hommes, dit-elle d'une voix ferme. C'est dangereux, et je n'ai pas envie que tu sois de nouveau blessé.

— Je suis un guerrier, Elena, répliqua-t-il en haussant les épaules. Je me suis toujours battu et je continuerai.

— Tu pourrais mourir.

— Ces combats ne sont pas toujours à mort. Parfois, dès que l'un des adversaires saigne, il est déclaré vaincu et garde la vie sauve.

Il avait parlé comme s'il n'avait rien à craindre. Toutefois, pour avoir déjà assisté à des combats auparavant, elle savait qu'un homme ne pouvait pas être toujours vainqueur.

— Peut-être, mais cela vaut-il la peine de risquer d'être blessé ou tué ?

— C'est ma façon à moi de gagner de l'argent. Tu préférerais peut-être que je rejoigne une bande de pillards et te laisse seule ici ?

— Non, je n'ai pas envie que tu partes. Mais je pense aussi que tu pourrais gagner ta vie autrement, sans prendre autant de risques.

Il ne répondit pas. Quand ils arrivèrent devant sa maison, Elena s'arrêta et se tourna vers lui.

— Pourquoi fais-tu cela ?

— Parce que j'ai besoin de me changer les idées.

Il avait pris un air farouche et elle sentit son corps réagir à ses paroles, car elle savait exactement pourquoi il éprouvait le besoin de se changer les idées. Contrairement à elle, lui au moins connaissait un moyen pour dépenser son trop-plein d'énergie. Les jours passaient et elle cherchait toujours désespérément ce qu'elle pourrait faire pour occuper ses journées.

— Me battre est mon métier, Elena. Je ne suis ni un marchand ni un marin.

Elle le savait et se rendait compte qu'il s'entraînait sans cesse, afin de ne rien perdre de sa force ni de son agilité. Une lueur de fierté brillait dans ses yeux. Elle ne doutait pas un instant de ses qualités guerrières, mais elle n'avait pas envie qu'il mette continuellement sa vie en danger.

— Pourquoi ne bâtirais-tu pas des maisons ? suggéra-t-elle. Tu es fort et tu sais travailler le bois. Je t'ai vu faire.

— Non. Ce n'est pas ce dont j'ai envie, Elena.

Elle le savait, mais c'était la seule chose à laquelle elle avait pensé.

— Je m'inquiète pour toi. Je ne veux pas que tu sois blessé.

— Est-ce la seule raison ? demanda-t-il.

Sa voix était devenue plus grave et elle ne put s'empêcher d'être fascinée par l'intensité de son regard.

— Non, murmura-t-elle.

Il lui prit la main et leurs doigts s'entrelacèrent. La chaleur de sa peau lui fit prendre conscience encore plus de la force qui émanait de lui.

— Je ne voudrais pas qu'il t'arrive un malheur, reprit-elle d'une voix douce. Et je voudrais que nous soyons de nouveau amis, comme avant.

— Tu as déjà franchi la ligne, *sotnos*. Ce ne sera jamais plus comme avant.

Elle rougit et se mordit la lèvre. Il y avait une nouvelle tension entre eux, maintenant qu'elle s'était séparée de Styr et qu'il était parti. Et elle ne pouvait s'en prendre qu'à elle-même, parce que c'était elle qui l'avait rejoint dans son lit. Non contente d'avoir perdu son mari, elle avait aussi perdu son meilleur ami.

— Tu n'as pas besoin de gaspiller ta pitié pour moi, *kjoere.* Je ferai ce que je dois faire pour gagner ma vie.

— Ce n'est pas de la pitié, insista-t-elle.

Même si, de toute évidence, il semblait vouloir prendre de la distance avec elle, elle souhaitait lui ouvrir les yeux, l'obliger à regarder la vérité en face.

Elle ouvrit la porte de sa maison et attendit, en s'effaçant. Il resta sur place et croisa les bras, comme s'il n'avait aucune envie d'entrer. Puis, au bout de quelques instants, il se résigna.

A l'intérieur, il faisait frais, car seules quelques braises rougeoyaient encore dans l'âtre, mais la colère qui émanait de Ragnar était déjà un feu en soi. Il était entré contre son gré, comme le témoignaient son visage fermé et ses yeux étincelants de fureur.

Après avoir posé son panier à provisions, Elena ajouta quelques morceaux de tourbe sur les braises. La pièce lui semblait soudain plus exiguë, et elle frissonna au souvenir de la nuit qu'elle avait passée dans les bras de Ragnar. Son silence et son regard plein de défiance la mettaient mal à l'aise.

— Je n'aime pas me disputer avec toi, dit-elle finalement. J'aimerais que nous puissions parler de tout et de rien, comme nous l'avons toujours fait. Après tout ce qui nous est arrivé, je n'ai pas envie de te perdre.

Elle lui prit la main et lui sourit timidement. Un sourire presque suppliant.

Le visage de Ragnar resta dur et fermé.

— Tu n'as pas envie d'un homme comme moi, Elena.

Tout au fond d'elle-même, elle trouva un courage qu'elle n'avait même pas imaginé.

— Mais tu as envie d'une femme comme moi, n'est-ce pas ? répliqua-t-elle.

Ce n'était pas une question. Elle soutint son regard, le mettant au défi de s'en aller.

Il fit un pas en avant et la plaqua contre le mur. Loin de se sentir acculée, elle eut l'impression de lui appartenir. Comme si elle lui avait toujours appartenu.

Elle ne comprenait pas le pouvoir qu'il avait sur elle, mais elle ne parvenait pas à détacher son regard du sien. De nouveau, elle sentit une vague de chaleur l'embraser et se demanda ce qui était en train de leur arriver.

— J'ai toujours eu envie d'une femme comme toi, oui, murmura-t-il. Mais tu mérites mieux.

— Je crois plutôt que tu as peur de moi.

Une autre vague de chaleur l'envahit. Si elle ignorait pourquoi son cœur s'était mis à battre aussi vite, elle savait en revanche qu'elle ne voulait pas que Ragnar s'en aille.

— Non. Et tu ne me dois rien, Elena, dit-il en s'écartant d'elle.

Elle le regarda fixement, agacée parce qu'il faisait tout pour la tenir à distance. Il ne voulait pas ou n'avait pas besoin qu'elle lui donne son avis sur ce qu'il faisait pour gagner de l'argent.

La colère gronda en elle. Qu'il le croie ou non, elle se souciait de ce qui pourrait lui arriver.

— Je te dois la vie, répliqua-t-elle. Tu m'as empêchée de me noyer et tu m'as protégée contre les pillards. Sans toi, j'aurais été violée et tuée. Se battre pour se défendre ou pour défendre ceux qu'on aime est une chose, ajouta-t-elle en faisant un pas en avant et en lui posant les mains sur le torse. Se battre pour gagner de l'argent n'est pas raisonnable. C'est mettre sa vie en danger inutilement. Je ne veux pas qu'il t'arrive malheur, Ragnar. Tu… tu es important pour moi.

— Non.

Il prit ses mains et les écarta fermement de lui.

— Tu es seulement malheureuse, parce que tu as perdu ton mari. Tu as envie qu'un autre homme prenne sa place.

Croyait-il vraiment ce qu'il disait ? Elena fronça les sourcils. Non, elle n'avait pas envie d'un autre mari. Elle voulait simplement que Ragnar reste vivant et ne soit pas blessé.

— Ce n'est pas vrai.

— Que voulais-tu, alors, l'autre nuit, quand tu es venue me rejoindre ?

Son regard plongea dans le sien.

— Tu croyais peut-être que je ne devinerais pas les raisons pour lesquelles tu t'es réfugiée dans mon lit ? jeta-t-il d'une voix vibrante de fureur.

Elle en avait assez de ses soupçons ! Elle se redressa et soutint son regard.

— Je suis venue chercher du réconfort. Je croyais que nous étions amis.

— Je ne suis pas ton ami, Elena !

Sa voix avait claqué comme un coup de tonnerre dans le silence de la pièce.

— Non…, murmura-t-elle.

Tu es plus que cela. Beaucoup plus !

Elle frissonna au souvenir de ses caresses. Il ne dit rien et elle se pencha vers lui pour le regarder au fond des yeux.

— J'ai l'impression de ne même pas te connaître…, avoua-t-elle. Du moins, pas comme je le croyais.

Il se raidit et une grimace déforma ses traits.

— Tu sais exactement qui je suis. Et tu sais ce que j'ai fait dans le passé.

— Ce qui est arrivé à ton père n'était pas ta faute, répondit-elle en prenant son visage entre ses mains. Je ne te l'ai jamais reproché et ne te le reprocherai jamais.

Il recula, comme s'il ne voulait pas qu'elle le touche.

Toutefois, au lieu de s'en aller, il enleva ses armes et les posa l'une après l'autre sur la table, avant de revenir vers elle.

— Ne fais pas l'erreur de croire que tu es en sécurité avec moi, Elena. Quand Styr était entre nous, mon honneur m'interdisait de te toucher.

Lentement, il prit sa main dans la sienne et l'entraîna vers le lit.

— Je ne peux pas te faire cette promesse maintenant, ajouta-t-il en la renversant sur le dos et en emprisonnant ses poignets.

Lorsqu'elle sentit son membre viril contre elle, son cœur se mit à battre plus vite dans sa poitrine.

— Tu essaies de me faire peur, murmura-t-elle, tandis que son corps réagissait, s'embrasant de désirs qu'elle ne parvenait pas à exprimer.

Quand il la tenait ainsi prisonnière, elle avait l'impression d'être une prise de guerre, entièrement soumise au vainqueur, mais elle n'avait pas peur. Comment pourrait-elle avoir peur d'un homme qui préférerait mourir plutôt que de lui faire le moindre mal ?

Il la regarda, les yeux durs, les mâchoires contractées, tout en pressant son corps contre le sien.

Elle savait qu'il attendait qu'elle le repousse. Il essayait de provoquer un mouvement de rejet, de haine… Elle n'était pas certaine de savoir ce qui le poussait à se conduire ainsi, mais elle sentait vibrer en lui toutes les frustrations de son passé d'enfant battu et d'homme rejeté par son père et méprisé par les membres influents de leur clan. Un fils d'ivrogne, un moins que rien…

— Dis-moi de te laisser, de m'en aller, exigea-t-il tandis que sa bouche se posait sur son cou puis descendait sur sa gorge.

Mille frissons délicieux lui parcoururent le dos. Elle

devrait parler, dire quelque chose. Jamais avec Styr elle n'avait éprouvé de sensations aussi merveilleuses.

Un seul des baisers de Ragnar suffisait à lui faire oublier ses années de misère, à lui donner une nouvelle jeunesse. Elle en avait assez de penser que son corps était destiné seulement à enfanter. Savourant pleinement la douceur de ses lèvres sur sa peau, elle ferma les yeux.

— C'est trop tôt pour cela, dit-il dans un souffle.

Sa main glissa sous le bord de sa jupe et remonta le long de sa jambe.

— Tu me détesteras, si tu me laisses te caresser.

Malgré sa colère qui ne l'avait pas tout à fait quittée, le contact de ses doigts la mit en émoi. Sa main s'insinua entre ses cuisses, frôlant sa féminité. Elle était déjà tremblante de désir, presque honteuse de réagir aussi vite. L'expression de Ragnar était inflexible et elle se força à ne pas bouger. Il défit les attaches de ses braies et elle sentit son membre viril, dur et tendu, contre son ventre.

— Est-ce cela que tu veux ? demanda-t-il. Te servir de moi afin d'oublier Styr ?

— Non, fit-elle d'une voix étranglée.

Elle ne parvenait pas à maîtriser la vague de désir qui montait dans ses reins. Un désir brutal, incontrôlable. Elle avait envie de lui, de le sentir en elle. Cela faisait longtemps qu'elle n'avait pas été dans les bras d'un homme, et Ragnar faisait surgir d'elle une femme dont elle n'avait même pas soupçonné l'existence.

Brusquement, il la souleva, la plaça à califourchon sur ses cuisses et reposa les mains sur le matelas.

— Je ne te toucherai pas, je le jure, dit-il, les yeux étincelants. Si c'est cela que tu veux de moi, fais à ta guise. Mais je ne t'aiderai pas.

Il avait parlé d'un ton furieux. Il voulait la mettre à

l'épreuve. Cependant, elle n'aurait jamais pensé qu'il irait aussi loin. Il croyait sans doute qu'elle allait refuser, qu'elle aurait honte… Eh bien, il se trompait !

Après un moment d'hésitation, elle s'empara de son membre viril et le serra dans sa main. Il était dur, chaud, et aussi doux que de la soie. Ragnar eut un sursaut et retint sa respiration.

Sans un mot, elle le tint fermement, tout en retroussant ses jupes. Il avait tenté de l'intimider et failli réussir… mais voilà, jamais auparavant elle n'avait eu autant envie d'un homme.

Elle voulait qu'il la pénètre, qu'il vibre profondément en elle. Peu lui importait sa fureur. Il la détesterait, mais elle n'en avait cure.

Ecartant ses jupes, elle insinua doucement l'extrémité de son membre entre ses cuisses. Quand il frotta contre son bouton, un petit cri de plaisir lui échappa. C'était si bon… Les mains de Ragnar quittèrent le matelas et se crispèrent sur ses hanches. Il y avait un mélange de lascivité et de haine dans ses yeux, comme s'il n'avait jamais imaginé qu'elle lui obéirait.

Elle commença à monter et descendre sur lui, l'invitant à entrer de plus en plus profondément en elle. Comme ils étaient tous deux habillés, elle pouvait seulement se perdre dans les sensations qu'elle éprouvait, car elle ne le voyait pas pénétrer dans son corps.

— Tu ne pensais pas que j'oserais, n'est-ce pas ? dit-elle d'une voix pleine de défi.

Elle voulait qu'il cède lui aussi à ses instincts, qu'il la touche, qu'il lui caresse la poitrine… Elle lui prit les mains et tenta de les poser d'autorité sur ses seins, mais il résista et les reposa sur le matelas.

— Non, je ne t'aiderai pas, marmonna-t-il en laissant échapper un grognement rauque.

La froideur de ses mots fit à Elena l'effet d'une gifle et elle comprit alors qu'il croyait vraiment qu'elle voulait se servir de lui. Sa conscience lui cria qu'elle devrait avoir honte, mais son corps continua son mouvement de va-et-vient sur lui. Impossible de revenir en arrière, à présent.

Sous elle, Ragnar transpirait et ses traits étaient contractés. Visiblement, il faisait tout pour rester impassible mais, plus il luttait, plus elle était déterminée à jouir, à prendre tout le plaisir qu'il pouvait lui offrir. Et à lui rendre la pareille, malgré son manque de coopération.

Elle défit les broches dorées qui retenaient son tablier, puis dénoua les attaches de son corsage et le rabattit sur ses hanches. Lentement, elle prit ses seins dans ses mains et les offrit à son regard, tout en continuant de le chevaucher à son rythme.

La vue de sa poitrine nue ne le laissa pas indifférent, car elle le sentit frissonner et se cambrer. Avec le bout de ses doigts, elle caressa ses tétons et les fit rouler, en le laissant regarder à sa guise. Peu lui importait, maintenant, s'il refusait de la caresser. Jamais auparavant elle n'avait rien éprouvé de tel. C'était elle qui menait le jeu, elle qui décidait de ce dont elle avait envie.

Avec son mari, c'était toujours elle qui était placée en dessous, l'acceptant dans son corps docilement, en femme soumise. Jamais elle n'avait pris son membre viril dans sa main. Jamais il ne l'avait laissée maîtresse de leurs ébats amoureux.

Sa respiration devint saccadée et elle se mit à chevaucher de plus en plus vite, de plus en plus fort, tout en continuant de caresser ses seins. Les yeux fermés et les mâchoires contractées, Ragnar s'efforçait de résister au plaisir qui montait irrésistiblement en lui.

Son membre était aussi dur que du fer. Jamais elle ne s'était sentie pénétrée aussi profondément. Elle avait osé relever son défi et, par tous les dieux, elle le ferait jouir avec une telle intensité qu'il regretterait les paroles qu'il lui avait jetées au visage.

Tout en gardant une main sur sa poitrine, elle fit glisser l'autre sur son ventre jusqu'à l'endroit où leurs corps se joignaient. Avec le pouce et l'index, elle enserra la base de son membre, tout en donnant un nouveau coup de bassin.

Plus vite, plus fort... Elle voulait le voir s'abandonner et l'entendre crier de plaisir. Il se cambra malgré lui. Son membre frottait contre son bouton, en produisant en elle des sensations ineffables. Elle se mit à frissonner et à trembler. C'était trop bon, trop merveilleux... Elle jouissait, comme jamais elle n'avait joui avec Styr.

Ragnar avait de la peine à respirer et semblait avoir de plus en plus de peine à se contrôler.

— As-tu senti comme tu m'as fait jouir, Ragnar ? murmura-t-elle tout en allant et venant toujours aussi vite. C'était bon ! Merveilleusement bon...

Ses paroles vinrent à bout de sa résistance. Il rouvrit les yeux et, agrippant ses fesses, lui rendit coup pour coup, avec une force qui lui arracha de petits cris de plaisir. Puis un gémissement rauque s'échappa de ses lèvres et il jouit enfin.

Epuisée, Elena se laissa aller contre lui, ivre de plaisir et le cœur battant à tout rompre. La joue appuyée contre son torse, elle songea tout à coup que leurs ébats pourraient avoir des conséquences... un enfant. Cet enfant dont elle avait tant rêvé... Elle n'y avait jamais réfléchi auparavant. Ragnar pourrait-il exaucer son vœu le plus cher ?

Il ne l'embrassa pas et ne murmura aucun des mots

d'amour qu'elle aurait aimé entendre. Au lieu de cela, il se dégagea doucement de son corps, se leva et rajusta ses vêtements. Puis, le visage fermé, il sortit, la laissant seule et désorientée.

Chapitre 13

Ragnar ne vit pas Elena pendant une journée entière. Furieux contre lui-même, il l'évitait.

Il avait commis l'erreur de croire qu'il parviendrait à décourager ses avances en la mettant au défi d'aller plus loin. Jamais il n'aurait imaginé qu'elle relèverait son défi et, de surcroît, avec une hardiesse dont il ne l'aurait pas cru capable. Elle avait toujours été si timide, tellement réservée... Le souvenir de son corps contre le sien le hantait. Elle avait joui dans ses bras. Malgré lui. Contre son gré.

Il l'avait laissée se servir de lui. Son corps avait éprouvé du plaisir, pendant tout le temps où elle le chevauchait. Un plaisir qu'il n'avait pas réussi à contenir, malgré tous ses efforts, mais il n'y avait eu aucun amour dans leurs ébats. Des ébats sans signification, qui avaient seulement apaisé leurs désirs physiques. Rien de plus.

Comment avait-il pu tomber aussi bas ? Il l'avait traitée comme une ribaude ! Il continuait de l'aimer, mais il avait besoin de mettre de la distance entre eux.

La main posée sur la poignée de son épée, il parcourait les rues de la ville à grands pas rageurs. Il allait au hasard, sans se soucier des gens autour de lui. Il avait seulement besoin de marcher, de se dépenser physiquement, afin d'éteindre le feu qui le consumait. Hélas ! il avait beau faire, il ne parvenait pas à échapper à son sentiment de culpabilité ni à ses frustrations.

Il avait trop envie d'Elena, une envie qui confinait à la folie. La tentation était forte de la prendre, de s'emparer d'elle comme d'une prise de guerre, même s'il avait été trop échaudé par le passé pour croire qu'elle pourrait un jour l'aimer vraiment.

Il dirigea ses pas vers le centre de la ville mais, avant d'y parvenir, il fut arrêté par Hring, l'un des hommes qui les avaient accompagnés en Eireann.

— Elena m'a envoyé te chercher. Elle a l'intention d'aller faire des recherches en ville, et elle voudrait que tu l'accompagnes.

Ragnar fronça les sourcils. Quelles recherches pouvait-elle bien vouloir faire ?

— Pourquoi ne t'a-t-elle pas demandé de l'accompagner ?

Hring haussa les épaules.

— Je le lui ai proposé, mais elle m'a dit qu'elle voulait te parler. Si tu refuses, elle ira faire ses recherches toute seule.

Ragnar n'avait guère envie de parler à Elena, mais il n'avait pas envie non plus qu'elle s'aventure toute seule en ville.

En retournant au quartier viking avec Hring, il se demanda si elle avait dit la vérité ou s'il s'agissait seulement d'un prétexte pour le voir.

Son instinct l'incitait à rester à l'écart, mais il savait à quel point Elena pouvait être têtue — surtout depuis les ébats amoureux auxquels elle l'avait contraint. Si elle avait décidé d'aller en ville, elle irait. Avec ou sans lui.

Il la trouva chez elle, occupée à nettoyer sa maison de fond en comble. Il n'y avait pas un grain de poussière, hormis la terre battue sur le sol. Son lit était soigneusement fait, et il n'y avait aucune trace de leurs ébats de la veille.

Quand il entra, elle se retourna si brusquement qu'elle faillit renverser son seau d'eau.

— Tu m'as fait sursauter !

Elle posa son chiffon et s'essuya les mains sur son tablier.

— Mais je suis contente que tu aies accepté de venir. J'ai besoin de ton aide.

Il resta près de la porte et attendit qu'elle lui dise ce qu'elle voulait. Elle paraissait préoccupée et évitait de le regarder en face. Sans doute avait-elle honte de la façon dont elle s'était conduite avec lui la nuit précédente.

— Depuis quelques jours, je m'inquiète pour les enfants gaëls, dit-elle, les yeux baissés. Je sais que les Danois ont ravagé la ville il y a trois ou quatre semaines. De nombreuses maisons ont brûlé et leurs habitants ont souvent péri, par le fer ou le feu. Je… j'ai pensé à tous ces petits orphelins qui traînent dans les rues, affamés et dépenaillés.

Ragnar commençait déjà à deviner ce qu'elle se proposait de faire. Il attendit qu'elle continue et qu'elle accepte enfin de croiser son regard.

— J'en ai vu plusieurs l'autre jour, en allant au marché. Les pauvres malheureux ont besoin que quelqu'un s'occupe d'eux.

— Et tu as besoin de mon aide pour aller en recueillir quelques-uns, je suppose ?

— Oui.

Elle lui fit face et, dans ses yeux, il vit qu'elle se souciait sincèrement du sort de ces orphelins.

— Je n'ai rien à faire en ce moment. Je n'ai personne dont je dois m'occuper. Et je n'ai pas d'enfant à moi.

— Pas encore, dit-il d'une voix neutre.

Après leurs derniers ébats amoureux, elle pourrait fort bien en attendre un, même si ce n'était qu'une éventualité.

Elena retint sa respiration et ses joues s'enflammèrent.

— Non, pas encore.

Elle se frotta les bras, comme si elle avait froid tout à coup.

— Tu es en colère pour… ce que j'ai fait ?

Ragnar s'adossa au mur et la regarda, les bras croisés.

— Cela n'arrivera jamais plus.

Leurs ébats amoureux lui avaient donné un plaisir indicible mais, s'ils devenaient amants, cela ne pourrait que les rapprocher. Et il ne voulait pas qu'elle se serve de lui pour remplacer Styr.

Malheureusement, quand il était auprès d'elle, il était incapable de se maîtriser. Il l'avait bien vu, lorsqu'elle s'était emparée de son membre pour l'introduire en elle. Il avait perdu tout contact avec la réalité. Il y aurait eu le feu dans la maison qu'il ne s'en serait même pas rendu compte. Et quand sa semence s'était répandue en elle, il avait perdu la raison et s'était laissé submerger par la violence des sensations qu'il éprouvait.

— Je n'ai pas voulu me servir de toi, murmura-t-elle. Et je ne mentais pas quand je t'ai dit que je m'inquiétais pour toi. Nous avons enduré tellement de choses, tous les deux…

Il secoua la tête, car il ne voulait pas qu'elle rêve à un avenir possible avec lui.

— Je ne suis pas l'homme dont tu as besoin, Elena.

Elle le regarda pendant quelques instants en silence.

— Je ne pense pas que tu saches ce dont j'ai besoin, Ragnar.

— Et toi, tu le sais ? répliqua-t-il sèchement.

Elle saisit un panier, le remplit de nourriture et passa son bras dans l'anse. Puis, elle haussa les épaules.

— Je pense que tu essaies de te punir. Comme si tu étais persuadé de ne pas avoir le droit d'être heureux.

Il ignora sa remarque, mais lui bloqua le passage en se plantant devant elle.

— Je veux bien t'accompagner dans tes recherches, Elena. Mais rien de plus.

Elle resta immobile pendant un long moment, les yeux plongés dans les siens. Puis elle lui prit la main, se leva sur la pointe des pieds et déposa un baiser sur sa joue.

— Pour l'instant.

Un baiser qui ressemblait à un défi. Elle le mettait au défi de lui résister.

Tout en marchant, Elena observait Ragnar du coin de l'œil. Depuis leur départ, il se tenait à son côté et, chaque fois qu'ils croisaient un Viking, il posait la main sur le bas de son dos pour bien montrer qu'il la protégeait. Il portait une cotte de mailles, une épée au ceinturon et une dague dissimulée dans un pli de sa tunique.

— As-tu peur d'être attaqué ? demanda-t-elle en constatant qu'il semblait tendu.

Le visage de Ragnar était fermé, presque agressif. Elle avait parlé sur un ton léger, mais elle savait qu'il s'était fait de nombreux ennemis en ville.

— Aurais-tu oublié les Danois qui ont essayé de nous réduire en esclavage ?

— Non, bien sûr.

Elle n'était toutefois pas inquiète, car un seul regard de Ragnar suffirait à décourager n'importe quel agresseur éventuel.

La main de Ragnar se crispa sur la sienne, tandis qu'il la conduisait vers les faubourgs de Dubh Linn.

— Leur dernière attaque est encore récente. Ils sont partis, mais peuvent revenir à n'importe quel moment.

Ils marchèrent pendant un quart d'heure environ, sans

que Ragnar ne modifie son attitude. Il scrutait chaque visage, prêt à réagir à la moindre menace.

Plus ils avançaient, plus nombreuses étaient les maisons incendiées. L'odeur était pestilentielle ; un mélange de bois brûlé, de mort et de pourriture. Çà et là, des hommes déblayaient les décombres ou s'activaient à rebâtir.

Instinctivement, Elena se serra contre Ragnar. Il se raidit, alors qu'elle cherchait seulement sa protection.

Elle s'efforça de ne pas y prêter attention, mais cela lui rappela l'attitude de Styr à son égard. Cela lui avait donné l'impression d'être une femme froide et insensible, incapable d'éprouver le moindre plaisir dans leurs relations conjugales. Dans les bras de Ragnar, au moins, elle avait réussi à jouir. Il avait toujours été un ami auquel elle pouvait se confier et sur qui elle pouvait se reposer. Hélas ! maintenant, il l'évitait et elle ne savait pas comment elle pourrait abattre le mur qui se dressait dorénavant entre eux. C'était comme s'il ne voulait plus rien avoir à faire avec elle.

Les mots n'auraient aucun effet sur lui. C'était un homme d'action, pas un homme de paroles.

Ses yeux étaient partout, fouillant chaque recoin, chaque embrasure de porte. Son expression restait dure, montrant à chacun qu'il serait prêt à tuer tous ceux qui oseraient la menacer.

Quand ils parvinrent dans le quartier près du champ de foire, ils virent les serfs qui allaient être vendus aux enchères. Un homme traînait une femme vers l'estrade. Les mains liées, vêtue d'une robe en haillons, elle marchait les yeux baissés, comme si on la menait à l'abattoir.

Elena grimaça et ne put s'empêcher de s'imaginer à sa place.

— Merci de m'avoir empêchée de subir un sort aussi horrible, murmura-t-elle d'une voix tremblante.

— Je ne les aurais jamais laissés te capturer, cette nuit-là, sur le bateau, dit Ragnar en lui pressant instinctivement la main. Nos hommes ont réussi à survivre... Pour une femme, c'est beaucoup plus dur.

Ses paroles prirent toute leur force lorsque le maître de la femme lui arracha sa robe et la présenta nue aux enchérisseurs.

Elena soupira et adressa une prière muette aux dieux.

La malheureuse attendait un enfant et n'était pas loin de son terme...

— Ce n'est pas juste ! protesta Elena. Aucun enfant ne devrait venir au monde dans des conditions aussi affreuses.

Ragnar hocha la tête.

— Je suis de ton avis, mais nous ne pouvons rien faire pour la sauver. Nous n'avons pas assez d'argent pour l'acheter. Un jour, peut-être, son maître aura pitié et les libérera, elle et son enfant.

Elena ne put s'empêcher de regarder fixement le ventre de la femme. La malheureuse parviendrait-elle seulement à survivre à son accouchement ?

Une vague de tristesse l'envahit, tandis qu'elle s'éloignait afin d'accomplir la tâche qu'elle s'était fixée. Il y avait de nombreux enfants affamés autour du champ de foire, et elle se dirigea vers eux pour leur distribuer la nourriture qu'elle avait apportée. L'un des garçons se tenait à l'écart des autres. Il faisait glisser ses mains sur un mur et, quand elle l'appela, il ne tourna même pas la tête. Sa tunique était sale et déchirée et il paraissait encore plus frêle que les autres.

Elena s'approcha de lui et lui toucha doucement l'épaule. Dès qu'il sentit sa main, il sursauta et s'enfuit en courant.

Tout en donnant un morceau de pain à une petite fille, elle pointa le doigt vers le garçon qui détalait comme s'il avait le diable à ses trousses.

— Qui est-ce ?

— Matheus, fit la fillette en mordant à pleines dents dans le morceau de pain.

— A-t-il une famille pour s'occuper de lui ?

Elle s'attendait à une réponse négative, mais la petite haussa les épaules.

— Il vit avec ses parents.

Comme elle ne disait rien d'autre, Elena se tourna vers Ragnar.

— Nous devrions rentrer, dit-il en voyant que son panier était vide. Je ferai une collecte de nourriture auprès des membres de notre clan et nous reviendrons la distribuer à ceux qui en ont besoin.

Apparemment, sa colère s'était calmée, et elle en fut heureuse.

— Merci, murmura-t-elle avec un sourire plein de gratitude.

Au lieu de reprendre le chemin par lequel ils étaient venus, Ragnar l'entraîna dans une autre direction, vers le port.

— Je veux te montrer quelque chose, annonça-t-il en la guidant le long des bateaux jusqu'à un appentis où des hommes s'affairaient autour d'une barque en construction.

Curieuse de savoir pourquoi il l'avait amenée là, elle le suivit.

— J'ai parlé à un charpentier de marine, il y a quelques jours, expliqua-t-il. Encore quelques combats, et j'aurai gagné assez d'argent pour acheter un bateau.

Bien qu'elle eût l'impression qu'une chape de plomb s'abattait sur ses épaules, elle essaya de dissimuler sa réaction.

Il va partir. M'abandonner !

Ragnar était bien sûr libre d'aller et venir comme il voulait, mais l'idée de ne plus le voir lui glaçait le cœur.

Deux ouvriers étaient occupés à calfater la coque d'un

bateau, tandis qu'un autre mélangeait de l'ocre avec de l'huile de lin bouillante, afin de faire de la peinture. Elle feignit de s'intéresser à leur travail, tout en cherchant à comprendre pourquoi Ragnar l'avait amenée dans ce chantier naval.

— C'est fascinant de voir tout ce qu'ils parviennent à faire, dit-elle en regardant des planches qui avaient été courbées à la vapeur. Et ces couleurs… Elles sont tellement vives, tellement brillantes…

Mais l'idée qu'il veuille avoir un bateau la mettait mal à l'aise. Sans parler des dangers auxquels il allait s'exposer pour obtenir l'argent nécessaire à son achat…

— Pourquoi veux-tu un bateau ? demanda-t-elle en se retournant vers lui.

— J'ai pensé que tu aurais envie de retourner auprès de ta famille, à Hordafylke, répondit-il en se penchant vers elle. Quand j'aurai un bateau, je pourrai te ramener là-bas.

— Je n'ai aucune envie de remettre un jour les pieds sur un bateau, répliqua-t-elle d'une voix ferme.

Et Hordafylke était bien le dernier endroit où elle désirait aller. La seule pensée de devoir affronter les regards de pitié et de mépris des autres femmes quand elles apprendraient qu'elle avait quitté son mari la fit frissonner. Elles croiraient, sans nul doute, que Styr l'avait répudiée à cause de sa stérilité.

— Où as-tu l'intention d'aller ? reprit-elle lorsqu'ils furent de retour sur les quais.

— Là où le vent me portera.

Elle s'efforça de rester impassible, mais son estomac se noua. Pourtant, que lui importait si Ragnar décidait de partir à l'autre bout du monde ? Il était libre de choisir l'endroit où il aurait envie de s'établir. Et même s'il avait juré de la protéger, elle commençait à croire qu'il n'avait plus du tout envie d'elle. Le souvenir de la nuit de plaisir qu'elle avait connue avec lui continuait de lui embraser les reins, mais lui semblait n'avoir plus qu'une envie, partir loin.

Le plus loin possible, pour ne jamais la revoir.

C'était comme avec Styr… Elle n'avait pas su ce qu'elle devait faire pour éveiller les désirs de son mari et, pendant qu'elle restait docilement sous lui, elle s'était toujours sentie gauche et maladroite…

Elle avait probablement eu tort de séduire Ragnar. Il avait eu envie d'elle avant, tant que, pour lui, elle était inaccessible. Maintenant qu'elle avait partagé son lit, il n'éprouvait plus aucun désir pour elle.

Pendant tout le trajet de retour, elle se reprocha d'avoir succombé à ses pulsions. Ragnar lui avait dit que cela n'arriverait plus jamais, et elle était profondément humiliée à l'idée d'avoir détruit leur amitié pour une nuit de plaisir.

Malgré tout, il avait accepté de l'accompagner et elle l'en remercia.

— As-tu l'intention de te battre de nouveau ? demanda-t-elle timidement avant qu'il ne la quitte.

Il lui lança un regard dur, presque hostile.

— Oui.

— J'aimerais que tu renonces, avoua-t-elle.

Le visage de Ragnar resta de marbre. C'était le visage d'un homme qui n'a aucune intention de se laisser influencer ; celui d'un homme pour qui vivre ou mourir n'a aucune importance.

— Ta vie est plus importante pour moi qu'une poignée de pièces d'argent, murmura-t-elle en posant la main sur son torse, à l'emplacement du cœur.

Il prit sa main dans la sienne et la serra brièvement avant de la relâcher.

— Pas pour moi.

***

Ragnar donna un violent coup d'estoc. La lame de son épée entailla le bouclier de son adversaire que le choc déséquilibra. Ses coups redoublèrent, et il l'accula dans un coin, pendant qu'autour d'eux la foule criait, hurlant à la mort.

— Vas-y ! Tue-le !

Ta vie est plus importante pour moi qu'une poignée de pièces d'argent.

Les paroles d'Elena résonnèrent dans sa tête, tandis qu'il se baissait pour parer un coup de son adversaire. Il voulait la croire, mais il était déchiré entre sa frustration physique et son sens de l'honneur.

Ses ébats avec Elena le hantaient, et il ne parvenait pas à oublier la douceur de son corps contre le sien et la façon dont elle avait joui dans ses bras.

Il l'avait laissée se servir de lui. Il avait savouré pleinement sa nuit avec elle et frissonné de plaisir quand elle s'était emparée de son membre pour le faire pénétrer en elle.

Mais elle ne l'aimait pas. Elle souhaitait seulement satisfaire ses désirs physiques avec lui, rien de plus. Il s'en voulait d'être tombé aussi bas, de s'être montré incapable de résister. Et, bien qu'il ait toujours autant envie d'elle, il avait l'impression d'avoir trahi Styr, son meilleur ami.

Il continua de se battre, rendant coup pour coup à son adversaire. C'était le seul moyen qu'il avait trouvé pour apaiser ses frustrations.

Elena ignorait quel homme il était. Il avait toujours soigneusement dissimulé cette partie sombre de lui-même, ne voulant pas qu'elle découvre la violence qui l'habitait. Quand il se battait, une rage aveugle l'envahissait peu à peu. Une rage qui lui faisait oublier l'adolescent dont Elena n'avait pas voulu et le mépris de son père.

Enfant, il était trop faible pour répondre aux coups de l'homme qui lui avait donné le jour.

Maintenant, il était fort et capable de se battre. Il avait vaincu tous ses adversaires.

Un voile rouge devant les yeux, le corps en sueur, il continua d'assener ses coups.

Pas assez bon, semblait murmurer sa lame.

Tu es un minable. Jamais tu ne seras un vrai guerrier.

Un cri de guerre s'échappa de ses lèvres et il entendit vaguement la foule l'encourager.

— Tue-le ! A mort !

Jusqu'au moment où son épée traversa le corps de son adversaire…

Par le sang de Thor ! Il n'avait jamais eu l'intention d'aller aussi loin ! L'homme gisait sur le sol, se tordant de douleur, ses mains tentant vainement d'arrêter le flot de sang qui s'échappait de la plaie béante de son torse.

Il prit la bourse promise au vainqueur, mais eut l'impression que son poids pesait sur sa conscience. Il venait de tuer un autre homme. Un homme qui ne lui avait rien fait, hormis le défier en combat singulier.

Elena croyait qu'il valait plus que cela… Ce n'était pas vrai. Il était un homme violent, qui ne pourrait jamais lui offrir la vie qu'elle méritait. Il ne pouvait pas croire un seul instant qu'elle se souciait réellement de lui.

Rien ne le retenait dans cette vallée de misère. Peu lui importait de vivre ou de mourir. Un jour, il baisserait sa garde et irait rejoindre dans le Walhalla tous les hommes qui avaient péri par son épée.

Cette nuit-là et le lendemain matin, Elena ne chercha pas à voir Ragnar. Elle le soupçonnait d'être allé encore se battre pour de l'argent, et n'avait aucune envie de le voir risquer sa vie. Son refus d'arrêter la mettait en fureur. Comment pouvait-il croire qu'elle attachait plus d'importance à l'argent qu'aux risques qu'il prenait pour en gagner ?

Mieux valait se changer les idées, essayer d'oublier ses ressentiments. Elle voulait en apprendre plus sur Matheus, le jeune garçon qui s'était enfui quand elle avait voulu lui donner un morceau de pain.

Agata Manisdotter, avec qui elle s'était liée d'amitié, saurait peut-être quelque chose à son sujet. Elle connaissait la plupart des Vikings de Dubh Linn et savait peut-être où habitait Matheus. Ses parents étaient-ils malades ? Pourquoi était-il tellement maigre ? Etait-il battu, maltraité par sa famille ?

Ragnar avait enduré un véritable calvaire dans son enfance. Malgré tous ses efforts pour l'aider, il avait toujours refusé de quitter son père. Rien de tout ce qu'elle avait dit ou fait n'était parvenu à le faire changer d'avis, et elle avait souffert de voir un ami être battu continuellement par un homme qui aurait dû prendre soin de lui.

Voir des enfants comme Matheus souffrir de la faim la rendait furieuse. Elle devait faire quelque chose pour lui.

Ses pas la conduisirent dans l'allée où habitait Agata. Le visage de son amie s'éclaira lorsqu'elle la vit.

— Cela faisait bien longtemps que tu n'étais pas venue me rendre visite ! dit-elle en posant le seau d'eau qu'elle venait d'aller puiser à la rivière. Entre et raconte-moi ce que tu deviens.

Elle ouvrit la porte de sa maison et s'effaça pour la laisser entrer.

A l'intérieur, les enfants d'Agata jouaient au milieu d'un merveilleux désordre. Contrairement à elle, Agata n'avait jamais attaché beaucoup d'importance à son ménage. Elena prit dans ses bras le dernier-né, un enfant de six mois souriant et plein de vie. Il lui saisit ses cheveux à pleines mains et, hilare, se mit à babiller des mots incompréhensibles.

Soulagée à l'idée de pouvoir enfin s'épancher, Elena éclata de rire. Pendant qu'elle s'asseyait, Agata ordonna à ses autres enfants d'aller jouer dehors.

— J'ai entendu dire que tu avais rompu ton mariage avec Styr, dit son amie en la rejoignant. J'en suis désolée.

Elena sentit son estomac se nouer, mais elle parvint à faire bonne figure.

— C'était la seule chose à faire. Styr aimait une autre femme, comme il ne m'a jamais aimée.

Elle mit l'enfant à califourchon sur l'un de ses genoux et le fit sauter, pour son plus grand plaisir.

— Au pas… au trot… et… au galop !

— Je suppose que tu dois avoir envie de tuer la femme qui t'a volé ton mari, dit Agata en lui apportant un gobelet de bière.

— Non, pas du tout, mais…

Se rendant soudain compte que son amie avait raison, elle ne finit pas sa phrase. Les sentiments qu'elle ressentait n'étaient pas seulement de la tristesse. S'y mêlaient également de la colère et de la frustration. Elle avait été mariée pendant cinq ans avec un homme qui ne l'avait jamais aimée et qui, du jour au lendemain, s'était tourné vers une inconnue.

Après cela, elle était allée chercher du réconfort auprès de Ragnar, qui l'avait repoussée comme si elle était une pestiférée. Il lui avait proposé de la ramener chez ses parents, à Hordafylke, le dernier endroit où elle voulait aller.

Une colère sourde commença à gronder en elle.

— Tu as peut-être raison… Mais c'est plutôt Styr que j'aimerais assommer.

Et Ragnar également, se dit-elle. Il avait prétendu avoir

envie d'elle, pour la rejeter dès l'instant où elle s'était donnée à lui.

Elle baissa la tête vers l'enfant qui la regardait fixement avec ses grands yeux bleus.

— Je suppose que c'est horrible de penser une chose pareille.

Agata leva son gobelet, comme pour trinquer ironiquement avec elle.

— Tu aimerais planter une dague dans son cœur… C'est ce que je ferais, si jamais mon mari osait regarder une autre femme ! Je le tuerais avant qu'il ait eu le temps de rompre notre mariage.

Elena se contenta de sourire. Comme l'enfant commençait à s'endormir, elle le déposa dans son berceau.

— Agata, je ne sais plus du tout où j'en suis. Je n'arrête pas de me demander ce que j'aurais pu faire pour que Styr m'aime.

Sa main se mit à trembler et elle se força à boire une gorgée de bière.

— J'ai fait tout ce que j'ai pu pour être une bonne épouse. J'ai partagé son lit, je lui ai préparé tous les plats qu'il aime, j'ai tenu sa maison toujours en ordre…

— Ce n'est pas normal, la façon dont tu passes ton temps à ranger et nettoyer, l'interrompit Agata. Mais, même ainsi, je suis d'accord avec toi. Tu as eu raison de rompre ton mariage et de le laisser partir avec cette *skjoge*.

Elena soupira.

— Il a prétendu ne l'avoir jamais touchée. J'imagine que c'est une femme honnête, même si elle l'a gardé prisonnier pendant plusieurs jours.

Les yeux d'Agata se mirent à briller.

— Elle a fait quoi ?

— D'après ce qu'on m'a dit, elle l'a assommé et gardé

enchaîné dans sa maison, répondit Elena en haussant les épaules.

— Par toutes les déesses du Walhalla ! J'aurais payé cher pour voir ça ! s'esclaffa Agata Il devait être fou furieux ! Etre assommé et enchaîné par une femme, lui, le vaillant guerrier viking !

— Et il veut l'épouser ! précisa Elena en soupirant. Après tout ce qu'elle lui a fait, il en est tombé amoureux. C'est à désespérer ! Je lui ai tout donné, et il s'est entiché d'une Gaël qui l'a enchaîné !

Une bouffée de rage l'envahit et elle serra les poings, tellement elle se sentait humiliée et frustrée.

— Cette Gaël a peut-être trouvé le bon moyen pour le séduire, suggéra Agata avec une moue méprisante.

Elena ignorait si elle devait rire ou pleurer. Cependant, en voyant le sourire narquois de son amie, elle enfouit son visage dans ses mains.

— Et, pour ne rien arranger, j'ai couché avec Ragnar.

Agata se remit à rire.

— C'est bien la première chose raisonnable que tu aies faite ! Ragnar est beau à faire tourner la tête à une déesse et il ferait n'importe quoi pour te rendre service. Quitte à mettre sa vie en danger.

Elena n'en doutait pas, mais c'était la seule chose qu'elle n'avait pas envie de lui demander.

— Maintenant, il ne veut même plus entendre parler de moi, murmura-t-elle en regardant l'enfant endormi dans son berceau. Je me suis conduite comme une *skjoge,* une ribaude, ajouta-t-elle en grimaçant.

— Tu as tort de te culpabiliser, dit Agata en posant une main rassurante sur son épaule. Après ce que ton mari t'a fait, il était naturel que tu ailles chercher du réconfort auprès d'un homme qui a de l'estime pour toi.

— J'ai agi stupidement, et cela ne se reproduira plus jamais, marmonna Elena, rouge de honte. Je ne sais même pas pourquoi je suis allée le rejoindre dans son lit.

Les yeux d'Agata pétillèrent.

— Pour le plaisir, peut-être ? Beaucoup de femmes auraient envie de passer une nuit dans les bras d'un homme comme lui !

Le visage d'Elena s'empourpra encore plus.

— Je n'aurais pas dû. Depuis lors, il m'évite.

— Parce qu'il se sent coupable, sans doute, suggéra Agata. Styr est son meilleur ami… Mais je ne connais pas un seul homme capable d'en vouloir à une femme qui s'est donnée à lui librement. Et si tu as envie de coucher avec lui, personne ne peut t'en blâmer, maintenant que Styr t'a trompée et abandonnée.

— Je ne sais pas ce dont j'ai envie, marmonna Elena.

Depuis toujours, elle avait laissé les autres prendre les décisions à sa place. Son père avait arrangé son mariage avec Styr alors qu'elle était âgée d'à peine dix-sept ans. Elle avait trouvé cela naturel et n'avait émis aucune objection. Et, une fois mariée, elle s'était laissé guider par son mari.

— Tu as tout ton temps pour réfléchir à ce que tu veux faire de ta vie, la rassura Agata. Et tu as la chance de n'avoir aucun compte à rendre à personne. Il y a des jours, tu sais, où j'aimerais franchir cette porte et ne jamais revenir. Surtout quand mon mari est de mauvaise humeur ou que les enfants ont passé toute la journée à crier et à faire des bêtises.

— Même si je ne me remarie jamais, j'ai envie d'être entourée par des enfants…

Cet aveu lui rappela le but de sa visite. Elle parla alors à Agata de l'enfant qu'elle avait rencontré dans une ruelle près du marché.

— Il avait l'air à moitié mort de faim, ajouta-t-elle après avoir décrit Matheus. J'ai envie de découvrir où il habite pour voir si quelqu'un s'occupe de lui.

Pendant quelques instants, Agata la considéra en silence.

— Je le connais, Elena. Il n'est pas comme les autres garçons. J'ai entendu dire qu'il était simple d'esprit.

Elena l'avait plus ou moins deviné, d'après la façon dont il se comportait. Ce qui voulait dire qu'il avait encore plus besoin d'aide que les autres…

— Je veux aller voir où il habite, insista-t-elle.

Agata haussa les épaules.

— A ta guise. Je vais t'y conduire.

Quand elles sortirent, Agata appela sa fille aînée et lui demanda de rentrer dans la maison et de surveiller le petit qui dormait. Puis elle prit le bras d'Elena et l'entraîna vers les faubourgs de la ville.

Elles traversèrent les quartiers riches, avec les maisons de bois des marchands vikings et celles en brique ou en pierre des Gaëls, et s'engagèrent dans les ruelles étroites et sombres où Ragnar l'avait emmenée quand il avait voulu lui montrer le chantier où il avait l'intention de se faire construire un bateau.

L'odeur était répugnante et toutes sortes de détritus jonchaient la terre battue. Elena posa instinctivement la main sur la petite dague qu'elle gardait dissimulée dans les plis de sa robe et regarda son amie d'un air hésitant.

— Nous ne devrions peut-être pas venir ici sans personne pour nous escorter.

Agata haussa les épaules.

— Ce n'est pas loin, et les pauvres gens qui vivent ici ne sont pas plus dangereux que les riches. Moins, peut-être même. Tu m'as dit que tu voulais savoir où il habite. C'est là-bas, ajouta-t-elle, en pointant le doigt vers une petite maison.

En voyant ses murs délabrés et son toit de chaume à moitié pourri, Elena ne put s'empêcher de frissonner.

— Il ne parle pas, poursuivit Agata. Et, d'après ce qu'on m'a dit, il n'a jamais parlé.

Les mains d'Elena se crispèrent et elle songea qu'elle n'aimerait probablement pas ce qu'elle allait découvrir quand elles arriveraient à la maison des parents de Matheus.

— Est-ce un Gaël ?

Son amie secoua la tête.

— Non, c'est un Viking, comme nous. Mais ses parents ont bâti leur maison à l'écart des nôtres, parce que personne ne voulait d'eux dans leur voisinage.

Quand elles furent devant la misérable maison, Elena sentit son estomac se nouer.

— Quel âge a-t-il ?

— Six ou sept ans, pour autant que je sache. La dernière fois que je suis venue ici, ses parents le battaient, poursuivit Agata, l'air embarrassé. J'aurais voulu les arrêter, mais j'étais seule et je n'ai pas osé m'interposer.

Elle rougit, comme si elle se sentait coupable de n'avoir rien pu faire.

Lorsque Elena frappa à la porte, personne ne lui répondit. En provenance de l'intérieur, elle entendit cependant des bruits d'éclaboussures. D'abord, elle se dit que quelqu'un faisait la vaisselle ou la lessive mais, soudain, un cri étouffé lui fit froncer les sourcils.

En entendant de nouvelles éclaboussures, suivies par un bruit sourd, elle sentit son estomac se nouer de plus belle. Il y avait quelque chose d'anormal.

Sans hésiter, elle ouvrit la porte et vit une femme en

train de maintenir la tête de Matheus dans une bassine d'eau. Elle essayait de le noyer !

Elle se précipita vers elle et lui arracha l'enfant des mains. Le malheureux se mit à tousser et à cracher, à demi étouffé, le visage presque bleu par manque d'air.

— Que faites-vous ? s'exclama-t-elle, bien qu'elle connût déjà la réponse.

La femme lui lança un regard noir.

— Il est maudit par les dieux ! Une tête vide, incapable de rien faire. Il aurait dû mourir quand il est né.

— Et maintenant, vous essayez de le tuer ? rétorqua Elena, horrifiée à l'idée qu'une mère puisse agir d'une façon aussi cruelle. Mais c'est un enfant !

Elle se pencha vers lui, mais il ne leva pas la tête et ne dit rien.

— Il refuse de m'obéir, et j'en ai assez de le nourrir ! poursuivit la femme d'une voix aigre. Personne n'aura jamais envie d'élever un bon à rien pareil.

Elena posa la main sur l'épaule de Matheus qui garda la tête obstinément baissée. Accroupi sur le sol en terre battue, les cheveux dégoulinants, il tremblait de froid. Dans un coin, un vieux chien gémit et battit le sol avec sa queue.

La mère de Matheus ouvrit la porte en grand, une moue dédaigneuse aux lèvres.

— Si vous voulez le prendre, emmenez-le avant le retour de mon mari.

L'enfant ne bougeait toujours pas. Il n'avait que la peau sur les os, et son visage et ses bras étaient couverts de bleus et de cicatrices.

— Je vais le prendre, oui, s'entendit dire Elena. Mais il ne reviendra pas auprès de vous quand il sera grand. Pas après que vous avez essayé de le noyer.

— Je me moque de ce qui pourra lui arriver, répliqua

la femme en crachant par terre. Si vous avez envie de vous occuper de cette larve, c'est votre affaire, et je ne vous plaindrai pas. A part manger, il ne sait rien faire et ne saura jamais rien faire.

Elena tourna la tête vers Agata, qui avait attendu dehors.

— Tu as besoin de mon aide ? demanda son amie en jetant un coup d'œil à l'intérieur de la maison.

Elena hésita. Elle espérait que le garçon viendrait avec elle de son plein gré, mais il allait peut-être crier ou se débattre.

Doucement, elle se pencha vers lui et lui parla comme elle l'aurait fait avec un animal blessé.

— Tu vas venir avec nous, Matheus. Nous ne te ferons aucun mal, je te le promets.

Il ne protesta pas quand elle le prit dans ses bras. Il était si léger qu'elle se demanda depuis quand il n'avait pas mangé. Cela pouvait faire plusieurs jours qu'on ne lui avait rien donné.

Sans dire un mot, Agata s'effaça pour la laisser passer.

Bien qu'elle ait le cœur lourd en pensant à ce que ce pauvre enfant avait subi, Elena se sentait en proie à une étrange exaltation. Elle avait enfin un but dans sa vie ! Elle emmènerait Matheus chez elle, s'occuperait de lui et s'efforcerait de lui donner l'amour dont il avait tant manqué au sein de sa famille.

— Mon nom est Elena, murmura-t-elle en le serrant contre elle.

Pendant tout le trajet de retour, elle continua de lui parler à voix basse, lui disant où ils allaient et quelles étaient ses intentions à son égard. Plusieurs fois, elle le sentit frissonner. Il ne dit rien et, en le voyant rester silencieux, elle se demanda s'il était capable de parler.

— Si tu veux, j'ai des vêtements pour lui, proposa Agata en s'arrêtant devant la porte de sa maison. Mes garçons ont grandi, et ils sont trop petits pour eux.

— Volontiers, dit Elena avec gratitude. Et je te remercie de m'avoir amenée chez lui.

Elle connaissait à peine cet enfant, mais si elle était arrivée quelques instants seulement plus tard, il serait mort, maintenant. Son cœur se serra à cette pensée.

Agata hocha la tête.

— Je te les apporterai tout à l'heure. En attendant, rentre chez toi, et donne-lui à manger. Le pauvre petit a l'air vraiment mort de faim. Tu devrais aussi demander à Ragnar de t'aider. Tu pourrais en avoir besoin.

Elena hésita puis, finalement, décida de suivre le conseil de son amie.

— Tu as raison. Je l'enverrai chercher. Merci d'avance pour les vêtements.

En arrivant chez elle, elle découvrit qu'elle n'aurait pas besoin d'envoyer chercher Ragnar. Il était déjà là, à l'attendre devant sa porte. En voyant l'enfant dans ses bras, il haussa un sourcil interrogateur.

— C'est Matheus, expliqua-t-elle. Il va être mon fils, désormais.

Ragnar la regarda d'un air incrédule, mais ne fit aucun commentaire.

— Je te raconterai tout quand il aura mangé et que je l'aurai mis au lit, ajouta-t-elle en ouvrant sa porte.

Chapitre 14

Ragnar suivit Elena dans la maison, en s'interrogeant sur les raisons pour lesquelles elle était allée chercher cet enfant. Puis il vit ses bras et son visage couverts de bleus et de cicatrices. Ce garçon avait été souvent battu.

C'était comme s'il voyait soudain une image de lui-même enfant. Et, quand il croisa le regard d'Elena, il sut exactement pourquoi elle avait décidé de le ramener chez elle.

— Où sont ses parents, Elena ? demanda-t-il.

Elle ne répondit pas mais, à son expression, il comprit qu'elle lui raconterait tout plus tard. Son attitude était pleine de détermination, celle d'une lionne prête à défendre son lionceau. Elle déposa l'enfant doucement et, aussitôt, il recula pour aller se réfugier dans un coin de la pièce.

Elena le laissa faire et se tourna vers lui.

— Pourrais-tu me faire chauffer de l'eau, Ragnar ? Agata va m'apporter des vêtements pour lui, et je veux voir s'il a d'autres bleus sur le corps.

Le garçon tremblait, le visage pressé contre l'un des murs, comme s'il voulait y rentrer. De toute évidence, il était terrorisé.

Ragnar sut exactement ce qu'il ressentait, mais il eut le sentiment qu'Elena n'avait pas pris la bonne mesure de Matheus. Elle n'était pas prête à s'occuper d'un enfant aussi traumatisé. Il s'abstint néanmoins de lui faire part de ses doutes pour le moment.

Il prit le chaudron en fer et sortit pour aller le remplir d'eau. Alors qu'il revenait de la rivière, Agata arriva et lui donna les vêtements qu'elle avait apportés.

— La mère du petit a essayé de le noyer, lui apprit-elle. Elena l'a sauvé juste à temps. Elle va avoir besoin de toi cette nuit, ajouta-t-elle avec un sourire de conspiratrice.

Matheus avait failli être noyé ? A cette pensée, il sentit son sang se glacer dans ses veines.

Elena l'avait sauvé, comme elle avait essayé de le secourir, quand son propre père le battait.

Il remercia Agata puis ouvrit la porte de la maison et entra, horrifié à la pensée de ce que cet enfant avait enduré. Il donna les vêtements à Elena et suspendit le chaudron au-dessus du feu. Les vêtements seraient sans doute trop grands pour Matheus mais, au moins, ils étaient propres et préférables aux haillons sales et déchirés qu'il portait.

Quand Elena posa la main sur son épaule, Matheus se mit à pleurer et à trembler. Quelques instants plus tard, ses pleurs se changèrent en hurlements.

Elena resta parfaitement calme, comme si elle s'était attendue à la violence de sa réaction.

— Dès que l'eau sera tiède, verses-en dans une cuvette et apporte-la-moi avec du savon et un linge.

Ragnar ne discuta pas, même s'il pensait que ce premier incident serait suivi par de nombreux autres. Matheus était maintenant roulé en boule, en proie à une crise de sanglots. Il ignorait comment Elena l'avait enlevé à ses parents, mais il ne la blâmait pas de l'avoir fait. Il avait seulement envie de donner une leçon à l'homme et à la femme qui avaient traité leur propre enfant d'une façon aussi ignominieuse.

Il versa de l'eau tiède dans une cuvette de bois et apporta à Elena le savon et le linge demandés.

— Veux-tu que je reste ou que je m'en aille ?

Il craignait que le jeune garçon se débatte violemment quand elle essaierait de le toucher.

— Je préférerais que tu restes, répondit-elle.

Elle s'approcha de Matheus et s'assit à côté de lui, en ignorant ses cris et ses pleurs.

— Tu as vécu une journée affreuse aujourd'hui, Matheus, murmura-t-elle en trempant un coin du linge dans l'eau.

Alors qu'elle parlait, son regard croisa celui de Ragnar. Il vit une infinie compassion dans ses yeux, et la douceur de sa voix l'incita à se rapprocher d'elle.

Il était revenu chez elle, le corps encore douloureux de son dernier combat. Un de plus, et il aurait assez d'argent pour acheter un bateau. En baissant les yeux, il se rendit compte qu'il avait encore des traces de sang sur les mains ; le sang de son adversaire.

Il avait tué un homme, aujourd'hui, pendant qu'Elena sauvait un enfant. Le contraste entre eux était si grand qu'il fut tenté de s'en aller, mais il lui avait dit qu'il resterait.

— Je veux t'aider, dit-elle d'une voix très douce à Matheus.

Ragnar savait qu'elle avait eu envie de l'aider, lui aussi, quand il était adolescent. Mais il y avait des blessures qui ne pouvaient jamais guérir.

L'enfant se comportait comme s'il n'entendait pas un mot de ce qu'elle disait. Elena lui prit la main et la lava avec le bout humide du linge. Ses pleurs s'apaisèrent, comme s'il n'avait jamais été en contact avec de l'eau tiède auparavant. Il ne regarda pas Elena, mais tendit l'autre main et toucha la surface de l'eau dans la cuvette. Une expression de stupeur admirative envahit son visage.

— Cela ne te fera pas mal, dit-elle en lui prenant le poignet.

Doucement, elle frotta son bras tandis qu'il plongeait son autre main dans l'eau, l'air à la fois surpris et émerveillé.

En observant Elena, Ragnar vit une femme qui avait attendu toute sa vie d'avoir un enfant.

Matheus se laissa débarbouiller le visage et les bras et, quand elle lui montra la tunique propre qu'elle avait choisie parmi les vêtements apportés par Agata, il toucha l'étoffe en hésitant, comme s'il n'avait jamais senti quelque chose d'aussi doux.

— Peux-tu aller regarder dans le garde-manger ? demanda-t-elle à Ragnar. Il doit rester du pain et de la viande froide de ce matin.

La mine sombre, il commença par se laver les mains. Puis, quand il eut apporté le pain et la viande, il garda les yeux fixés sur Elena et Matheus.

Matheus jouait avec l'eau de la cuvette et Elena le surveillait, l'air radieux. A cet instant, Ragnar se rendit compte à quel point elle pouvait désirer avoir un enfant.

Son mari aurait dû depuis longtemps trouver un orphelin à lui confier. Si elle avait pu s'occuper d'un enfant, leur mariage ne se serait peut-être pas terminé par une rupture. Frustrée de n'avoir personne à qui prodiguer ses soins et sa tendresse, Elena s'était repliée sur elle-même.

Cependant, malgré sa douceur et sa gentillesse, Matheus ne l'avait pas une seule fois regardée. Toute son attention était concentrée sur l'eau de la cuvette et sur l'étoffe de la tunique.

Elena rompit un morceau de pain et le lui tendit. En voyant qu'il le regardait sans comprendre, elle le lui mit dans la bouche. Une fois qu'il y eut goûté, son expression se transforma de nouveau. Ragnar s'attendait à le voir le dévorer. Au lieu de cela, il le grignota lentement, en savourant chaque miette, comme s'il n'avait jamais rien mangé d'aussi bon.

Il vit qu'Elena luttait pour retenir ses larmes. Si elle avait eu un enfant, elle se serait privée plutôt que de le laisser avoir faim. Et les dieux avaient donné Matheus à une mère qui avait tenté de le noyer, simplement parce qu'il était différent !

Quand Matheus fut enfin rassasié, elle le guida vers son propre lit et borda une couverture autour de lui. Mais, aussitôt, il se recroquevilla et se remit à pleurer. Puis il donna des coups de pied et arracha la couverture. Lorsque Elena essaya de nouveau, il se débattit, comme s'il craignait qu'elle veuille l'étouffer.

— Je la laisse là, si tu en as besoin, dit-elle finalement en posant la couverture au pied du lit. Je ne veux pas te forcer.

Les sanglots de Matheus s'apaisèrent, mais il allait certainement lui falloir un long moment avant de s'endormir.

Ragnar ne savait que dire. Elena paraissait soucieuse. Elle s'écarta du lit, afin de rassurer l'enfant et lui laisser de l'espace.

Il devrait partir maintenant, songea Ragnar, mais quelque chose le retint. Tout à coup, sans prévenir, Elena se jeta dans ses bras et enfouit son visage dans son cou.

— Merci d'être resté. Cela m'a aidée.

— Je n'ai rien fait, protesta-t-il.

Il ne put s'empêcher de la serrer contre lui et de lui caresser le dos.

Un parfum léger émanait de ses cheveux. Un mélange de savon et d'une fleur qu'il ne réussit pas à reconnaître. Belle à couper le souffle, comme toujours… Il posa ses lèvres sur ses cheveux, avec une folle envie de l'embrasser. Il se retint néanmoins et força ses mains à rester immobiles.

— Tu m'as soutenue, murmura-t-elle. Je n'arrive pas à imaginer qu'on puisse avoir envie de tuer un enfant…, ajouta-t-elle en jetant un regard en direction de Matheus.

Ragnar songea à son propre père et aux coups qu'il avait reçus de cet homme à demi fou de chagrin. Son père s'était réfugié dans l'alcool et avait souvent oublié qu'il avait un fils. Quand il avait bu, il n'était plus lui-même, et un rien suffisait à le mettre en fureur. Sa violence se déchaînait alors sans raison.

— Tu as été bonne avec cet enfant, répondit-il. Avec le temps, Matheus finira par avoir confiance en toi, et ses crises disparaîtront.

Elle soupira et releva la tête pour le regarder.

— J'ai envie de le croire. Mais après tout ce qu'il a subi, il lui faudra peut-être très longtemps avant qu'il se sente en sécurité.

Elle avait sans doute raison. Soudain, une idée germa dans la tête de Ragnar. Une idée qui pourrait peut-être apaiser les angoisses de Matheus.

— Attends-moi, dit-il. Je n'en aurai pas pour longtemps.

Il faudrait certainement du temps à Matheus pour recouvrer confiance dans les humains, mais il connaissait un moyen pour le rassurer.

Quand il revint, Elena vit avec surprise qu'il portait un chiot. Le petit chien était marron clair, avec des grandes oreilles qui lui retombaient sur les yeux et la truffe.

— Ce chiot devrait pouvoir apaiser un peu Matheus, dit-il en allant s'asseoir sur le lit, à côté du petit garçon.

Matheus se retourna. Quand Ragnar posa le chiot contre lui, il arrêta de pleurer et l'entoura de ses bras.

C'était exactement ce dont il avait besoin. Ragnar l'avait deviné, alors qu'il ignorait que le petit garçon avait eu un chien chez lui. Le cœur d'Elena se gonfla de bonheur en voyant Matheus et le chiot blottis l'un contre l'autre.

— Où l'as-tu trouvé ? demanda-t-elle.

— La chienne de l'un de mes voisins a eu une portée, il y a sept ou huit semaines, répondit Ragnar en venant s'asseoir à table, en face d'elle. Il a bien voulu me le céder contre une pièce de bronze et en me recommandant de bien le soigner.

En voyant que Matheus s'était enfin endormi, Elena commença enfin à se détendre. Mille pensées se bousculaient dans sa tête. Tout était arrivé si vite… elle en avait le tournis.

Même ainsi, elle ne regrettait pas d'avoir sauvé Matheus. Si elle n'avait pas ouvert la porte et arrêté le geste meurtrier de sa mère, il serait mort. Et maintenant, il était son enfant.

Le feu avait réchauffé l'intérieur de la maison. Ragnar alla chercher le reste de pain et de viande froide.

— Tu n'as pas encore mangé, je suppose ?

Elle n'y avait même pas pensé. Pas après tout ce qui venait de lui arriver.

— J'avais l'esprit ailleurs, admit-elle.

Ragnar rompit un morceau de pain et le lui tendit. Le contact de ses doigts fit naître en elle d'autres pensées. Son regard se posa sur sa bouche ferme et virile et elle se souvint de la façon dont il l'avait embrassée.

A son tour, elle rompit un morceau de pain et le lui donna à manger. Quand ses doigts effleurèrent ses lèvres, il lui saisit le poignet.

Une lueur flamba dans ses yeux, comme s'il voulait la mettre en garde, l'empêcher d'aller plus loin. Aussitôt, elle sentit une vague de chaleur l'envahir.

Elle se remémora alors les paroles d'Agata, un peu plus tôt.

Si tu as envie de coucher avec lui, tu es libre et personne ne pourra t'en blâmer.

— Je devrais m'en aller, dit Ragnar.

Elle n'avait pas envie qu'il parte. Quand elle se leva et s'approcha de lui, elle découvrit sur son visage et ses mains de nouvelles ecchymoses que, trop occupée par Matheus jusque-là, elle n'avait pas remarquées. Elle devina sans peine à quoi elles étaient dues.

— Tu t'es encore battu aujourd'hui.

Debout devant lui, elle passa délicatement la main sur ses bleus. Il ne le nia pas, et elle préféra ne pas le lui reprocher, de peur qu'il s'en aille.

Elle tira son tabouret, s'assit en silence à côté de lui et appuya la tête contre son épaule, tout en sachant qu'il n'avait aucune envie de rester auprès d'elle.

— Il y a eu un temps où je pouvais tout te dire, murmura-t-elle au bout de quelques instants. Quand nous étions jeunes, c'était toujours vers toi que j'allais. Jamais vers Styr. Je n'aime pas la façon dont tu es en colère contre moi maintenant, ajouta-t-elle en lui prenant la main.

Comme il ne répondait pas, elle entrelaça ses doigts avec les siens. Pendant un long moment, ils ne dirent rien puis, finalement, il lâcha sa main et mit son bras autour de sa taille.

— Je ne suis pas en colère contre toi.

— Je t'en prie, sois de nouveau mon ami, dit-elle à voix basse. Je ne te demanderai rien, je te le promets.

Mais ne t'en va pas ! eut-elle envie d'ajouter.

En s'en allant, il ouvrirait dans son cœur une blessure qui ne se refermerait jamais.

Elle ignorait quels étaient ses sentiments à son égard. Après la rupture de son mariage, elle était allée se réfugier auprès de lui et avait découvert que, au-delà du simple besoin de consolation, il y avait autre chose.

Des sentiments enfouis au fond d'elle-même depuis des années.

Mais elle avait peur de parler. Le moindre faux pas suffirait à le faire s'enfuir, et elle serait de nouveau seule, abandonnée.

— Que vas-tu faire de ce garçon ? s'enquit-il.

— M'occuper de lui aussi bien que possible.

— Elever un enfant n'est pas une tâche facile pour une femme seule, lui fit-il observer.

— Je le sais.

Elle se leva et alla se pencher au-dessus du lit. Matheus dormait, le chiot blotti dans ses bras. Elle eut envie de l'embrasser mais, ne voulant pas le réveiller, elle se contenta de passer la main doucement sur ses cheveux noirs. Malgré ses problèmes, il avait déjà sa place dans son cœur.

Ragnar la rejoignit et sa présence la réconforta.

— Je ne vais pas seulement l'élever, Ragnar, dit-elle. Je vais l'adopter. Il n'a nulle part ailleurs où aller.

Elle se tourna vers lui et les yeux vert sombre de Ragnar plongèrent dans les siens.

— Si c'est cela que tu veux…

Oui, elle le voulait. En l'espace de quelques heures, sa vie avait été complètement transformée. Elle ne savait pas ce qu'il adviendrait d'elle, mais elle nourrirait et protégerait cet enfant jusqu'à ce qu'il soit en âge de gagner sa vie et, peut-être, de fonder un foyer.

Elle soupira, puis tira une paillasse de dessous le lit et la garnit de fourrures et de couvertures. Ragnar la regarda faire, en restant un peu à l'écart.

— Que fais-tu ? questionna-t-il à voix basse, quand il la vit commencer à dégrafer son tablier.

Ignorant sa question, elle enleva son tablier, tout en gardant sa robe.

— Enlève ta cotte de mailles. Tu n'en as pas besoin ici, dit-elle, lorsqu'elle se retourna vers lui.

Il obéit et la posa sur la table, avec son épée. Mais, dans ses yeux, elle vit qu'il était sur la défensive, comme s'il s'attendait à ce qu'elle lui demande autre chose.

— Viens dormir à côté de moi, Ragnar, reprit-elle en se couchant et en rabattant les couvertures sur elle.

Elle attendit, en espérant qu'il allait la rejoindre.

— Je ne te demanderai rien d'autre, ajouta-t-elle comme il ne bougeait pas.

Il s'assit sur un tabouret, les yeux fixés sur elle.

— Non, *sotnos*. Si je me couche à côté de toi, je te demanderai plus que tu n'as envie de donner.

Chapitre 15

Les journées s'écoulaient, semblables les unes aux autres. Cependant, plus le temps passait, plus Ragnar se sentait nerveux et frustré. Il continuait de protéger Elena et Matheus, et, bien qu'elle lui fasse ses repas et qu'il dorme chez elle, il s'abstenait de la toucher. Cette proximité lui devenait de plus en plus difficile à supporter.

Elle ne lui demandait rien, hormis de rester auprès d'elle. La nuit, quand elle était couchée sur sa paillasse, elle lui parlait longuement, jusqu'à ce qu'il brûle de l'embrasser, afin de la faire taire.

S'il ne la touchait pas, cela ne voulait pas dire qu'il n'avait pas envie d'elle. Jour après jour, son désir de la posséder devenait de plus en plus fort et, afin de pouvoir y résister, il multipliait les combats et passait des heures à s'entraîner physiquement.

Ce matin, il avait accepté d'accompagner Elena et Matheus au marché, mais il était sur ses gardes, car il croisait nombre de regards hostiles. Il s'était fait beaucoup d'ennemis ; les hommes qu'il avait battus et tous ceux qui avaient perdu de l'argent en pariant sur ses adversaires. La main posée sur la poignée de son épée, il était aux aguets, prêt à réagir à la moindre menace.

Quand Elena et Matheus eurent fini leurs achats, il

s'arrêta devant l'enclos où se déroulaient les combats. Deux hommes se faisaient face, en cotte de mailles et la hache à la main. Le plus petit était vif, tournant sans cesse autour de son adversaire qui, plus massif, brandissait sa hache comme s'il avait l'intention de le décapiter. Ragnar les avait déjà battus tous les deux.

Matheus s'était arrêté pour caresser un chat venu se frotter contre ses jambes. Elena lui lâcha la main et se tourna vers Ragnar.

— Viens, rentrons.

Il la regarda et s'aperçut qu'elle était mal à l'aise.

— J'ai gagné presque assez d'argent pour acheter le bateau dont j'ai besoin pour te ramener à Hordafylke. Si tu as changé d'avis…

Elle secoua la tête, l'air abasourdie.

— Non. Je n'ai toujours aucune envie de retourner là-bas, répondit-elle en reprenant la main de Matheus et en se mettant en route.

Ragnar la suivit, une main posée sur le bas de son dos, pour bien signifier à tous qu'elle était sous sa protection.

Quand ils arrivèrent au pont sur la Liffey, Elena s'arrêta tout à coup et regarda derrière elle d'un air inquiet.

— N'as-tu pas l'impression qu'on nous suit ?

Ragnar se retourna, mais il y avait trop de gens autour d'eux pour qu'il puisse affirmer qu'ils n'étaient pas suivis. Il ne remarqua toutefois rien qui lui semblât anormal.

— Même si nous le sommes, il ne t'arrivera rien. Je suis là pour te protéger.

— Tout à l'heure, au marché, j'ai vu un homme regarder Matheus avec insistance. Et je crois l'avoir aperçu de nouveau, il y a un instant.

Elle se rapprocha de Ragnar, tout en tenant fermement la main de l'enfant.

— Reste bien à côté de moi, Matheus, lui ordonna-t-elle.

Ils se remirent en route et s'engagèrent dans le quartier qui avait été incendié par les Danois. L'odeur de brûlé était encore présente et Ragnar scruta le visage de tous les hommes qu'ils croisaient sans déceler aucune menace.

— Attends-moi ici, dit-il quand ils furent devant la maison d'Elena. Je vais m'assurer qu'il n'y a aucun danger à l'intérieur.

Il poussa la porte et fit le tour de la maison, avant de l'autoriser à entrer avec Matheus.

— Ça va. Personne ne s'est introduit chez toi pendant notre absence.

Matheus s'accroupit et le chiot se précipita vers lui pour le lécher et lui faire des amitiés. Ragnar ferma la porte derrière eux et vit qu'Elena paraissait soulagée d'être de retour chez elle.

Il l'observa pendant qu'elle rangeait les provisions achetées au marché. Sa conduite était normale, mais il la sentait toujours un peu mal à l'aise.

— Matheus a l'air de bien s'habituer, dit-il afin de lui changer les idées.

Elle hocha la tête.

— Oui, fit-elle en se rapprochant de lui et en baissant la voix. Mais il ne me regarde jamais. Parfois, je me demande même s'il sait qui je suis. Et cela ne lui plaît toujours pas, quand j'essaie de le prendre dans mes bras.

Ragnar supposa que c'était dû aux mauvais traitements qu'il avait subis chez ses parents.

— As-tu appris autre chose à son sujet ?

Elle le fit asseoir et lui parla de Matheus, des choses

qu'il aimait et de celles qu'il n'aimait pas. Il eut toutefois l'impression qu'elle ne lui disait pas tout.

— Il aime aussi faire des dessins par terre, ajouta-t-elle. Chaque soir, il fait un nouveau dessin pour moi.

Comme pour illustrer ses paroles, Matheus se pencha et commença à tracer des lignes sur la terre battue avec un bâton. Chaque ligne était de la même longueur que la précédente, et Ragnar se rendit compte qu'Elena n'était pas inquiète au sujet de Matheus. Il était différent des autres enfants mais, à ses yeux, il avait autant de valeur. Elle voyait au-delà de ses problèmes et lui trouvait des qualités que d'autres n'avaient pas. Comme cette envie instinctive de dessiner.

Une vague de désir monta en lui. Si elle lui appartenait, il la prendrait dans ses bras, la couvrirait de baisers et l'emporterait vers le lit.

— Pourquoi me regardes-tu comme cela ? murmura-t-elle en remettant en place une mèche folle.

Parce qu'il voulait plus d'elle. Pas seulement un sourire ou une étreinte fugitive. Il la voulait à ses côtés, jour et nuit, même s'il savait qu'il ne la méritait pas.

En voyant soudain une ombre passer devant la fenêtre, il se leva. C'était peut-être seulement un passant, mais les inquiétudes d'Elena lui revinrent à l'esprit et il posa la main sur la poignée de son épée.

— Qu'y a-t-il ? demanda Elena.

Probablement rien, mais elle avait eu l'impression que quelqu'un les avait suivis et il tenait à en avoir le cœur net.

— Attends-moi ici et barre la porte derrière moi, ordonna-t-il. J'ai vu quelqu'un passer devant la fenêtre. Je veux m'assurer qu'il n'a pas de mauvaises intentions à ton égard.

Il ouvrit la porte et repéra un homme qui s'éloignait

un peu trop rapidement pour n'être qu'un simple passant. L'homme n'avait aucun trait remarquable. Pas très grand, des cheveux blond filasse et des vêtements sales et déchirés. Son attitude était toutefois suffisamment suspecte pour qu'il le poursuive.

Ragnar le rattrapa et le saisit par le bras.

— Pas si vite, mon gaillard !

L'homme s'arrêta, l'air surpris.

— Que voulez-vous ? Je ne vous connais pas.

Il avait parlé d'une voix calme, mais ses yeux fuyaient les siens, comme s'il cherchait un moyen de lui échapper.

— Non, mais tu t'es arrêté devant ma maison et tu as regardé à la fenêtre. Je veux savoir pourquoi, répliqua Ragnar, en lui tenant fermement le bras.

L'homme jeta un coup d'œil autour de lui, puis haussa les épaules.

— Je ne savais pas que c'était votre maison. Je voulais seulement voir mon fils.

Son fils ? Ragnar se raidit et, en observant plus attentivement l'individu, vit des traits de ressemblance avec Matheus.

— Ta femme a essayé de le noyer il y a quelques jours, lui fit-il observer d'une voix glaciale.

Les traits de l'homme se figèrent.

— On me l'a dit. Il n'est pas bon à grand-chose, mais c'est mon sang qui coule dans ses veines. Je voulais voir comment il allait.

Un père avait le droit de s'assurer du bien-être de son fils, mais la mine sournoise de cet homme n'inspirait aucune confiance à Ragnar. Apparemment, la tentative de meurtre de sa femme ne lui causait aucun remords.

— Si cela peut te rassurer, il est bien soigné et mange à sa faim.

Sur ces paroles, Ragnar le lâcha et commença à s'éloigner. L'homme le rappela.

— Si nous vous permettons de garder Matheus, nous avons droit à une compensation.

C'était donc cela ! Ragnar se retourna en faisant un effort pour maîtriser sa fureur.

— Nous lui avons sauvé la vie. Vous n'aurez aucune compensation.

Une lueur mauvaise brilla dans les yeux de l'homme.

— Je pourrais vous accuser de l'avoir enlevé. J'en ai le droit, puisque je suis son père.

— Et moi, je pourrais accuser ta femme d'avoir tenté de le noyer, répliqua Ragnar. Laisse ce garçon en paix et va-t'en. Vous vouliez vous en débarrasser. Vous avez réussi et il est beaucoup mieux là où il est maintenant.

— Je veux de l'argent, insista le père de Matheus. Un enfant a un prix, même s'il n'est bon à rien.

Ragnar sentit son sang bouillir dans ses veines. Comment cet homme pouvait-il oser demander de l'argent pour un enfant dont il avait voulu se débarrasser ? Il le saisit à la gorge et le plaqua brutalement contre le mur d'une maison. Il serra les doigts et attendit qu'il cesse de se débattre, avant de le laisser tomber par terre, aux trois quarts étouffé.

— Là. Je veux bien te laisser la vie sauve en compensation. Mais si je te vois de nouveau rôder par ici, je ne serai pas aussi magnanime.

Une semaine plus tard

Ragnar avait la mâchoire enflée, une plaie à la tempe et tout le son corps endolori, mais il avait gagné une fois de plus son combat. Avec une belle bourse d'argent en prime. Cela lui suffisait.

— Que t'est-il arrivé ? s'exclama Elena en le voyant entrer.

Elle répondit à sa place, avant qu'il en ait eu le temps.

— Tu t'es encore battu, n'est-ce pas ?

— Et j'ai gagné, répondit-il en jetant la bourse sur la table.

Au cours des dernières semaines, il s'était fait une réputation de combattant impitoyable. Il avait tué tous ses derniers adversaires et n'en trouvait plus guère maintenant pour oser se mesurer à lui.

— Je ne sais pas pourquoi tu es revenu me voir ! dit Elena. Tu n'espères tout de même pas que je vais soigner tes blessures, alors que je t'ai demandé d'arrêter de te battre ! Soigne-toi tout seul, si tu ne veux pas m'écouter, ajouta-t-elle en lui lançant un linge.

Les yeux de Ragnar s'étrécirent.

— Tu n'es pas ma femme, *sotnos,* répliqua-t-il en baissant la voix. Je n'ai pas de comptes à te rendre.

Il fit un pas vers elle et soutint son regard.

— Je me suis battu parce que j'en avais envie, poursuivit-il d'une voix pleine de défi.

— Je croyais que tu avais suffisamment d'argent pour acheter ton bateau. N'en auras-tu donc jamais assez ? Vas-tu continuer à te battre jusqu'au jour où on me ramènera ton corps brisé et ensanglanté ?

Elle avait les joues écarlates et ses yeux étincelaient, comme si elle avait envie de le frapper.

— J'ai l'intention de devenir riche, quels qu'en soient les moyens.

— L'argent n'a aucune importance pour moi, objecta-t-elle. Il n'en a jamais eu.

— Il avait de l'importance pour ta famille, lui fit-il remarquer.

Il ne se souvenait que trop bien du mépris de son père. Et même s'il était devenu un guerrier redouté, il n'était toujours pas un homme riche et respecté. Il n'était rien de plus qu'un mercenaire contraint de vivre en louant son épée.

— Je ne suis pas mon père et je ne t'ai jamais jugé à l'aune de ton argent ! s'exclama-t-elle. Penses-tu que j'aurais plus envie de toi si tu étais riche ? Quelle sorte de femme crois-tu donc que je suis ?

— Une femme qui a besoin d'un homme capable de lui offrir une vie confortable et sans soucis d'argent.

La réaction d'Elena l'avait surpris, car il n'avait pas eu l'intention de laisser entendre qu'elle était cupide, et encore moins vénale.

— Tout ce que tu désires, c'est te débarrasser de moi, dit-elle sur un ton accusateur. Si tu continues de te battre, c'est afin d'avoir assez d'argent pour acheter ton maudit bateau et me ramener chez mes parents à Hordafylke !

Cette fois, il ne put s'empêcher d'exploser.

— Si je me bats, c'est parce que j'ai peur de te faire du mal !

Elle se figea, l'air décontenancé.

— Tu ne lèverais jamais la main sur moi, Ragnar.

— Tu te trompes.

Il s'avança vers elle et la plaqua contre le mur.

— Au cours des cinq dernières années, j'ai enduré une véritable torture quand je te voyais rejoindre Styr dans son lit, dit-il d'une voix sourde. Et depuis que tu as partagé le mien, je ne pense à rien d'autre, jour et nuit.

Elle retint sa respiration et détourna les yeux.

— Chaque nuit, poursuivit-il, je vais dormir loin de toi, parce que, sinon, je ne serais pas capable de maîtriser les pulsions de mon corps. Tu ne peux pas savoir à quel point j'ai envie de toi ! Une envie que je ne pourrai jamais rassasier. Alors, si je me bats, c'est pour me calmer, pour dépenser toute cette énergie.

En voyant qu'elle avait du mal à respirer, il se rendit compte qu'il lui avait fait peur et recula. Il n'aurait pas dû venir, d'autant plus que son dernier combat ne lui avait pas apporté l'apaisement qu'il espérait.

— Attends, murmura-t-elle.

Elle alla prendre un linge, le trempa dans une bassine d'eau, et commença à laver le sang qui avait coulé sur sa tempe. Il resta immobile, les yeux rivés sur ses lèvres. Des lèvres si douces, si tentantes…

En silence, elle trempa de nouveau le linge dans la bassine et entreprit de nettoyer ses autres plaies. Le contact de ses mains et la proximité de son corps étaient une véritable torture. Il avait tellement envie d'elle ! Une envie violente, presque douloureuse.

— Je ne veux pas que tu meures, dit-elle enfin en continuant de soigner ses plaies.

— Je ne suis pas mort, Elena.

Il ne comprenait pas pourquoi elle était à ce point bouleversée. Elle l'avait souvent vu s'entraîner avec Styr et savait très bien qu'il était capable de vaincre n'importe quel adversaire.

— Mais tu aurais pu être tué ! insista-t-elle. Et tu le seras un jour ou l'autre, si tu continues à te battre sans raison !

Elle jeta le linge sur la table et son visage s'empourpra de colère.

— Je t'ai demandé d'arrêter !

— Je suis un guerrier, Elena. Je n'ai pas d'autre moyen pour gagner de l'argent.

D'ailleurs, son dernier combat avait été plutôt facile. Il était venu rapidement à bout de son adversaire et lui avait laissé la vie sauve.

Elle soupira et secoua la tête.

— Ta vie est importante pour moi, Ragnar. Je ne sais pas ce que je deviendrais, si tu venais à disparaître.

En voyant l'angoisse que trahissait son regard, il fut touché au plus profond de lui-même. Elle tenait vraiment à lui, plus qu'il ne l'avait imaginé.

Il se pencha vers elle et appuya son front contre le sien. Par tous les dieux ! Il ne savait plus quoi dire ou faire, maintenant.

Quand elle posa la main sur son cœur, il approcha ses lèvres des siennes et lui vola un baiser. Elle le lui rendit et il sentit qu'elle avait peur. Peur pour sa sécurité, mais aussi de ce qui était en train de leur arriver. Mais ce n'était pas le moment. Pas en présence de Matheus. Que faisait-il, d'ailleurs ?

Il regarda autour de lui et s'aperçut que la pièce était dans un désordre inhabituel. Le lit n'était pas fait, et il y avait de la vaisselle sale sur la table. En voyant qu'il l'avait remarqué, Elena rougit et se troubla.

— Je… Je n'ai pas eu le temps de faire le ménage, bredouilla-t-elle. Je… Nous avons bouché des trous dans les murs, ajouta-t-elle en jetant un coup d'œil en direction de Matheus.

Debout à l'autre bout de la pièce, le garçon était occupé à combler une fente avec de la boue. Il paraissait totalement absorbé par son travail et semblait ne rien avoir entendu de leur conversation.

— As-tu revu son père depuis la semaine dernière ? demanda Ragnar en baissant la voix.

— Non, fit-elle en secouant la tête.

— J'ai demandé à quelques-uns de mes amis de surveiller ta maison, poursuivit-il. Je ne pense pas qu'il reviendra.

Il avait dit cela pour la rassurer, mais il était persuadé que le père de Matheus reviendrait à la charge. Un homme aussi cupide et aussi dépourvu de sentiments ne renoncerait pas facilement à la compensation à laquelle il croyait avoir droit.

— Je l'espère moi aussi, murmura-t-elle. Et, de toute façon, tu es là pour nous protéger.

Ses paroles firent monter une nouvelle vague de désir en lui. La prendre dans ses bras, l'emporter vers le lit, caresser ses seins et la couvrir de baisers, jusqu'à la faire gémir de plaisir et le supplier de…

Par tous les dieux ! Il fallait qu'il s'en aille avant de céder à ses pulsions.

— Comment va Matheus ? reprit-il afin d'essayer de penser à autre chose.

Le jeune garçon continuait de boucher les fentes méthodiquement. Ses yeux parcouraient le mur, à la recherche de la moindre fissure. Une tâche fastidieuse qui n'avait pas l'air de l'ennuyer. Au contraire.

Elena s'approcha de lui et inspecta son travail.

— Il se débrouille aussi bien que je l'avais espéré. Je lui ai appris comment faire ce matin et, depuis lors, il n'a pas arrêté de travailler.

Ragnar examina le mur lui aussi et vit que Matheus avait soigneusement lissé la boue dans toutes les fissures qu'il avait rebouchées.

— Il fait vraiment du bon travail, commenta Elena avec une pointe de fierté dans la voix. Je pense qu'il sera possible de lui apprendre un métier, si nous réussissons à lui trouver un maître assez patient et gentil pour lui montrer ce qu'il faut faire. As-tu faim, Matheus ? ajouta-t-elle en se penchant vers l'enfant.

Il ne répondit pas et continua de faire glisser ses doigts sur la boue, poursuivant son travail imperturbablement.

— Allons, viens manger avec nous, insista Ragnar.

Quand il posa la main sur son épaule, Matheus se contracta.

Elena soupira.

— Parfois, il ne réagit pas quand je lui demande d'arrêter, comme maintenant.

Ce n'était pas bon signe s'il refusait de lui obéir, songea Ragnar.

— Est-ce qu'il comprend, au moins, ce que tu lui dis ?

— Parfois, dit-elle en haussant les épaules. Je ne sais pas ce qu'il comprend ou ne comprend pas. Mais il reste toujours calme, quand il a une tâche répétitive à effectuer.

Elle ne paraissait pas préoccupée, comme si ses refus d'obéir n'avaient pas d'importance.

— Et dans le cas où il y aurait un danger ? demanda Ragnar. Il pourrait être blessé, si tu l'appelles et qu'il refuse de venir.

Elena grimaça.

— J'espère que, dans ce cas là, il m'obéira.

Espérer n'était pas suffisant.

— Tu ne peux pas le laisser décider s'il a envie de t'obéir ou non, la mit en garde Ragnar. Il faut qu'il apprenne, sinon tu n'en viendras jamais à bout.

Immobile, les mains posées sur le mur de bois et en torchis, Matheus regardait fixement à travers une fissure.

Ragnar le prit par les épaules et le tira en arrière. L'enfant se débattit et se mit à donner des coups de pied, en poussant des cris étranglés, et en essayant de s'accrocher aux aspérités du mur.

Quand il l'eut maîtrisé, Ragnar l'amena à Elena. Elle protesta, l'air mal à l'aise.

— Je t'en prie, laisse-le… Il ne faut pas le contrarier.

Ragnar secoua la tête.

— Si tu continues à ne le laisser faire que ce qu'il a envie de faire, tu n'arriveras jamais à rien avec lui, dit-il d'une voix calme tout en continuant à tenir l'enfant solidement.

Lorsqu'il le lâcha après quelques instants, l'enfant courut jusqu'au mur et se remit à regarder dehors à travers une fissure, comme si quelque chose avait attiré son attention.

Ragnar fronça les sourcils.

— Ne bouge pas, dit-il à Elena en dégainant son épée. Je vais aller jeter un coup d'œil dehors.

Il sortit et fit le tour de la maison, sans rien remarquer d'anormal. La main en visière, il inspecta les alentours, afin de voir si un intrus ne se cachait pas dans un recoin. Rien. Personne. Il attendit encore un peu, puis se décida à rentrer.

Matheus se tenait toujours au même endroit, les mains posées à plat sur le mur. Elena essayait de le persuader de venir manger avec eux, mais il refusait de bouger.

Avait-il simplement envie de sortir ? Ragnar le prit dans ses bras et l'amena à Elena, sans se soucier de ses cris et de ses gémissements.

— Apporte-moi une cuvette d'eau, ordonna-t-il. Il faut qu'il se lave les mains, avant de manger.

Elena versa de l'eau dans une cuvette et la lui apporta. A son expression, Ragnar vit à quel point les cris et gémissements de Matheus la tourmentaient.

Pendant qu'il lui lavait les mains avec du sable, l'enfant n'arrêta pas de se débattre et de hurler.

— Tu lui fais peur, murmura-t-elle. S'il te plaît... laisse-le.

Ragnar secoua la tête.

— Non. Il faut qu'il apprenne qu'il ne peut pas faire toujours ce qu'il veut.

Si elle n'y prenait pas garde, son bon cœur finirait par lui jouer des tours.

Elle lui jeta un regard noir. Visiblement, elle pensait qu'il se montrait trop dur.

— Il a tellement souffert. Je ne pense pas qu'il…

— Sèche-lui les mains, l'interrompit Ragnar. Ensuite, nous lui donnerons à manger.

Quand elle voulut lui prendre les mains, Matheus la repoussa brutalement. Elle trébucha en arrière et serait tombée si Ragnar ne l'avait pas rattrapée dans ses bras. Entretemps, l'enfant était retourné en courant vers le mur et s'était remis à crier — des hurlements d'animal blessé.

L'air profondément choqué, Elena avait blêmi. De toute évidence, elle n'avait même pas imaginé que Matheus puisse oser la frapper. Elle l'avait sauvé de la noyade, lui avait donné un toit, le nourrissait et l'habillait. Sans doute avait-elle cru que cela suffirait pour qu'il l'aime et la respecte.

Cette fois, c'était allé trop loin.

— Ne bouge pas, ordonna Ragnar à Elena en prenant de nouveau l'enfant dans ses bras.

Il fallait que ce garçon se calme, qu'il comprenne qu'il y avait des limites à ne pas dépasser.

— Ne le bats pas ! supplia Elena. Je sais qu'il a été désobéissant, mais…

— Ai-je dit que j'allais le battre ? la coupa sèchement Ragnar en ouvrant la porte.

Il était à la fois blessé et furieux à l'idée qu'elle puisse le croire capable de battre un enfant.

Tu te bats pour de l'argent, lui rappela la voix de sa conscience. *Tu as du sang sur les mains. Pourquoi te croirait-elle incapable de faire du mal à un innocent ?*

Matheus continuait de crier dans ses bras.

— Viens avec nous, si tu n'as pas confiance en moi.

Elle battit des cils et se troubla.

— J'ai confiance en toi, Ragnar. Mais tu ne t'es jamais occupé d'un enfant.

Au timbre de sa voix, il devina de quoi elle avait réellement peur. Elle craignait qu'il soit comme son père, incapable de se maîtriser. Olaf l'avait battu régulièrement, avec ses poings, parfois aussi avec un bâton. Elena le savait, comme tout le monde à Hordafylke.

Lui savait bien que jamais il ne lèverait la main sur un enfant.

Il sortit de la maison, traversa le village viking et se dirigea vers la mer, au-delà du port et des bateaux ancrés le long du rivage. A mi-chemin, il jeta un coup d'œil par-dessus son épaule et vit qu'Elena, finalement, l'avait suivi.

Il emmena Matheus jusqu'à un endroit isolé de la plage et s'assit sur un rocher. Au bout d'un moment, les cris du garçon cessèrent et des larmes roulèrent sur ses joues. Puis ses larmes cessèrent également quand son attention commença à être captée par le mouvement régulier des vagues sur le sable.

Elena les rejoignit et s'assit à côté d'eux, sans rien dire. Tenir un enfant dans ses bras était une sensation nouvelle, étrange, et Ragnar se demanda si c'était cela, être père. Avoir conscience qu'un petit être humain dépendait de vous pour tout — sa nourriture, sa maison et sa sécurité…

— Pardonne-moi, Ragnar, murmura Elena en posant la main sur les cheveux de Matheus. J'ai parlé sans réfléchir, tout à l'heure.

— Je ne suis pas mon père, lui rappela-t-il.

— Je le sais.

Pourtant, dans sa voix, il sentait une trace d'inquiétude, comme si elle ne savait pas ce dont au juste il était capable.

Elle avait apporté une miche de pain. Elle en brisa un morceau et le lui tendit. Ragnar le prit et le donna à

Matheus, qui le dévora. Elle partagea en trois le reste de la miche et ils mangèrent en silence, tandis que les vagues continuaient de se briser doucement sur le sable. Matheus s'était calmé, les yeux fixés sur la mer, comme hypnotisé par son immensité.

— Tu as raison, finit par admettre Elena. J'aurais dû fixer des limites, ne pas le laisser agir complètement à sa guise. Mais je… j'avais pitié de lui, après ce que sa mère a essayé de lui faire.

Il le comprenait. Sa compassion était l'une des raisons pour lesquelles il s'était épris d'elle naguère, avant qu'elle se marie avec Styr.

— Etre une mère, c'est apporter à un enfant ce dont il a besoin. Pas ce qu'il veut.

Elle soupira.

— Je ne sais pas si j'en serai capable.

— Tu le seras, affirma-t-il en mettant le bras autour de sa taille pour l'attirer contre lui.

Elle se raidit un peu, mais ne chercha pas à se dégager. Après quelques instants, elle appuya sa tête contre son épaule.

— Merci d'être là, dit-elle. Et merci d'avoir accepté de m'aider.

Il hocha la tête silencieusement. Ses yeux plongèrent dans les siens et, au bout d'un moment, embarrassée par l'intensité de son regard, elle baissa la tête.

— Nous devrions rentrer. Il va être fatigué, et j'ai vraiment besoin de mettre de l'ordre dans ma maison.

Elle tendit la main vers Matheus, mais Ragnar l'arrêta.

— Je ne suis pas Styr, Elena. Peu m'importe si ta maison est en désordre.

— Cela ne lui importait guère à lui non plus, admit-elle. Si j'accordais autant d'importance à mon ménage, c'était parce que je pensais que c'était le devoir d'une bonne épouse.

— Reste assise encore un moment avec nous, insista-t-il. Il avait envie qu'elle profite du calme reposant de la mer. Quand il voulut l'attirer de nouveau contre lui, elle résista d'abord puis se laissa faire.

— Tu me rends nerveuse, quand tu me prends dans tes bras, lui murmura-t-elle à l'oreille.

— Pourquoi donc ?

Elle appuya son visage contre son torse sans répondre à sa question. Il sentit que s'il venait à insister, elle trouverait une raison, mais ne lui dirait pas la vérité.

— Tu n'as pas besoin de t'occuper de moi comme tu t'es occupée de lui, lui fit-il observer.

Elle redressa la tête et il vit dans ses yeux qu'elle était troublée, désemparée.

— Je sais que tu n'es pas comme Styr. Ce qui me fait peur, c'est la façon dont je me sens différente quand je suis avec toi.

Afin de penser à autre chose, elle caressa les cheveux de Matheus, mais sans parvenir à détacher son regard du sien.

— Styr aurait dû te trouver un orphelin à élever.

— Il me l'a proposé, avoua-t-elle. J'ai refusé, parce que j'avais envie seulement d'un enfant auquel j'aurais moi-même donné le jour.

Sur ce point, elle avait manifestement changé d'avis.

— Je pensais alors qu'un orphelin ne pourrait pas nous rapprocher l'un de l'autre comme un enfant que nous aurions conçu ensemble, poursuivit-elle avant qu'il ait pu lui demander la raison de son revirement. Je croyais que Styr m'aimerait, si je parvenais à lui donner un héritier.

Sa main s'immobilisa sur la tête de Matheus, et elle soupira.

— Finalement, je me suis rendu compte que, quoi que

je dise ou fasse, il ne pourrait jamais m'aimer comme j'en avais envie.

Tous deux restèrent un moment silencieux puis, de nouveau, elle soupira.

— Je regrette ce que j'ai fait l'autre nuit, quand je t'ai rejoint dans ton lit, reprit-elle. Tu avais raison. Je me suis servie de toi, même si, au fond de moi, je ne voulais pas l'admettre. Ce n'était pas juste vis-à-vis de toi. Tu mérites mieux que cela.

Les regrets qu'elle exprimait n'étaient pas du tout ce que Ragnar avait espéré. Elle avait rompu son mariage avec Styr, mais pas encore tourné la page. Il avait toujours l'impression d'être dans l'ombre de son meilleur ami. Une impression qui le remplissait de frustration.

Par tous les dieux ! Comment avait-il pu être assez stupide pour tomber amoureux d'une femme qui, même après la rupture de son mariage, continuait de rêver à un homme qui ne l'avait jamais aimée ?

— Je te suis reconnaissante d'avoir bien voulu rester auprès de moi ces dernières nuits, ajouta-t-elle. Je n'avais pas envie d'être seule.

Il était resté pour la protéger. Si sa présence l'avait réconfortée, lui n'en avait retiré qu'une intense frustration. La nuit dernière encore, il l'avait regardée pendant qu'elle faisait sa toilette et défaisait ses cheveux.

Jamais il n'avait eu autant envie d'une femme. Mais il voulait lui donner une vie comparable à celle qu'elle avait connue chez ses parents, avec une belle maison, des domestiques, de la vaisselle en argent…

Pour le moment, il ne pouvait rien lui offrir de tel. Toutefois, s'il continuait de se battre, il y parviendrait peut-être. Dans les yeux d'Elena, il voyait l'avenir auquel il aspirait, la femme à laquelle il n'avait jamais cessé de rêver.

Elle se leva et essaya de lui prendre Matheus, mais il le garda dans ses bras.

— Je vais le porter.

Il se leva à son tour et remonta l'enfant contre son épaule, afin qu'il puisse continuer de regarder le mouvement régulier et apaisant des vagues sur la plage.

Pendant le trajet de retour, il fit un vœu silencieux.

Un jour, Elena Karlsdotter lui appartiendrait.

Ou alors il mourrait en combattant et rejoindrait les héros vikings dans le Walhalla.

Chapitre 16

Elena ouvrit la porte de sa maison et Ragnar lui rendit Matheus. Quelques braises rougeoyaient encore dans l'âtre, mais la pièce était plongée dans la pénombre.

— Couche-le, dit-il. Je vais aller jeter un coup d'œil à l'extérieur, afin de m'assurer qu'il n'y a aucun danger alentour.

Il lui prit le menton et se pencha vers elle.

— Barre la porte derrière moi. Je reviendrai bientôt, ajouta-t-il d'une voix rauque.

Etait-ce une promesse ? Elena sentit un frisson d'impatience lui parcourir le dos, mais ne dit rien. A la fois troublée et désorientée, elle referma la porte et mit la barre. Elle s'était excusée de l'avoir rejoint dans son lit, alors qu'elle ne le regrettait absolument pas. Leurs ébats amoureux l'avaient comblée. Elle avait joui dans les bras de Ragnar, comme jamais elle n'avait joui dans ceux de Styr.

Elle ne parvenait pas à mettre un nom sur ses sentiments pour Ragnar mais, au fond de son cœur, elle sentait qu'ils étaient différents de ceux qu'elle avait éprouvés pour son mari.

Elle avait toujours été très proche de Ragnar ; il avait été son confident, son ami. Alors que Styr l'intimidait, elle se sentait à l'aise avec Ragnar et pouvait lui parler librement de ses tourments et de ses angoisses. Quand elle les comparait, elle préférait Ragnar, mais cela lui faisait peur. C'était arrivé trop vite, et elle ne parvenait pas à déterminer si ce qu'elle ressentait était une simple attirance physique ou des sentiments qu'elle éprouvait depuis toujours pour un homme qui la comprenait mieux que Styr ne l'avait jamais comprise.

Alors qu'elle allumait une lampe à huile, un mouvement dans un coin attira son attention et elle se figea.

— Qui est là ?

Ses cheveux se dressèrent sur sa tête, et elle posa instinctivement la main sur la dague qu'elle gardait toujours à sa ceinture.

— Vous ne m'enlèverez pas mon fils, dit une voix à l'autre bout de la pièce.

Elena se retourna et vit avec horreur le père de Matheus sortir de la pénombre, un couteau à la main. Elle s'était montrée trop confiante ; elle n'avait même pas imaginé qu'un intrus pouvait s'être introduit de sa maison.

— Sortez de chez moi ! ordonna-t-elle d'une voix forte en espérant que Ragnar l'entendrait.

Craignant que son père essaie de le prendre, elle serra Matheus contre elle.

— Si vous voulez le garder, il faudra me payer, insista le misérable. En argent… ou autrement, ajouta-t-il en la regardant avec une expression lubrique.

Elle posa Matheus à terre, en le protégeant avec son propre corps.

— Va chercher Ragnar, lui murmura-t-elle à l'oreille.

Au lieu de partir en courant vers la porte, l'enfant alla s'asseoir dans un coin et se remit à passer les doigts sur les fissures qu'il avait bouchées. Replié sur lui-même, il ne regardait ni vers elle ni vers son père. Il était possible qu'il n'ait même pas compris ce qui se passait.

Les dieux leur viennent en aide !

— Ragnar ! Au secours ! cria Elena.

Elle fit un pas vers la porte, mais le père de Matheus lui saisit le poignet et la tira violemment en arrière.

— Ton mari ne viendra pas, dit-il en lui plaquant une main sale sur la bouche. Mes amis l'en empêcheront.

Elena essaya de hurler, mais la main de l'homme étouffait ses cris. Elle se débattit pour se dégager en griffant et en donnant des coups de pied. Furieux, il répondit en lui assenant un coup de poing.

Tout se mit à tourner autour d'elle, et elle lutta pour ne pas perdre connaissance. Il y avait une lance à l'autre bout de la pièce… si seulement elle pouvait l'atteindre… Le misérable continuait de la bâillonner avec sa main, et elle ne parvenait à émettre que des sons inarticulés. Elle lui mordit les doigts, mais il était plus fort qu'elle et, malgré tous ses efforts, elle ne parvint pas à se libérer. Quand elle le sentit soulever sa robe de sa main libre, la rage se mêla à sa peur.

Non ! Elle ne laisserait pas ce misérable la violer dans sa propre maison ! Emmêlant ses jambes avec les siennes, elle se servit du poids de son corps pour le repousser et le faire tomber en arrière. Surpris par la violence de sa réaction, il la lâcha et elle en profita pour hurler et appeler de nouveau Ragnar à l'aide.

Le visage grimaçant de colère, l'homme se releva immédiatement. Elena saisit vivement un tabouret et le lui abattit sur sa tête. Puis, sans lui laisser le temps de recouvrer ses esprits, elle se précipita vers la lance. Elle la prit et se retourna mais, au lieu de la poursuivre, son agresseur s'était emparé de Matheus.

En voyant qu'il voulait l'utiliser comme bouclier, une fureur aveugle submergea Elena. Ce misérable ne méritait pas de vivre ! Sa lance à la main, elle se demanda comment elle pourrait le transpercer sans risquer de blesser Matheus.

— Sais-tu seulement t'en servir ? la provoqua l'homme, une lueur mauvaise au fond des yeux.

— Un pas de plus, et je te transperce le cœur, répliqua-t-elle en tenant fermement la lance à deux mains.

— Pourquoi veux-tu garder mon fils ? demanda-t-il. Il n'a pas de tête, et sa mère aurait dû le tuer à la naissance.

— S'il a aussi peu d'importance pour vous, vous devriez être content d'en être débarrassés.

— C'est mon sang qui coule dans ses veines. Je ne vous le laisserai pas tant que vous ne m'aurez pas dédommagé. Un enfant a son prix, même celui là. Sinon, je préfère le tuer.

Il saisit l'enfant à la gorge, et Elena vit les yeux de Matheus s'écarquiller. Il ne pouvait pas parler, mais il avait compris le danger. Son visage était blême et il l'appelait à l'aide silencieusement.

— J'ai surveillé votre maison ces derniers jours, poursuivit le misérable d'une voix mielleuse. Et attendu le moment favorable pour me glisser à l'intérieur. Quand ton mari ne serait pas là…

Le regard d'Elena se posa sur le mur dont Matheus avait bouché les fentes avec de la boue. Cela expliquait pourquoi il s'était mis plusieurs fois à hurler sans raison. Il avait dû apercevoir son père, quand il les épiait depuis l'extérieur.

Où était Ragnar ? Pourquoi n'avait-il pas enfoncé la porte quand elle l'avait appelé à l'aide ? Le père de Matheus avait dit qu'il ne viendrait pas à son secours. Avait-il été attaqué ? Etait-il blessé ? Mort ?

A cette pensée, son sang se figea.

Elle jeta un coup d'œil vers la porte toujours barrée.

Elle ne voulait pas quitter le misérable des yeux, mais il fallait qu'elle trouve de l'aide.

Prenant son élan, elle se rua vers la porte, souleva la barre, et l'ouvrit. A son grand soulagement, elle vit Ragnar arriver en courant, l'épée à la main.

Les dieux soient loués !

Son visage était ensanglanté, mais il était vivant ! Elle voulut aller à sa rencontre, mais l'homme derrière elle lâcha Matheus, se jeta sur elle, et lui arracha la lance dont il lui appuya la pointe sur la gorge. Elle se figea.

— Un pas de plus et je la tue ! menaça le misérable.

Elena cessa de respirer. Ragnar s'était arrêté, les mâchoires serrées et une lueur meurtrière dans le regard. Matheus était derrière elle, dans la maison, mais elle n'aurait su dire s'il était ou non hors de danger.

Sans lâcher son épée, prêt à frapper à la moindre opportunité, Ragnar posa lentement son autre main sur la bourse accrochée à son ceinturon.

Elena ne pouvait pas voir le visage de son agresseur, mais elle sentit son bras se crisper autour de sa taille.

— Jette la bourse par terre et va-t'en ! ordonna-t-il.

— Je partirai seulement quand tu l'auras lâchée, répondit Ragnar d'une voix très calme, sans bouger.

— Il n'en est pas question.

Elena se dit que le misérable ne se contenterait pas d'une poignée de pièces d'argent. Il reviendrait à la charge tôt ou tard, et en réclamerait toujours plus. Rien ne pourrait le raisonner.

Sachant que Ragnar, à un moment ou à un autre, allait frapper, elle ferma les yeux. Sa vie était en jeu, mais s'il n'agissait pas, le père de Matheus la tuerait de toute façon, après l'avoir violée.

Vas-y, tue-le ! pria-t-elle silencieusement.

Il allait frapper, elle en était sûre. Elle serait blessée, tuée peut-être, mais au moins Matheus serait débarrassé à jamais de ce père indigne.

— Non ! entendit-elle Ragnar hurler.

Elle rouvrit les yeux brusquement et sentit son agresseur sursauter. La pointe de la lance lui piqua la gorge et elle poussa un cri de douleur mais, presque aussitôt, son agresseur s'effondra à ses pieds en râlant. Du sang coulait à flots de son dos.

Quand elle se retourna, elle vit Matheus, le couteau de son père à la main. Le couteau lui échappa et il se mit à trembler, le visage baigné de larmes.

Par tous les dieux ! Pas ça ! Matheus avait tué son propre père afin de la sauver.

— Ça va, Matheus, je n'ai rien, lui dit-elle.

L'enfant se jeta dans ses bras en sanglotant. C'était la première fois qu'il lui témoignait de l'affection, et elle mêla ses larmes aux siennes. Elle n'avait même pas imaginé qu'il pourrait la défendre, voire seulement se rendre compte qu'elle avait besoin d'aide. Elle le serra fort dans ses bras, en lui murmurant des paroles apaisantes.

Il avait compris qu'elle voulait le protéger, être une mère pour lui. Cela faisait peu de temps qu'il était avec elle, mais il s'était rendu compte qu'elle ne lui voulait aucun mal. Son cœur se brisa en pensant aux souffrances qu'il avait dû endurer chez ses parents.

Mais c'était fini, maintenant.

Ragnar était resté, immobile, son épée à la main, comme frappé de stupeur. Elle leva vers lui ses yeux noyés de larmes et vit que tous ses muscles étaient encore tendus. Une lueur inquiète brillait dans son regard.

Il vint vers elle et lui souleva le menton, afin d'examiner sa blessure.

— Ça va ? demanda-t-il.

Elle hocha la tête.

— Ce n'est pas profond. Une simple égratignure, répondit-elle d'une voix rassurante.

Néanmoins, il alla chercher un linge et essuya le sang qui coulait de son cou.

— Il aurait pu te tuer, dit-il d'une voix rauque, tout en pressant doucement le linge sur son cou, afin d'arrêter le saignement.

Elena se figea, émue par la façon dont il la regardait. Les senteurs viriles de son corps l'envahirent et elle ne résista pas à l'envie de mettre ses bras autour de son cou et d'approcher ses lèvres des siennes.

— Non, il n'aurait pas pu. Tu étais là pour me défendre.

Mais, quand elle voulut l'embrasser, il s'écarta et posa le linge sur la table. De toute évidence, quelque chose le troublait. S'en voulait-il de ne pas avoir pu empêcher l'attaque du père de Matheus ? Ni l'un ni l'autre n'avait imaginé qu'il pourrait se glisser chez elle pendant leur absence. Il n'était en rien coupable de ce qui venait de se passer, et elle n'avait aucun reproche à lui faire.

Elle baissa les yeux, et la vue du cadavre ensanglanté lui donna la nausée. Jamais elle n'aurait le cœur de rester dans cette maison… Auparavant, elle avait été déjà le théâtre de ses désillusions et de la rupture de son mariage ; maintenant, elle était synonyme de mort. Une mort violente, horrible. Elle n'avait qu'une envie, partir, trouver un autre endroit où elle pourrait oublier le passé et bâtir une vie nouvelle.

— Je n'ai plus envie de rester à Dubh Linn, avoua-t-elle.

Elle prit la main de Matheus et sortit, afin de respirer l'air frais de la nuit, loin du cadavre et de tous ses mauvais souvenirs.

— Je veux partir d'ici, ajouta-t-elle en se tournant vers Ragnar qui l'avait suivie.

Peu lui importait où elle irait, dans la mesure où Ragnar et Matheus l'accompagneraient.

— Peux-tu encore trouver un bateau ? demanda-t-elle, tandis que Matheus enfouissait son visage dans ses jupes.

— J'en trouverai un demain matin, promit-il.

— Merci, dit-elle dans un souffle. Et… pour cette nuit, je préférerais aller dormir ailleurs. Matheus ne peut pas rester là, après ce qui est arrivé.

Ragnar hocha la tête.

— Tu peux venir dormir dans la maison que j'ai bâtie avec mes amis. Je vous trouverai de la place à tous les deux.

Parvenu à la maison qu'il partageait avec ses amis, Ragnar s'effaça pour laisser entrer Elena et Matheus. Tous ses nerfs étaient encore à vif, tellement il avait eu peur de la perdre. Son cœur s'était arrêté de battre quand il avait vu la pointe de la lance sur sa gorge. Une vague de fureur l'avait submergé et il avait bandé tous ses muscles, prêt à bondir sur son agresseur et à le percer de part en part avec son épée.

Mais Matheus avait frappé le premier.

Ragnar n'avait pas vu l'enfant tapi derrière son père. Au moment où il brandissait son épée, Matheus s'était jeté en avant, si rapidement qu'il avait eu tout juste le temps de retenir son coup. Il avait failli décapiter Matheus, quand l'enfant avait plongé le couteau dans le dos de son père.

Grâce aux dieux, Elena n'avait rien vu. Elle avait alors les yeux fermés et ne s'était pas rendu compte que Matheus avait failli mourir. Rien n'aurait pu la consoler, si le pire était arrivé.

Il ne lui avait rien dit, mais il avait été bouleversé. A la pensée de ce qui aurait pu se passer, il n'avait plus aucune confiance en lui.

Une partie de ses compagnons jouait et buvait. Ils relevèrent brièvement la tête et saluèrent Elena. Ragnar l'emmena jusqu'à une paillasse contre un mur. Elle coucha Matheus, le borda et s'assit à côté de lui. Le garçon continuait à trembler et des larmes brillaient dans ses yeux. Elle lui murmura à l'oreille et passa la main dans ses cheveux pour l'apaiser.

Peu à peu, la douceur de ses caresses le calma et Ragnar se rendit compte qu'il commençait à l'accepter. Il ne serait jamais comme les autres enfants, mais Elena serait une bonne mère pour lui. Elle l'aimerait pour ce qu'il est, sans se soucier de ses différences.

Ragnar les laissa et demanda à l'un de ses compagnons de venir l'aider à enterrer le corps du père de Matheus. Il ne voulait pas que la maison d'Elena reste souillée par le cadavre de ce misérable.

Une fois cette tâche accomplie, il retourna chez lui. Demain, il lui faudrait rendre compte au *jarl* mais, pour le moment, il resterait auprès d'Elena et de Matheus.

En entrant dans la salle, il vit qu'Elena était toujours assise auprès de Matheus. Il les laissa encore un moment ensemble, le temps de mettre de l'ordre dans ses pensées. Assis à l'autre bout de la pièce, il garda néanmoins les yeux fixés sur elle. Ses longs cheveux blonds étaient défaits et retombaient en cascade dorée sur ses épaules.

Adossée au mur, elle passait la main doucement sur les cheveux de Matheus. Lorsque leurs regards se croisèrent, Ragnar put lire de la reconnaissance dans ses yeux verts. Elle ignorait qu'elle avait failli perdre l'enfant par sa faute... Cette pensée continuait de le hanter.

Finalement, elle s'allongea à côté de Matheus, mais elle était manifestement trop énervée pour trouver le sommeil. Elle se tourna et se retourna pendant un long moment sur la paillasse puis, en désespoir de cause, se leva et vint le rejoindre à l'autre bout de la pièce. Adossé au mur, il attendit qu'elle parle.

Malgré la pénombre, il pouvait encore distinguer le trait rouge sous son menton, à l'endroit où la pointe de la lance l'avait égratignée. Elle aurait pu mourir, et cette idée le troublait profondément. La vie était une chose si fragile… La sienne aussi, et le moment était peut-être venu de la vivre pleinement, en oubliant le passé et en profitant de chaque jour que les dieux voudraient bien lui accorder.

— Je ne pouvais pas dormir, murmura-t-elle. Pas toute seule.

Ses cheveux formaient une auréole autour de son visage et les braises qui rougeoyaient dans l'âtre faisaient briller ses yeux. Deux émeraudes, lumineuses, d'une intense pureté… Il avait envie de l'embrasser, de sentir son corps se lover contre le sien, mais il était encore trop choqué par ce qui avait failli arriver à Matheus.

Elena lui prit la main et l'entraîna à l'écart des autres. Leurs compagnons étaient pleinement conscients de leur présence, mais aucun d'entre eux ne leur accorda la moindre attention. Elle lui effleura la joue et se dressa sur la pointe des pieds.

— Je… j'ai juste envie que tu me serres pendant un moment dans tes bras.

Elle passa les bras autour de son cou et se blottit contre son torse. Les rondeurs douces et souples de sa poitrine, son parfum féminin… Ragnar sentit une vague de chaleur monter dans ses reins, et son membre viril se tendit immédiatement.

— J'ai eu si peur…

Il enfouit le visage dans ses cheveux, en sachant qu'il n'avait pas le droit de la tenir ainsi. Pourtant, il n'avait pas le cœur de la repousser. Pas tout de suite.

— Je serai toujours là pour te protéger, Elena, dit-il d'une voix rauque.

— Je le sais, murmura-t-elle.

Elle redressa la tête et appuya son front contre le sien.

— Je ne t'ai jamais assez remercié de m'avoir sauvé la vie, quand nous avons failli être capturés par les Danois, poursuivit-elle en déposant un petit baiser sur ses lèvres.

Il dut faire un effort surhumain pour ne pas ravager sa bouche et laisser libre cours à son envie de la posséder. Il la laissa le caresser et l'embrasser à sa guise, mais ne bougea pas, de peur de l'effrayer.

— Je ne t'ai jamais dit à quel point je t'étais reconnaissante de m'avoir protégée, ensuite, quand nous avons été attaqués par les pillards.

Elle posa la main à plat sur son cœur et effleura de nouveau ses lèvres avec les siennes. Ses baisers et ses caresses innocentes achevèrent de l'embraser et lui firent perdre sa maîtrise de soi. Quand le bout de sa langue s'insinua entre ses lèvres, il ne put résister et lui rendit son baiser.

— Je ne t'ai jamais dit non plus à quel point je t'étais reconnaissante de ne jamais m'avoir quittée, même après ma rupture avec Styr. Sans toi, je ne sais pas comment j'aurais pu supporter ma solitude, les premiers jours, après son départ, ajouta-t-elle en passant la main dans ses cheveux.

Son mariage appartenait au passé, désormais, mais l'évocation de Styr fit à Ragnar l'effet d'une douche froide. Styr avait partagé le lit d'Elena, l'avait connue intimement. Cette pensée raviva sa jalousie, au-delà de ce qu'il aurait cru possible.

Il voulait qu'Elena sache qui *il* était. Et il n'était pas Styr !

Il s'empara de sa bouche avec violence, tandis que ses mains caressaient les courbes de sa poitrine et titillaient le bout de ses tétons. Puis, elles descendirent sur ses hanches et il la plaqua contre lui, afin de lui faire sentir à quel point il avait envie d'elle.

Sa respiration était devenue plus forte, saccadée, mais elle ne chercha pas à résister et s'abandonna totalement à ses caresses, même les plus intimes. Glissant les mains sous sa tunique, elle fit courir ses doigts sur sa peau nue, et un gémissement de plaisir lui échappa quand il lui mordilla le lobe de l'oreille et fit pleuvoir de petits baisers sur son cou et sa gorge.

— Belle Elena…, murmura-t-il d'une voix rauque en s'emparant de nouveau de sa bouche et en enroulant sa langue autour de la sienne. Elle lui passa les bras autour du cou et il ne douta pas alors qu'elle avait envie de partager son lit cette nuit. Quant à lui, il mourait d'envie de la pénétrer, de se perdre en elle.

Il avait envie de la faire jouir comme jamais elle n'avait joui avec Styr.

Tu n'es pas assez bien pour elle, murmura une petite voix méprisante au fond de lui.

Non ! Cette fois, il ne l'écouterait pas. Il était un guerrier, aussi fort et valeureux que Styr, sinon davantage. Elena était son butin de guerre, un butin qu'il avait amplement mérité.

Lorsque les mains d'Elena glissèrent sur ses braies, il les emprisonna avec les siennes.

— Non. Pas encore.

Elle rougit et commença à s'écarter de lui.

— Je suis désolée. Je n'aurais pas dû…

— Je n'en ai pas terminé avec toi, *sotnos*.

Il la maintint captive entre ses bras, contre le mur, en

l'embrassant dans le cou, juste en dessous de son égratignure. Elle ferma les yeux et s'abandonna de nouveau à ses caresses.

— L'autre nuit, je t'ai laissée me faire l'amour à ta guise, dit-il en titillant le bout de l'un de ses seins avec son pouce. Mais tu n'as aucune idée de ce dont je suis capable dans un lit. Cependant, auparavant, il faut que je chasse de ta tête le souvenir de Styr. Si tu veux que nous soyons amants, il faut qu'il arrête de s'immiscer entre nous. Jamais je n'accepterai d'être seulement son remplaçant.

Afin de donner plus de force à ses paroles, il glissa la main sous sa jupe et lui caressa la cuisse, mais sans approcher ses doigts de son entrejambe.

Elle se tortilla afin d'y amener sa main, mais il résista.

— Dis mon nom ! ordonna-t-il. Regarde-moi dans les yeux, afin que tu saches bien que c'est moi qui te caresse.

— Ragnar…, murmura-t-elle d'une voix rauque.

Il sentit qu'elle avait autant envie de lui qu'il avait envie d'elle, mais il avait appris, depuis longtemps, à être patient. Les dieux lui donnaient une deuxième chance avec elle. Il ne voulait pas la gâcher et, pour cela, il devait la rendre folle de désir, jusqu'à ce qu'elle ne pense plus qu'à lui et à lui seul.

Chapitre 17

— Emmène-moi quelque part, dit Elena à voix basse.

Elle avait envie de lui désespérément, mais pas ici. Pas avec tous ses amis autour d'eux.

— A moins que tu n'aies envie de retourner chez toi, je n'ai nulle part ailleurs où aller, avoua Ragnar.

Une cloison basse les dissimulait aux regards des autres et elle savait que personne ne viendrait les déranger.

— Pourras-tu ne pas crier ? lui murmura-t-il à l'oreille.

L'idée de faire l'amour pour la deuxième fois avec lui, entourés par tous ces hommes, était à la fois terrifiante et excitante. Elle hocha la tête, et Ragnar enleva sa cotte de mailles et sa tunique.

Elle fut fascinée par la vue de son torse puissant. Ses cheveux bruns étaient attachés en arrière par un ruban de velours noir et il avait des bracelets en cuir à chaque bras. Quand il la surprit en train de le regarder, un sourire étira ses lèvres, comme s'il était flatté de l'avoir impressionnée par la puissance de son corps.

Les muscles de son torse paraissaient durs comme de la pierre, et elle éprouva une envie presque douloureuse de les toucher et de les faire rouler entre ses doigts.

Avec Ragnar, elle ne s'était jamais sentie dévalorisée.

Pour lui, elle semblait aussi indispensable que l'air qu'il respirait.

— Je n'aurais pas dû épouser Styr, admit-elle en posant les mains sur son torse. J'étais trop jeune, alors, et je me suis obnubilée sur lui, sans voir l'homme qu'il était réellement.

Les traits de Ragnar se contractèrent. Il n'avait manifestement pas envie d'entendre parler des relations qu'elle avait eues avec son mari. Pourtant, il fallait qu'il sache. Ragnar avait été son meilleur ami, et elle avait eu la sensation depuis longtemps qu'il y avait quelque chose entre eux. Lui, il la comprenait, alors que Styr ne l'avait jamais comprise.

— Styr avait de l'affection pour toi, dit-il finalement. Il voulait te protéger, faire en sorte que tu ne manques jamais de rien. Quand nous étions à Gall Tir, il m'a fait jurer de prendre soin de toi.

— Il m'aimait bien, pour un mariage de convenance.

Avant de poursuivre, elle laissa glisser ses doigts sur le ventre dur et plat de Ragnar.

— Mais notre union n'a jamais été une réussite.

Elle laissa retomber ses mains. Elle lui devait la vérité.

— Tu ne peux pas savoir à quel point j'ai souffert. Jour après jour, année après année, j'ai tout fait pour être une bonne épouse et pour conquérir son amour. Mais tous mes efforts n'ont servi à rien, ajouta-t-elle avec une pointe d'amertume. Et, en plus, je n'ai même pas été capable de lui donner un héritier.

— Tu te fais du mal, murmura-t-il en lui caressant la joue. Arrête. Remuer le passé ne sert à rien.

Non, elle devait aller jusqu'au bout. Elle soupira et prit son courage à deux mains.

— Je veux que tu comprennes que notre mariage n'a jamais été un bon mariage. Même au début. Je n'ai jamais pu lui parler comme je te parle.

— Il était aveugle et ne voyait pas la perle qu'il avait devant les yeux. Moi, je ne le suis pas.

Il la poussa contre le mur et, quand il prit ses mains dans les siennes, elle inspira profondément.

Il avait envie d'elle, elle le voyait dans ses yeux. Une envie ardente qui la remua jusqu'au tréfonds de son être et lui fit oublier ses désillusions à l'égard d'un mari qui n'avait jamais été capable de l'aimer. Pendant trop longtemps, elle s'était efforcée de changer, d'être l'épouse que Styr pouvait désirer. Alors que Ragnar l'aimait telle qu'elle était, et n'avait aucune envie de la voir changer.

— C'est peut-être moi qui ai été aveugle, chuchota-t-elle.

C'était vrai. Avant même son mariage, elle n'avait en rien ignoré les sentiments de Ragnar à son égard, même s'il s'était toujours bien gardé de les montrer.

— Je me trompe ?

Il prit son visage dans ses mains.

— Qu'en penses-tu, *sotnos ?*

Ses paroles lui donnèrent une hardiesse nouvelle. Elle attira sa tête vers elle afin de l'embrasser mais, cette fois, il déposa seulement un petit baiser plein de douceur et de tendresse sur ses lèvres.

Ce fut comme si elle se réveillait après un long sommeil. Elle connaissait Ragnar depuis toujours, mais elle avait l'impression de découvrir un autre homme. Sa respiration se fit plus rapide et une vague de chaleur la submergea. Elle n'éprouvait plus aucun remords, aucune culpabilité, et ne voyait plus que la promesse d'une vie nouvelle.

Il la découvrait lui aussi, en caressant son visage et en enfouissant ses doigts avec délices dans ses cheveux. Quand il se pencha pour l'embrasser dans le cou, elle rejeta la tête en arrière et frissonna en sentant sa langue glisser derrière le lobe de son oreille.

Elle plongea ses yeux dans les siens et, pour la première fois, eut conscience de l'importance qu'il avait prise dans son cœur. Il avait toujours été auprès d'elle et l'avait soutenue dans les pires moments de sa vie.

Néanmoins, elle avait encore besoin de mieux le connaître.

Les mains de Ragnar glissaient sur son corps, dénouant les attaches de sa robe. Elle avait envie de faire l'amour, mais sans hâte, lentement. Elle voulait ouvrir enfin les yeux, mieux connaître l'homme qu'il était vraiment, celui qui avait souffert pendant tant d'années, en silence, de son indifférence à son égard.

— Pas si vite, murmura-t-elle, en faisant un pas en arrière.

Une lueur de surprise brilla dans les yeux de Ragnar et ses mains s'immobilisèrent.

— Je t'ai toujours admiré, même quand j'étais une petite fille, poursuivit-elle, tout en continuant de caresser son torse nu. Et même quand j'ai été fiancée avec Styr, j'aimais te regarder.

Ses doigts glissèrent sur ses muscles et remontèrent lentement sur sa gorge et sur les veines de son cou.

— Jamais je n'ai vu aucun homme se battre avec une telle souplesse, une telle force.

— Je voulais faire mes preuves, admit-il. Me battre était la seule chose que je savais faire.

— Tu n'es pas seulement un mercenaire. Tu es un homme d'honneur, un guerrier vaillant et courageux.

— Mes pensées n'ont pas été toujours honorables à ton égard, avoua-t-il d'une voix sourde. Je ne les ai jamais exprimées, mais j'ai eu souvent envie de t'enlever à Styr. Te capturer et te faire mienne.

— Moi aussi, j'ai eu envie que tu me captures… La nuit où j'ai rêvé de toi. Quand je t'ai forcé à me toucher.

— Tu ne m'as pas forcé à quoi que ce soit.

Il prit son visage entre ses mains et plongea son regard dans le sien.

— Peu m'importe ce que Styr a pu te dire ou ce qu'il pensait de toi. A mes yeux, tu es parfaite, et tu l'as toujours été.

Le cœur d'Elena se gonfla de bonheur, car jamais personne ne lui avait parlé ainsi. Elle eut envie de lui montrer qu'il n'avait rien à prouver, qu'elle l'aimait, comme il était. Riche ou pauvre, peu lui importait.

La cloison les dissimulait aux regards des autres, mais elle était consciente de leur présence. Ragnar se baissa et souleva le bas de sa robe. Il la remonta tout en faisant glisser ses mains sur ses jambes nues. Elles continuèrent doucement le long de ses cuisses et de ses hanches, jusqu'à ce qu'elle soit entièrement nue devant lui.

Un frisson d'impatience lui courut dans le dos et elle sentit sa poitrine se tendre, tandis que Ragnar déposait sa robe par terre. Elle était timide et craignait que quelqu'un vienne les interrompre, mais son envie de lui était plus forte que tout.

Il fit un mouvement pour la faire allonger, mais elle l'arrêta.

— Je veux te voir, murmura-t-elle, les yeux fixés sur la bosse qui gonflait ses braies.

Il déboucla son ceinturon et laissa tomber ses braies à ses pieds. Le bas de son corps la fascina. Ses cuisses, ses mollets… Son membre viril dressé contre son ventre, prêt à la pénétrer. Elle l'avait déjà senti en elle, mais en le voyant ainsi, vibrant de désir, elle ne put s'empêcher de trembler d'impatience.

En proie à une légère appréhension, elle s'allongea sur le dos. Elle savait qu'il ne lui ferait pas mal, pourtant elle avait des difficultés à surmonter ses anciennes peurs. Elle ferma les yeux et se remémora la fois où elle avait fait l'amour avec Ragnar. Une expérience unique, excitante, merveilleuse…

Mais, même avec lui, elle n'avait pas réussi à concevoir un enfant. Ses saignements étaient revenus et elle commençait à penser qu'elle ne parviendrait jamais à être mère un jour. Sans doute vaudrait-il mieux qu'elle renonce à ses rêves de maternité et trouve le bonheur d'une autre façon.

Quand elle tendit les bras vers lui, il lui prit les poignets et plaça ses mains au-dessus de sa tête.

— La dernière fois, dit-il d'une voix sourde, je t'ai laissée prendre ton plaisir avec moi. Maintenant, c'est à mon tour.

Il couvrit l'un de ses seins avec sa bouche, et une vague de chaleur monta en elle lorsque, enroulant sa langue autour du téton durci par le désir, il le suça longuement.

Puis il prit l'une de ses mains et la posa à la jonction de ses cuisses.

— Mets tes doigts là et ne bouge pas ta main.

D'abord, elle ne comprit pas ce qu'il voulait faire, mais il maintint sa main appuyée et s'empara de son autre sein avec sa bouche. Un frisson de plaisir la parcourut et elle commença à bouger les doigts, mais il l'arrêta.

— Non. Laisse ta main là et ne bouge pas.

Il lui fit plier une jambe, caressa sa cuisse et sa fesse, puis, abandonnant ses seins, sa bouche remonta le long de sa gorge et de son cou, avant de se poser sur ses lèvres, pour un baiser possessif, dominateur. Les sensations qu'il faisait naître en elle étaient si violentes qu'elle crut un instant qu'il l'avait pénétrée, alors que c'était seulement la pression de ses doigts sur sa féminité. Elle gémit, brûlante de désir, et se cambra instinctivement.

— Viens… Oh ! viens…, murmura-t-elle.

Afin de l'encourager, elle prit son membre dans sa main

libre. Quand ses doigts commencèrent à aller et venir, Ragnar retint sa respiration, tout en dévorant sa bouche avec une ardeur renouvelée.

Il pressa sa main sur la sienne, et ses doigts pénétrèrent dans sa féminité. Un plaisir intense l'envahit et elle se tendit contre lui pour mieux accueillir ses caresses.

— Ne crie pas, lui chuchota-t-il à l'oreille.

Quand il retira sa main et pressa son membre viril entre ses cuisses, allant et venant doucement contre son intimité brûlante, mais sans la pénétrer, elle ne put retenir un gémissement de plaisir.

C'était bon, si bon…

— Viens, viens…, murmura-t-elle de nouveau en se cambrant.

Il continua d'aller et venir et, enfin, la pénétra d'un seul coup de reins. Elle eut un sursaut et retint à grand-peine un gémissement.

— Ne crie pas…, répéta-t-il dans un souffle contre ses lèvres. Je veux que tu arrêtes de penser. Je veux que tu me sentes en toi et que tu saches que plus personne ne s'immiscera plus jamais entre nous.

Par le sang de Freya ! Jamais elle n'avait éprouvé de sensations aussi merveilleuses. Mais c'était ce que voulait Ragnar. Effacer les souvenirs érotiques qu'elle pouvait avoir de son premier mari. Prendre sa place. Totalement.

Il resta profondément en elle et, avec sa bouche, s'empara de nouveau de l'un de ses seins, mordillant le téton tandis que, avec ses hanches, il allait et venait dans un lent mouvement circulaire.

— Pendant toutes les années où tu as été mariée avec Styr, je l'ai imaginé te faisant l'amour ainsi.

Il se retira presque entièrement, puis la pénétra de nouveau, d'un seul coup.

— Plus d'une fois, j'ai eu envie de le tuer.

— Laisse Styr en dehors de ça, murmura-t-elle, moite et tremblante de désir. C'est nous deux maintenant, et personne d'autre.

Il se remit à aller et venir, lentement d'abord, puis de plus en plus vite, jusqu'à ce qu'elle se mette à gémir de plaisir.

Puis elle enroula les jambes autour de ses hanches, tandis qu'il faisait pleuvoir une pluie de baiser sur son ventre et sa poitrine.

Alors qu'elle était sur le point de défaillir, il se retira et la pénétra de nouveau avec ses doigts, allant et venant, frottant avec son pouce. Elle ferma les yeux. C'était délicieux… Une torture, une véritable torture, mais elle comprenait pourquoi il avait décidé de la torturer ainsi. Il voulait se venger, parce qu'elle s'était donnée à un autre homme avant lui. Il continua ainsi, jusqu'à ce qu'elle soit ivre de plaisir.

Jamais elle n'avait rien connu d'aussi fort. Tout son corps était en sueur et se cambrait avec frénésie, en demandant plus, toujours plus.

Puis, sans prévenir, Ragnar lui agrippa les fesses et plongea en elle. Elle s'arqua à sa rencontre et enfonça ses ongles dans ses épaules. Un délicieux tremblement la parcourut et elle jouit… une jouissance merveilleuse, ineffable.

Il continua d'aller et venir à coups de reins puissants, jusqu'à ce qu'elle ne soit même plus capable de penser. Leurs corps ne faisaient plus qu'un, comme soudés l'un à l'autre.

— Assez…, supplia-t-elle. Tu vas me faire mourir.

Un dernier coup et, enfin, elle sentit son membre pulser tandis qu'il se répandait en elle.

La couvrant de son corps, il demeura immobile un moment, hors d'haleine.

Peu à peu, elle reprit sa respiration, et les battements de son cœur se calmèrent. Maintenant que c'était fini, elle se demanda s'il lui avait fait l'amour parce qu'il l'aimait… ou parce qu'il voulait lui prouver qu'il était un meilleur amant que Styr.

Ragnar avait la poignée familière de son épée à la main. Une chaleur lourde l'enveloppait, promesse de pluie et d'orage. Son adversaire lui faisait face, un adversaire qui l'avait défié en combat en singulier. Un brouillard épais lui dissimulait son visage et, quand il frappa avec son épée, son coup fut paré par un bouclier de bois. Une seconde à peine plus tard, la hache de son adversaire le toucha à l'épaule et du sang se mit à couler le long de son bras.

Les muscles tendus à se rompre, il frappa de taille et d'estoc avec acharnement mais, peu à peu, sa blessure l'épuisait et ralentissait ses coups. Dans un dernier sursaut, il rassembla toute l'énergie qui lui restait, et son épée porta le coup mortel.

Quand il retira le casque de son adversaire, le visage de Styr lui apparut.

En voyant le corps ensanglanté et les yeux sans vie de son ami, un sentiment d'horreur l'envahit. Un cri rauque s'échappa de sa gorge mais, au même moment, le corps de Styr se brouilla et celui de Matheus apparut à sa place. L'enfant gisait sans vie, le cœur transpercé de part en part.

— Ragnar !

Le cauchemar s'évanouit et, quand il ouvrit les yeux, il vit qu'il tenait une dague, pointée vers la gorge d'Elena. Il la lâcha immédiatement, horrifié. Il avait menacé Elena avec une arme !

— Tu rêvais, dit-elle d'une voix douce.

Il avait failli la blesser dans son sommeil ! Elle avait dû

le toucher sans le vouloir et, instinctivement, il avait réagi et saisi la première arme qui se trouvait à sa portée.

— J'aurais pu te blesser.

A cette pensée, son sang se figea dans ses veines. Jamais il n'avait imaginé qu'il pourrait un jour faire du mal à Elena. Mais son rêve avait révélé une vérité impossible à ignorer. Quand il se battait, sa vision se brouillait, et plus rien ne pouvait l'arrêter.

Ni le visage de son meilleur ami ni celui d'un enfant. Même pas le visage d'Elena… Il se couvrit le visage avec les mains, afin d'oublier le terrible cauchemar.

Quelques heures plus tôt, après avoir fait l'amour, ils s'étaient rhabillés tous les deux et étaient allés dormir à côté de Matheus. Cela faisait des mois qu'il n'avait pas dormi aussi profondément.

— Non, affirma Elena, tu ne m'aurais pas blessée.

Lorsqu'il osa rouvrir les yeux, il remarqua que Matheus s'était écarté et s'était remis à faire des dessins sur le mur, comme s'il n'avait pas confiance en lui. Ce n'était guère étonnant car, la veille, il avait failli lui couper la tête.

Il inspira lentement plusieurs fois pour reprendre ses esprits, et se leva.

— Il fait jour. Je vais aller m'occuper du bateau.

Elena se leva aussi et le retint.

— Attends.

Elle se blottit contre lui et le serra très fort dans ses bras, un geste destiné à le rassurer. Il lui rendit son étreinte, mais ne put s'empêcher de se souvenir de ce qu'il avait fait.

Personne n'est en sécurité avec toi. Tu aurais pu la tuer sans même ouvrir les yeux.

— Je vais te ramener à Hordafylke, dit-il d'une voix sourde. Quelques-uns de nos amis voudront peut-être nous accompagner, mais je dois trouver un équipage pour manœuvrer le bateau.

— Je t'ai déjà dit que je ne voulais pas retourner là-bas.

— C'est le seul endroit où tu seras en sécurité.

Lui tournant le dos, il sortit. Elle le suivit, ce qui le contraria mais ne le surprit pas.

— Suis-je encore une enfant que l'on doit ramener chez ses parents ? demanda-t-elle, les yeux étincelants de colère. Qu'est-ce qui te fait croire que j'accepterai de retourner là-bas ?

— Tu n'as pas le choix.

Le visage d'Elena s'assombrit. Elle lui prit la main et l'entraîna sans mot dire jusqu'à sa propre maison.

Elle avait raison. Ce n'était pas le genre de conversation qu'il avait envie d'avoir avec des gens autour d'eux.

— Quand as-tu décidé que tu voulais te débarrasser de moi ? demanda-t-elle en claquant la porte derrière eux.

Les poings sur les hanches, elle redressa la tête avec un air de défi.

— Etait-ce donc tellement décevant, cette nuit, quand j'ai partagé ton lit ? Est-ce pour cela que tu as autant envie de m'abandonner maintenant ?

Elle était écarlate et il n'arrivait pas à croire qu'elle puisse penser une chose pareille.

— Non.

Saisissant un linge, elle commença machinalement à nettoyer la table.

— Tu n'as pas besoin de faire du ménage maintenant, poursuivit-il en faisant un pas en arrière, bien décidé à se rendre au port. Nous partirons dès aujourd'hui, si c'est possible.

Elle lui jeta le linge à la figure.

— Je ne te comprends vraiment plus du tout ! Cette

nuit, j'ai cru que nous pourrions être heureux ensemble. Que tu m'aimais !

Son cœur se serra et il dut faire un effort pour garder le silence. Plus que tout au monde, il avait envie d'être avec elle, de l'aimer, de la rendre heureuse, mais il n'avait pas confiance en lui.

— As-tu voulu te servir de moi, cette nuit ? reprit-elle. As-tu seulement voulu me prouver que tu étais un meilleur amant que Styr ?

Ses paroles le mirent en fureur.

— Non !

Il ôta son épée de son fourreau et la posa sur la table. Puis il alla se camper devant Elena et la regarda droit dans les yeux.

— Non, répéta-t-il. Mais, cette nuit, j'ai perdu la tête. Ce matin, je me suis souvenu de ce dont je suis capable. Je suis un guerrier, un tueur, Elena ! Et hier soir, quand tu avais une lame de lance sur la gorge, j'ai failli tuer Matheus.

Elle pâlit, comme il l'avait escompté.

— Tu avais les yeux fermés, poursuivit-il. Tu ne m'as pas vu quand j'ai levé mon épée pour tuer son père. Je n'avais pas remarqué que Matheus s'était glissé derrière lui. Mon coup est parti et j'ai failli lui couper la tête.

— Mais tu as réussi à retenir ton épée, dit-elle après un long silence.

— Oui. Mais il s'en est fallu de peu.

Il voulait lui faire peur, lui faire comprendre qu'il n'avait pas été capable de se maîtriser.

— Arrête ! s'exclama-t-elle. Arrête !

Elle fit un pas vers lui et le saisit par les revers de sa tunique.

— Jamais tu ne nous feras du mal, ni à moi ni à Matheus !

— Mon propre père est mort sous mes coups, lui

rappela-t-il en baissant la tête. Quand je suis en colère, je vois rouge, et rien ni personne ne peut m'arrêter.

Il n'avait jamais eu l'intention de tuer Olaf, mais il était mort quelques jours seulement après qu'il l'avait frappé.

Elena le lâcha et lui leva le menton pour le forcer à la regarder.

— Ce n'est pas ta faute s'il est mort. Il buvait beaucoup trop et avait le cœur malade.

Peut-être… Quoi qu'il en soit, il n'avait jamais cessé de se sentir coupable. Son père l'avait souvent battu, mais il savait que la mort de sa femme l'avait rendu fou de chagrin. C'était pour cette raison qu'il s'était mis à boire et ne pouvait pas se maîtriser quand il le battait.

Le sang d'Olaf coulait dans ses veines et il craignait que, un jour ou l'autre, sa folie guerrière lui fasse retourner son épée contre ceux qu'il aimait.

— Tu n'as aucun reproche à te faire, poursuivit Elena. J'ai confiance en toi. Jamais tu ne me frapperas.

Il prit son visage en coupe entre ses mains.

— Peut-être. Mais moi, je n'ai pas confiance en moi. Ce matin encore, j'aurais pu te blesser, sans même m'en rendre compte.

Les yeux embués de larmes, elle couvrit ses mains avec les siennes.

— Tu te trompes. Je vois l'homme que tu es. Je t'aime et rien ne me fera renoncer à mon amour pour toi.

Elle se dressa sur la pointe des pieds pour l'embrasser mais, au lieu de couvrir sa bouche avec la sienne, il déposa un baiser sur son front.

— Pas cette fois, *sotnos*.

Il en aurait le cœur brisé, mais il préférait encore la perdre plutôt que mettre sa vie en danger. Il ne reconnaissait pas l'homme qu'il était devenu, un guerrier, un tueur, incapable de maîtriser ses pulsions sanguinaires.

Il fit un pas en arrière et ouvrit la porte. Matheus était dehors, son chiot dans les bras. Pour la première fois, le petit garçon soutint son regard.

— Rentre, Matheus, lui dit-il. Ta mère a besoin de ton aide pour faire vos bagages. Nous allons partir en voyage. Un long voyage sur la mer.

Chapitre 18

Elena était furieuse contre Ragnar mais, à force de volonté, elle parvint à se contenir. Comment pouvait-il imaginer ne serait-ce qu'un instant qu'elle renoncerait à lui et ne ferait rien pour le retenir ? Son cœur saignait à l'idée de perdre un homme qui avait toujours été à ses côtés.

Il aurait dû savoir que leur amitié était un trésor dont elle ne pouvait pas se passer. Et quand elle avait franchi la ligne de cette amitié, il lui avait fait découvrir qu'elle n'était pas aussi froide qu'elle le croyait. Chacune des caresses de Ragnar mettait ses sens en émoi et lui faisait connaître des plaisirs indicibles.

Il y avait autre chose en jeu, beaucoup plus que ce qu'il avait bien voulu lui dire.

Ce matin, malgré la dague qu'il tenait, elle n'avait pas eu peur, car elle le savait incapable de lui faire du mal. Son aveu à propos de Matheus ne l'avait pas inquiétée non plus. Dès l'instant où il avait aperçu le petit garçon, il avait retenu son épée.

Mais, maintenant, elle ne savait plus que faire. Elle soupira et son regard se posa sur Matheus qui courait après son chiot dans la pièce. Il se mit soudain à rire. C'était la première fois qu'elle l'entendait rire ! Son cœur se gonfla de bonheur et, quand elle s'approcha de lui, le petit garçon jeta ses bras autour de sa taille.

C'était exactement ce dont elle avait besoin. L'étreinte de ses petits bras libéra le flot de larmes qu'elle retenait. Oubliant tout le reste, elle le serra contre elle avec tout l'amour d'une mère. Ce petit garçon, son fils adoptif, avait pris une grande place dans son cœur brisé, et l'affection qu'il lui rendait était un baume sur ses blessures. Elle ne donnerait peut-être jamais le jour à un enfant, mais elle aurait toujours Matheus pour la soutenir et donner un sens à sa vie. Et, pour le moment, cela lui suffisait.

Il lui fallait du temps pour réfléchir, pour mettre de l'ordre dans ses émotions. Elle décida d'aller rendre visite à Agata, car elle avait besoin de ses conseils et de son amitié. Elle prit la main de Matheus, et tous deux se mirent en route, suivis par le petit chien. Ils firent quelques pas puis Matheus s'arrêta pour ramasser une brindille qu'il lui tendit comme s'il s'agissait d'un bouquet de fleurs.

— Merci, murmura-t-elle en se penchant pour l'embrasser.

Avant qu'elle ne se redresse, il leva sa petite main et essuya les larmes qui avaient roulé sur ses joues.

Par toutes les déesses du Walhalla ! Cet enfant était une réponse à ses prières. Elle le serra de nouveau dans ses bras, réconfortée par sa présence silencieuse. Il était un don du ciel. Un fils qu'elle n'avait pas engendré mais qui avait, néanmoins, pris une place essentielle dans son cœur.

— Il nous faut parvenir à convaincre Ragnar de rester avec nous, lui dit-elle sur un ton solennel, sans savoir s'il pouvait la comprendre. Je vais aller parler avec Agata et, pendant ce temps-là, tu joueras avec ses enfants.

Le visage du petit garçon resta inchangé tandis qu'elle lui prenait la main et continuait son chemin vers la maison d'Agata.

*
* *

— Ragnar est sur le point de partir, dit Elena à son amie. Il a décidé de me ramener à Hordafylke, chez mes parents.

Agata lui offrit un gobelet de bière, la mine pensive.

— Voilà bien une idée d'homme ! Ils sont bien tous pareils. Ils croient savoir ce qui est le mieux pour une femme. S'est-il montré méchant avec toi ?

Elena secoua la tête et lui raconta ce qu'il lui avait dit à son réveil, et la peur qu'il avait éprouvée quand il avait failli tuer Matheus.

— C'est comme s'il était persuadé de ne pas avoir le droit d'être heureux avec moi. Je ne sais pas comment faire pour le convaincre d'essayer.

— Tu l'aimes ? demanda Agata.

Pendant un moment, Elena resta silencieuse. N'était-il pas inconvenant d'éprouver un tel sentiment, alors qu'elle venait à peine de rompre son mariage avec Styr ?

Et pourtant… Ragnar avait toujours été auprès d'elle. Il l'avait sauvée de la noyade et s'était battu pour la protéger. Ce n'était pas seulement un ami qu'elle perdrait, s'il venait à l'abandonner. Elle ne parvenait même pas à imaginer la douleur et le sentiment de solitude qu'elle éprouverait le jour où il ne serait plus là pour la soutenir et la réconforter.

— Oui, murmura-t-elle enfin. Je l'aime.

— Alors, bats-toi ! Arrête de penser comme une femme soumise et docile. Deviens une guerrière, ne le laisse pas décider à ta place.

Brusquement, une idée germa dans la tête d'Elena ; une idée qu'elle aurait aussitôt rejetée auparavant. Mais elle voulait cet homme et n'avait pas l'intention de rester dans l'ombre et de le laisser lui dicter ce qu'elle devait faire de sa vie.

Elle raconta son plan à Agata dont le visage s'illumina.

— C'est parfait, Elena !

— Mais il va être furieux contre moi…

— S'il tient vraiment à toi, sa colère ne durera pas. Il finira par se calmer et se rendra compte que tu as eu raison de lui ouvrir les yeux.

Elena était encore un peu hésitante malgré tout. Et si son plan venait à échouer ? Avant qu'elle ait pu exprimer ses doutes, Agata reprit la parole.

— Tu sais ce qu'il te reste à faire, Elena. Laisse-moi Matheus. Je m'occuperai de lui pendant que tu iras mettre ton projet à exécution.

Finalement, Ragnar n'était pas allé au port comme il en avait eu l'intention. En chemin, il s'était arrêté pour regarder un combat. Les deux adversaires s'affrontaient à coups de poing tandis que, autour d'eux, les spectateurs hurlaient et pariaient sur l'un ou l'autre des combattants.

L'un des deux n'avait même pas dix-sept ans. Maigre et inexpérimenté, il reculait sous les coups de son adversaire. Ragnar, qui était resté un peu en arrière des spectateurs, le regardait, les mâchoires serrées. C'était comme s'il se voyait lui-même, quelques années auparavant, quand son père le frappait.

Il avait été battu pour tout et n'importe quoi. Et quand des hommes comme le père d'Elena l'avaient jugé indigne de leur fille, il les avait crus. Si son propre père le méprisait, il n'y avait aucune raison pour que les autres aient une meilleure opinion de lui.

Elena, elle, ne l'avait jamais méprisé.

Le jeune garçon était par terre, maintenant, recroquevillé sur lui-même, et les coups continuaient de pleuvoir sur lui. Ragnar serra les poings. Il brûlait d'intervenir pour mettre fin à ce massacre, même s'il savait qu'il ne pouvait pas.

Plus d'une fois, Elena avait essayé de le défendre. Elle ne l'avait jamais traité comme un moins que rien. Et quand ils s'étaient trouvés seuls, échoués sur un rivage inconnu, il avait eu la confirmation de ce qu'il craignait depuis toujours — que son attirance pour elle était beaucoup plus profonde que ce qu'il avait imaginé.

Il savait qu'il ne pourrait jamais remplacer Styr mais, la nuit dernière, elle avait eu envie de lui et s'était donnée librement. Dans ses bras, il avait goûté à des plaisirs ineffables, indicibles.

S'il était vraiment un homme d'honneur, il renoncerait à elle et la ramènerait à ses parents. Le guerrier en lui voulait qu'elle lui appartienne, quelles que soient les conséquences. Qu'elle soit sienne à jamais, pour qu'il puisse l'adorer, passer toutes les nuits dans ses bras…

Soudain, il eut la sensation d'être observé. Les hommes autour de lui savaient combien de combats il avait gagnés, et plusieurs d'entre eux le considéraient d'un œil noir en pensant à l'argent perdu à cause de lui.

— Je te connais, dit l'un d'eux. Je t'ai vu te battre.

Ragnar posa la main sur la poignée de son épée et soutint son regard.

— Je ne suis pas ici pour me battre aujourd'hui.

Une autre voix s'éleva derrière lui, hostile, agressive.

— Mais tu vas quand même devoir te défendre. Tu as tué mon frère, Vakri, et tu as volé son fils.

Autour d'eux la foule avait cessé ses vociférations. Le combat était terminé et le vaincu s'en allait en titubant, les mains et le visage en sang.

— Vakri a essayé de tuer ma femme. J'ai dû le tuer pour la défendre, répondit Ragnar en dégainant son épée. Selon notre coutume, je paierai ce que me demandera le *jarl*, s'il considère que je dois une compensation à sa famille.

Une lueur meurtrière dans les yeux, l'homme dégaina à son tour son épée. Derrière lui, Ragnar vit que d'autres avaient également leur épée à la main. Des hommes qui avaient perdu de l'argent en pariant contre lui et qui voulaient se venger, faute de récupérer leur mise.

— Je ne veux pas de ton argent, répliqua le frère de Vakri. C'est ta tête que je veux.

Elena avait fini de mettre son plan en œuvre, mais il n'y avait aucun signe de Ragnar, et elle commençait à s'inquiéter. Il n'allait pas du tout aimer ce qu'elle avait manigancé, mais elle espérait ainsi pouvoir le convaincre de rester avec elle.

Plus jamais elle ne serait la femme docile et soumise qu'elle avait été pendant si longtemps !

Elle était une Viking, fille et petite-fille de guerriers. Leur sang coulait dans ses veines et, comme eux, elle se battrait pour obtenir ce qu'elle voulait.

Cependant, plus le temps passait, plus son inquiétude grandissait. Et s'il était déjà parti ? Il avait dit qu'il la raccompagnerait à Hordafylke, mais quelque chose l'avait peut-être fait changer d'avis.

On frappa à la porte. Elle alla ouvrir, mais ce n'était qu'Agata.

— C'est Matheus, dit-elle, le visage pâle et défait. Il s'est échappé et nous n'avons pas pu le retrouver.

L'avait-on enlevé ? A cette pensée, une nouvelle angoisse envahit Elena. Instinctivement, elle saisit une épée.

— Et Ragnar ? demanda-t-elle. Quelqu'un l'a-t-il vu ?

Agata secoua la tête.

Freya, viens à mon secours ! pria silencieusement Elena. Une peur horrible l'étreignait, mais qui ne diminuait en rien sa détermination à les retrouver. Elle n'était plus la même femme. Rester à la maison et pleurer ne servirait à rien. Il fallait agir. Et vite.

— Va chercher Hring et dis-lui de rassembler tous nos amis pour m'aider à les rechercher, dit-elle à Agata.

Matheus n'était pas vraiment son fils et Ragnar n'était pas son mari, mais cela n'avait aucune importance à ses yeux. Ils lui appartenaient, l'un et l'autre, et, par tous les dieux du Walhalla, elle se battrait pour les retrouver et les arracher à ceux qui leur voulaient du mal !

Un voile rouge devant les yeux, en proie à son habituelle fureur guerrière, Ragnar bataillait. Les hommes qui l'entouraient voulaient sa mort, mais il en aurait tué plus d'un avant de recevoir le coup fatal.

Il laissa sa colère le consumer, faire de lui un instrument de mort. Son épée taillait sans cesse dans la chair, mais il n'entendait pas les cris de ses victimes. Il bondissait, parait, frappait d'estoc et de taille, entièrement dévoré par ses instincts guerriers.

Une lame lui entailla le bras mais, pour lui, ce n'était qu'une égratignure. Il ne ressentait aucune douleur, plus rien, habité qu'il était par le besoin primitif de survivre et de vaincre.

Jusqu'au moment où il aperçut Matheus.

En voyant l'enfant se faufiler à travers la foule des spectateurs, il reprit brusquement contact avec la réalité.

— Va-t'en ! Sauve-toi ! lui cria-t-il d'une voix rauque.

Le petit garçon ne le comprit pas et continua d'avancer vers lui, inconscient du danger qu'il courait.

Encore quelques pas, et il arriverait au milieu des combattants. Sa vie ne tiendrait alors qu'à un fil.

Dans un sursaut d'énergie, Ragnar transperça un adversaire, puis un autre. Il tendit la main vers Matheus, en priant les dieux pour qu'il comprenne et arrête d'avancer. Puis, il saisit le bouclier de l'une de ses victimes, tout en brandissant son épée.

Sans quitter ses adversaires des yeux, il recula lentement vers l'enfant.

— Retourne à la maison ! ordonna-t-il.

De nouveau, l'enfant ne l'écouta pas.

Au lieu de lui obéir, il courut jusqu'à lui et se plaça à son côté, face à ses ennemis.

Par le sang de Thor ! C'était la dernière chose que Ragnar voulait. Soudain, il se rendit compte que sa fureur guerrière s'était évanouie dès l'instant où il l'avait aperçu.

Il le tira derrière lui et lui donna le bouclier.

— Tiens-le solidement et, surtout, ne le lâche pas.

La présence de Matheus ne désarma en rien ses assaillants. Au contraire. L'homme qui avait dit être son oncle sourit, comme s'il avait espéré cette diversion.

— Tu ne peux pas gagner, lança-t-il, le regard mauvais. Nous sommes trop nombreux.

— Va plutôt le dire à ceux qui sont déjà morts, répliqua Ragnar en pointant vers lui son épée ensanglantée.

— Lâche ton épée et nous laisserons l'enfant s'en aller sain et sauf, offrit l'homme sur un ton faussement magnanime.

Ragnar n'était pas assez naïf pour le croire. Un homme aussi vil n'avait pas de parole. S'il venait à baisser sa garde, il les tuerait sans pitié, lui et Matheus.

L'un des agresseurs abattit sa hache vers l'enfant.

Ragnar se jeta sur le côté et réussit à parer le coup.

Il savait que les chances n'étaient pas en sa faveur, mais il comptait bien se battre jusqu'à son dernier souffle.

C'est alors qu'il entendit Elena crier.

Chapitre 19

Les talons plantés dans les flancs de sa monture, Elena galopait, une lance à la main. Elle ne s'était jamais servie d'une telle arme auparavant, mais elle avait l'avantage d'être à cheval.

En voyant Ragnar et Matheus entourés d'hommes qui les menaçaient, une fureur meurtrière l'envahit. Elle hurla de toute la force de ses poumons et lança son cheval vers eux à travers la foule des spectateurs. L'animal piétina l'un des agresseurs. Profitant de la confusion que son arrivée avait provoquée, Ragnar se retourna, prit l'enfant dans ses bras et le lui tendit.

— Emmène-le et va-t'en !

Il avait l'intention de se sacrifier pour elle et pour lui. Elena le comprit, alors qu'elle prenait Matheus et l'asseyait à califourchon devant elle.

— Maintenant ! ordonna Ragnar, en détournant le coup d'épée d'un homme qui s'était rué vers lui.

Au lieu de fuir, Elena serra Matheus contre elle de son bras libre, tout en pointant sa lance qu'elle tenait toujours. D'un coup de talon, elle lança son cheval sur l'un des agresseurs. La lance le transperça mais, sous le choc, elle lui échappa et se brisa.

— Viens ! cria-t-elle à Ragnar.

Il fit un pas vers elle, mais un autre adversaire lui barra le passage.

Il leva les yeux vers elle et, d'un signe de tête, lui signifia de s'en aller sans lui. Elena refusa d'obtempérer ; elle n'avait pas fait tout ce chemin pour l'abandonner à son sort.

Elle poussa un nouveau hurlement, détournant ainsi l'attention de l'agresseur de Ragnar. Son cri affola cependant son cheval qui se cabra et lui fit perdre l'équilibre. Désarçonnée, elle tomba par terre, en tenant Matheus dans ses bras.

Le choc lui coupa le souffle et la panique l'envahit, mais elle parvint à se relever tant bien que mal.

Quand elle eut recouvré ses esprits et sa respiration, elle constata avec soulagement que Matheus était toujours à côté d'elle et qu'il ne s'était pas fait mal dans leur chute.

Ragnar se tenait à quelques pas d'elle, son dernier adversaire gisant sur le sol avec une plaie béante au milieu du ventre.

Le visage dur, il jeta un coup d'œil circulaire aux spectateurs. Puis, tranquillement, il essuya son épée et la rengaina, mettant au défi quiconque de venir l'attaquer. Un défi que personne ne releva.

Quand il rejoignit Elena, elle le serra impulsivement dans ses bras, tandis que Matheus glissait sa petite main dans la sienne. Ragnar lui ébouriffa gentiment les cheveux.

— Je t'apprendrai à te battre, si tu en as envie, fils. Mais ce n'est pas le bon endroit pour commencer.

— Viens avec moi, murmura Elena. Je t'en prie…

— Plus tard, répondit-il. Il faut d'abord que j'aille voir le bateau.

Même s'ils étaient en sécurité maintenant, elle n'avait pas envie qu'il s'en aille. Elle ne voulait pas qu'il croie qu'elle serait mieux sans lui, à des centaines de miles l'un de l'autre.

Elle se remit en selle et Ragnar déposa Matheus devant elle.

Pour l'instant, néanmoins, il valait mieux lui laisser croire qu'elle s'était résignée à lui obéir. Elle avait son plan, et le moment était venu de le mettre en œuvre.

Alors qu'elle s'éloignait, elle croisa Hring et trois de ses amis. Se penchant sur l'encolure de sa monture, elle leur rappela ses ordres à voix basse. Hring sourit et lui adressa un regard entendu.

Hring et ses amis avaient capturé Ragnar par surprise. Ils lui avaient attaché les mains derrière le dos et mis un capuchon sur sa tête. A entendre les grognements étouffés qu'il émettait, Elena les soupçonna de l'avoir bâillonné également.

Il allait être terriblement en colère, assez furieux pour avoir envie de la mettre en pièces, et elle aurait dû avoir peur. Au lieu de cela, elle imagina de quelle manière elle allait s'y prendre pour apaiser son ire et dompter le fauve enragé.

— Amène-le à l'intérieur, ordonna Hring à l'un de ses complices.

En voyant les chaînes qu'Elena avait préparées, il haussa les sourcils. Elle resta impassible, pas le moins du monde embarrassée.

— Tu veux que je le détache ? demanda Hring.

Elle secoua la tête.

— Mets-lui les chaînes aux poignets. Je couperai ses liens quand je serai prête.

L'un des amis de Hring laissa échapper un éclat de rire égrillard, ce qui lui valut un regard noir, mais aucun d'entre eux ne discuta ses ordres. Ils amenèrent Ragnar au milieu de la pièce, lui fixèrent la chaîne à un poignet puis la passèrent derrière une des poutres qui supportaient la toiture — une poutre solidement plantée dans le sol et capable de résister à un colosse —, avant de lui enchaîner l'autre poignet.

Elle avait envoyé Matheus passer la nuit chez Agata qui lui avait promis de s'occuper de lui.

Ragnar était à genoux et, à voir la tension de son corps, il bouillait intérieurement. Heureusement, elle connaissait plusieurs bons moyens pour apaiser sa fureur.

Cet homme fort et viril était son prisonnier. Il était à sa merci, totalement à sa merci, et elle ne se priverait pas de faire de lui tout ce dont elle avait envie.

Une sensation de puissance l'envahit. Elle se rapprocha et se pencha vers lui.

— Je vais couper tes liens, maintenant. Surtout, ne bouge pas, sinon je pourrais te couper.

Elle trancha les liens et, quand ils tombèrent sur le sol, Ragnar put étendre ses bras. Il testa la solidité de ses chaînes, en tirant dessus de toutes ses forces. Ses muscles se gonflèrent, une vision qui suffit à la mettre en émoi.

Elle lui enleva son capuchon et découvrit qu'il était effectivement bâillonné.

— Je vais te débarrasser de ce bâillon.

En voyant les yeux de Ragnar étinceler de fureur, elle se demanda si c'était une bonne idée.

— Non… Finalement, je crois que je vais te le laisser encore un peu. Ainsi, tu seras obligé d'écouter ce que j'ai à te dire.

Il lui décocha un regard incendiaire. Elle prit une profonde inspiration et lui fit face.

— Je sais que tu dois te sentir blessé et que tu m'en veux de m'être servie de nos amis pour te capturer.

Pour toute réponse, il se leva et tira de nouveau violemment sur ses chaînes, comme s'il espérait pouvoir les briser. Voyant que ses efforts étaient vains, il se laissa retomber à genoux et s'assit sur ses talons.

Agata lui avait assuré que son plan réussirait, mais elle commençait à en douter.

— J'ai eu peur que tu me quittes. Peur de ne plus jamais te revoir, poursuivit-elle. Que tu le croies ou non, je tiens à toi et je ne veux pas te perdre.

Elle se sentait nerveuse, ainsi debout devant lui. Aussi prit-elle un tabouret pour s'y asseoir.

— Jeune fille, j'étais aveugle et ne voyais que Styr. J'ai toujours pensé que tu étais beau et gentil. Je pouvais te parler de tout sans contrainte. Jamais ne me suis sentie gauche ou embarrassée, avec toi.

Ragnar l'écoutait maintenant même si, de toute évidence, il n'appréciait toujours pas d'être enchaîné et bâillonné.

— Je croyais devoir aimer Styr parce que mon père l'avait choisi pour moi. Au village, tout le monde pensait qu'il succéderait un jour au *jarl* et, en plus d'être beau et fort, il était gentil avec moi. Mais je sais maintenant qu'il...

Elle s'interrompit, cherchant ses mots.

— Il ne s'intéressait pas à moi. Il me traitait comme une petite sœur. Toi, tu étais différent.

En proie à un brusque accès de timidité, elle rassembla ses cheveux sur l'une de ses épaules.

— Je pense avoir toujours su que tu m'aimais. Mais, jusqu'à la nuit dernière, je n'étais pas sûre de mes propres sentiments.

Elle se pencha vers lui, son visage touchant presque le sien. Puis elle posa les mains derrière sa tête, les doigts sur le nœud de la lanière de cuir qui maintenait son bâillon en place.

— Je sais que ta capture a été un acte désespéré, mais

je ne voulais pas que tu t'en ailles sans savoir que je t'aime. Pendant des années, tu as toujours été auprès de moi. L'homme qui m'aimait pour la femme que j'étais… pas pour celle que je pensais devoir être.

Elle défit le nœud et lui enleva son bâillon. Il ne dit rien, mais ses yeux continuaient d'étinceler.

— J'étais prête à tout pour devenir une mère, et j'ai laissé cette envie me consumer.

Elle soupira et posa une main sur son épaule.

— Je me jugeais uniquement sur ma capacité à avoir ou non un enfant.

Lentement, elle laissa glisser sa main jusque sur le cœur de Ragnar.

— J'ai envie d'un homme qui m'aime, insista-t-elle. Un homme qui me prendra comme je suis et ne me demandera pas de changer.

— Je ne t'ai jamais demandé de changer. Pas une seule fois.

Elle pouvait sentir son cœur battre fortement sous sa paume. Impulsivement, elle quitta son tabouret, s'agenouilla face à lui et passa les bras autour de son cou.

— Je le sais.

Ragnar se redressa sur les genoux et pressa ses hanches contre les siennes. En sentant son membre dur contre son ventre, elle retint son souffle.

— Pourquoi m'as-tu fait prisonnier, Elena ?

Elle ferma un instant les yeux avant de lui répondre.

— Ce matin, quand je t'ai dit que je voulais rester avec toi, tu n'as pas voulu m'écouter. Kiera O'Brannon a retenu Styr prisonnier de cette façon, et elle a réussi à gagner son cœur. J'ai espéré… avoir le même résultat avec toi.

— Détache-moi.

Au ton glacial de sa voix, elle se dit que ce n'était pas

du tout une bonne idée de lui rendre sa liberté. Dès qu'elle l'aurait détaché, il partirait sans un regard en arrière.

Au lieu de cela, elle enleva ses chaussures et se tint pieds nus devant lui. Puis, elle défit les broches de son tablier et le posa sur le tabouret près d'elle. Enfin, elle fit passer sa robe par-dessus sa tête et s'offrit à ses regards, entièrement nue.

Le visage de Ragnar se ferma, comme s'il ne voulait pas la regarder, mais il ne détourna pas les yeux.

Elle se baissa, lui releva sa tunique et l'enlaça, appuyant sa poitrine nue contre son torse. Sa peau était chaude et elle savoura la dureté de ses muscles sur ses seins.

— Avec Styr, j'ai toujours eu le sentiment que je ne parviendrais jamais à lui plaire, si je ne pouvais pas lui donner un enfant. Avec toi, ce n'est pas pareil. Tu as seulement envie d'être avec moi. Comme j'ai envie d'être avec toi maintenant…

Sa colère était toujours aussi vive, apparemment parce qu'il ne supportait pas d'être captif. Elle fit glisser ses mains sur ses épaules, puis sur son ventre et enfin sur la bosse qui tendait ses braies. Malgré sa fureur, il ne pouvait nier qu'il avait envie d'elle.

— Pour moi, tu as toujours été plus importante qu'un enfant, admit-il.

La victoire était proche, se dit-elle sans pouvoir réprimer un soupir de soulagement. Elle fit un pas en arrière.

— Je t'aime, Ragnar, dit-elle en lui souriant. Et je veux être avec toi, partager avec toi tous les bonheurs et toutes les épreuves qui nous attendent.

Il la regarda pendant un moment en silence puis, soudain, il se détendit.

— Je t'aime depuis aussi longtemps que je m'en souvienne. Mais j'avais peur d'être le même homme que mon père, qu'un jour ma fureur guerrière se déchaîne et que je vous fasse du mal, à toi ou à Matheus.

— Jamais tu ne me feras du mal, affirma-t-elle avec force. Je suis prête à te confier ma vie les yeux fermés.

Elle vit dans ses yeux que, pour la première fois, il la croyait.

— Enlève-moi mes chaînes, ordonna-t-il en se levant. J'ai envie de te toucher.

Au lieu d'obéir, Elena s'agenouilla entre ses jambes et posa l'un de ses seins dans la paume de sa main. Il haussa un sourcil intrigué, mais ne dit rien. Tandis qu'il faisait rouler son téton entre son pouce et son index, elle dénoua son ceinturon et fit glisser ses braies le long de ses jambes. Puis, elle prit son membre viril dans sa main, pendant qu'il continuait de caresser son sein. Il retint sa respiration et frissonna. Il était à sa merci. A cette pensée, elle sentit une vague de chaleur monter en elle.

— Je ne peux pas t'enlever tes chaînes, avoua-t-elle. Je ne sais pas comment faire…

Un éclat de rire inattendu échappa à Ragnar.

— Tu veux que j'appelle Hring et ses amis ? demanda-t-elle timidement.

Il rit de plus belle.

— Non, pas maintenant, alors que nous sommes nus tous les deux. Mais puisque tu n'as pas pensé à cela, j'estime que tu vas devoir m'obéir totalement.

Elle se releva en réprimant un sourire.

— Tu es mon prisonnier. J'estime donc, au contraire, que c'est toi qui vas devoir m'obéir.

Une lueur malicieuse brilla dans les yeux de Ragnar.

— Comme je ne peux pas me servir de mes mains, je vais être obligé d'utiliser ma bouche.

Elle rougit, fascinée à l'idée de la bouche d'un homme

enchaîné courant sur son corps. Quand elle se rapprocha, il se pencha et s'empara de l'un de ses seins avec ses lèvres. Il lécha le téton et le suça jusqu'à ce qu'elle se sente moite de désir. Elle enfouit ses doigts dans ses cheveux et ferma les yeux, s'abandonnant totalement aux sensations qui déferlaient en elle.

Il passa à l'autre sein. Soudain, elle eut une idée et, s'écartant brièvement, elle prit le tabouret et le fit asseoir dessus. Puis elle se mit à califourchon sur ses genoux et l'enlaça, tandis qu'il continuait de titiller ses seins avec sa bouche. Leur nouvelle position mit en contact son membre viril avec son entrejambe. Elle retint sa respiration ; il était si dur... Elle le caressa. Sa peau était fine et soyeuse... Une bouffée de chaleur monta dans ses reins.

Elle se mit à onduler des hanches, se frottant contre lui. C'était une torture délicieuse et elle commença à se redresser, avec l'intention de le faire pénétrer en elle. Tout à coup, Ragnar se laissa tomber à genoux. Elena se mit vivement debout, pour ne pas tomber. Profitant de ses jambes écartées, il enfouit son visage entre ses cuisses.

— Ne bouge pas, dit-il, et la vibration de sa voix résonna en elle, en faisant jaillir des sensations à la fois nouvelles et délicieuses.

— J'ai les jambes qui flageolent. Je ne sais pas si je vais pouvoir rester debout, murmura-t-elle, tandis qu'il plongeait avec ses lèvres dans ses replis intimes.

Son corps réagit violemment et elle dut s'agripper à ses épaules, tandis qu'il se servait de sa langue pour la pénétrer et achever de la mettre en feu.

— Caresse tes seins, ordonna-t-il sans cesser de la taquiner de ses lèvres.

Elle éprouva de nouveau un accès de timidité, mais elle obéit et sentit un long frisson de plaisir la parcourir. La respiration saccadée, elle lui saisit les cheveux à pleines mains et lui plaqua la tête entre ses cuisses.

C'était si bon, tellement…

De petits cris inarticulés lui échappèrent. Tout son corps se mit à trembler, et plus il enfonçait sa langue, plus elle jouissait. Elle se cambra, les yeux fermés.

Jamais elle n'avait joui ainsi, avec une telle intensité.

Quand il se releva, elle l'aida à se rasseoir, s'assit à califourchon sur ses genoux et le fit pénétrer en elle. Il ne pouvait pas la caresser, avec ses mains enchaînées, mais elle commença à monter et descendre, éprouvant des sensations indicibles à le chevaucher ainsi.

— Retourne-toi, dit-il.

Elle n'avait jamais fait l'amour de cette façon, mais si cela pouvait lui plaire, elle voulait bien changer de position. Quand elle se redressa et se retourna, il rassembla ses genoux et elle l'enfourcha, en le faisant de nouveau pénétrer en elle, profondément. Le contact était différent mais, très vite, elle trouva son rythme, en prenant appui sur ses genoux.

Le souffle court, elle bougea de plus en plus vite en poussant des cris de plaisir, jusqu'à jouir avec une telle intensité qu'elle se sentit sur le point de défaillir.

— Oh oui, oui…

Elle ferma les yeux et s'abandonna totalement aux sensations merveilleuses qui déferlaient en elle.

— Oh ! je t'aime… je t'aime…, murmura-t-elle, les mains crispées sur ses genoux.

Derrière elle, Ragnar haletait. Elle se souleva et se laissa retomber une dernière fois. Ragnar poussa un gémissement rauque, et elle sentit son membre frémir dans un sursaut d'extase.

— Oh… moi aussi, je t'aime, Elena. Jamais je ne t'ai autant aimée.

Hors d'haleine et les sens enfin apaisés, elle se laissa aller contre lui. Il l'embrassa sur l'épaule. Un baiser plein de tendresse et de passion.

Quand ils eurent repris leur souffle, elle se retourna et l'enfourcha de nouveau, en mettant ses jambes autour de sa taille.

— Ne me quitte pas, dit-elle en le couvrant de baisers. Reste avec moi.

— Seulement si tu m'épouses.

Il l'embrassa et traça un sillon de feu avec ses lèvres sur son cou, sa gorge et sa poitrine.

— Oui, murmura-t-elle. Et si toutes nos nuits sont comme cela, je serai la plus heureuse des femmes.

Il sourit, un sourire plein de promesses, et recommença à l'embrasser. Elle se blottit dans ses bras, toute frémissante. Un flot de tendresse envahit son cœur et la submergea.

C'était si bon d'être dans ses bras… si bon d'être aimée…

Épilogue

— Il me regarde ! marmonna la petite fille de huit ans en pleurnichant. Dis-lui d'arrêter.

Elena échangea un regard avec Ragnar, qui se mordait la lèvre pour ne pas rire. Beata était l'une des cinq enfants qu'ils avaient adoptés, en plus de Matheus. Aucun d'entre eux n'était de son sang, mais elle ne les aimait pas moins pour autant. Certains jours, elle avait moins l'impression d'être une mère qu'une bergère surveillant son troupeau, le nourrissant et l'habillant.

Elle envoya le petit garçon de cinq ans jouer avec ses frères aînés et prit la main de Beata.

— Il ne te voulait aucun mal. Je suppose que s'il te regardait, c'était seulement parce qu'il admirait les broderies de ton tablier.

Beata roula des yeux incrédules.

— C'est un garçon ! Les garçons ne s'intéressent pas aux broderies.

— Depuis que le monde existe, les frères et les sœurs se chamaillent, lui fit remarquer Ragnar. Avec le temps, tu lui pardonneras ses taquineries.

La petite fille fit la moue.

— Il faudra *beaucoup* de temps, alors. De tous mes

frères, c'est Matheus que je préfère, ajouta-t-elle. Lui, au moins, il ne parle pas.

Elena ne fit aucun commentaire, mais elle était contente que ses autres enfants aient accepté aussi facilement Matheus. Il avait bien grandi et, même s'il ne parlait toujours pas, il travaillait comme apprenti chez un charpentier de marine. Son souci du détail et sa bonne volonté pour accomplir des tâches répétitives lui avaient attiré le respect de son maître et des autres ouvriers.

Quand elle fut seule avec son mari, elle bâilla et il la prit tendrement dans ses bras.

— Ils se chamailleront encore ce soir, prédit-elle. Mais, malgré cela, je les aime.

— Tu avais raison, admit-il. Tu étais faite pour être une mère.

Elle posa la main sur son ventre rebondi et il la couvrit avec la sienne. Après tant d'années sans parvenir à concevoir un enfant, sa grossesse avait été une merveilleuse surprise. Elle avait cru ne jamais pouvoir donner le jour à un enfant, surtout quand elle avait appris que Styr et Kiera étaient devenus parents. Jamais elle n'avait imaginé que les dieux finiraient par lui accorder ce bonheur.

Bientôt, dans quelques mois à peine, elle serrerait son enfant dans ses bras.

Mais son plus grand bonheur n'était pas cet enfant, ni l'amour dont l'entouraient ceux qu'elle avait adoptés. Et ce n'était pas non plus la maison que Ragnar lui avait bâtie, à une douzaine de miles au nord de Gall Tir.

Son plus grand bonheur, c'était l'homme qui lui avait donné l'amour auquel elle avait toujours rêvé. Sa présence solide à ses côtés, et la certitude qu'il l'aimerait et la protégerait jusqu'à son dernier souffle…

Ragnar l'embrassa, et la tendresse de son baiser la

submergea de bonheur. Quand elle avait épousé son premier mari, c'était par devoir et parce qu'elle était aveuglée par ses rêves de jeune fille.

Elle avait finalement trouvé l'homme auquel les dieux l'avaient destinée et, quoi qu'il arrive, elle ne cesserait jamais de l'aimer.

Si vous avez aimé ce roman
découvrez sans attendre le précédent roman de la série
« Le temps des vikings » :

1) L'orgueil d'un viking, de Michelle Willingham

Disponibles dès à présent sur www.harlequin.fr

LES HISTORIQUES

Composé et édité par HARLEQUIN

Achevé d'imprimer en Italie (Milan)
par Rotolito Lombarda
en mars 2015

Dépôt légal en avril 2015

Pour l'éditeur, le principe est d'utiliser des papiers composés de fibres naturelles, renouvelables, recyclables, et fabriquées à partir de bois issus de forêts qui adoptent un système d'aménagement durable. En outre, l'éditeur attend de ses fournisseurs de papier qu'ils s'inscrivent dans une démarche de certification environnementale reconnue.